# 传习录

全译全注

〔明〕王阳明 原著
鲍希福 点校

文化发展出版社
Cultural Development Press

**图书在版编目（CIP）数据**

传习录 /（明）王阳明著 ；鲍希福点校． — 北京 ：文化发展出版社有限公司，2018.2
ISBN 978-7-5142-2164-0

Ⅰ．①传… Ⅱ．①王… ②鲍… Ⅲ．①心学－中国－明代②《传习录》－研究 Ⅳ．①B248.25

中国版本图书馆CIP数据核字（2018）第013213号

**传习录**
原　　著：〔明〕王阳明
点　　校：鲍希福

---

责任编辑：肖润征
产品经理：李　雪
监　　制：白　丁
出版发行：文化发展出版社（北京市翠微路2号）
网　　址：www.wenhuafazhan.com
经　　销：各地新华书店
印　　刷：三河市冀华印务有限公司

---

开　　本：787mm×1092mm　1/16
字　　数：300千字
印　　张：20
版　　次：2018年6月第1版　2018年6月第1次印刷
I S B N ：978-7-5142-2164-0
定　　价：39.80元

# 目　录

## 下卷

# 导言

王阳明，名守仁，字伯安。生于明宪宗成化八年（1472），卒于明世宗嘉靖七年（1529）。浙江余姚人。曾筑室于会稽山阳明洞，自号“阳明子”。学者尊称为“阳明先生”。后以号行世。卒谥“文成”。

王阳明历经明代宪宗、孝宗、武宗、世宗四朝。当时，皇权高度集中，而皇帝又多腐败无能；宦官窃弄权柄，滥杀无辜；王朝宗室几度发动叛乱，要夺取皇位；而农民与少数民族抗拒明朝统治的武装斗争时有发生；思想学术上受程朱理学的束缚，而私人讲学又盛行。这一切既为王阳明制造了坎坷多舛的境遇，也为他施展才智勇略提供了机会。王阳明以其辉煌的功业与富有特色的思想成为中国历史上罕见的文武兼备的政治家、军事家与思想家。

对于王阳明生命历程的动态把握，有助于了解其思想的全貌。王阳明三十七岁时谪居贵州龙场，悟得圣学“格物致知”的宗旨，标志着其哲学体系开始建立。这位天才的思想家早年曾驰骋辞章、尊信朱学、出入佛老，最后归宗儒学。他建立思想体系后，伴随政治实践与学术思想的不断深化，经历了诚意为学宗、专主致良知、超狂成圣人等阶段。

## 一、阳明学的时代课题

王阳明的学术主张，随其生存体验的深化而不断发展和成熟。但他的生存体验不是寺院禅房中的静坐入定，而是与社会生活和政治实践相关联。他的主张，不仅是为救治社会弊病开出的一剂药方，也是对前人思想，特别是当时占统治地位的程朱理学的批判继承。以前王学研究者多侧重于王阳明与朱熹的对立，较少注意到王学是从朱学中脱胎而出的。其实，王阳明思想的基本内容的问题是在朱熹的基础上提出的。“心外无理”“知行合一”“致良知”都是以《大学》为框架，为解决朱学所面临的疑难问题而建构的哲学体系。

朱熹（1130—1200），字元晦，又字仲晦，号晦庵。徽州婺源（今属江西）人。他生活在南宋这一内忧外患加剧的朝代，强烈的忧患意识与社会责任感，促使他建立了一个体系博大的哲学思想。朱熹认为经典注释中最可注意者是《大学》。《大学》他早已开始注疏。朱熹三十八岁时已写《大学解》初稿，四十五岁时将《大学中庸章句》及《大学或问》稿寄吕祖谦。五十六岁谈到《大学中庸章句》，对其修改甚多。六十九岁时说：“某于《大学》用工甚多，温公（司马光）作《通鉴》，言‘臣平生精力，尽在此书’。某于《大学》亦然。”（《语类》卷十四）庆元六年（1200，七十一岁）逝世前两天，他仍在修改《大学章句》中的“诚意”一章。

《大学》与《中庸》原为《小戴礼记》中的两篇，宋代把它们独立出来，与《论语》《孟子》的地位相并论。朱熹继承北宋程颐对《大学》原文的怀疑传统并有所发展，他不仅认为当时的原文有错简，还认为其中有缺漏。朱熹把传文中对“诚意”的解释后移，移到解释“正心”之前，这叫“移其文”。他又依据程颢、程颐之意而补进了“格物致知”的“传”文，这叫“补其传”。朱熹的这一移文补传的《大学章句》，宋以后成为流行广、权威性高的《大学》定本，元代成为科举取士的标准。于是，学者把郑玄传下的《大学》称“古本”，而把朱熹的《大学章句》称“新本”。

朱熹本想通过“豁然贯通”把格物与致知结合起来，从穷物理达到尽人心，从“道问学”达到“尊德性”。但是，知识学问与德行涵养之间并没有必然的递进关系，穷物理到尽人心的转化在朱熹那里并没有实现，他自己也承认“陆子静（九渊）专以尊德性诲人，故游其门者多践履之士，然于道问学处欠了。某教人岂不是道问学处多了些子？故游某之门者，践履多不及之”（《陆九渊集》卷三十四）。

如果说朱熹的格物致知，难免有重问学轻德行之嫌，那么当朱学成为官方的正统思想，当《四书集注》成为科举考试的标准后，这种嫌疑则变成了事实，出现了学问与德行背离的情况。学者埋首书册，留情传注，并非为了那“豁然贯通”的德行感悟，乃多为功名利禄而奔忙，以中举及第、出仕为官为目标，出现了王阳明所讲“相矜以知，相轧以势，相争以利，相高以技能，相取以声誉”“记诵之广，适以长其敖”“知识之多，适以行其恶”“闻见之博，适以肆其辩”“辞章之富，适以饰其伪”（《传习录》中卷《答顾东桥书》）的情形。这是当时知识界、文化界乃至学术界所面临的困境。而作为“四书”之一的《大学》，在当时具有深广的影响。这时对格物致知重新诠释，似可挽救当时社会上出现的弊病。

王阳明为对格物致知做出新的解释，也几经磨难，当龙场一悟后，他便对《大学章句》产生怀疑，认为《大学》既无错简，也无阙文，更不用改“亲”为“新”，主张以古本为正。王阳明信从《大学》古本，即可以把格物置于诚意的主导之下，因为古本有关诚意的解释在传文之首。而他把“《诗》云瞻彼淇澳”至“民之不能忘也”看作“言格物之事”，这样格物的内容主要是道德自修。如此，王阳明便把格物纳入了德行涵养。所以他说：“格物是止至善之功”“‘格物’如孟子‘大人格君心’之‘格’，是去其心之不正，以全其本体之正”“诚意之功，只是个格物”（《传习录》上卷《徐爱录》）。由此，以诚意统括格物，一切为“吾性自足”，自不用为博学多闻、经籍传注、功名利禄而奔劳，从而避免了由格物理到明人心的艰难过程，直接把理统于心。后来，随着王阳明思想的发展，平定宁王叛乱后，他多以致良知来教学者，从而对格物致知做了全新的解释，以格物致知的新解为基础，建立其以心统理的心性本体论。

## 二、阳明学的基本内容

《传习录》为研究王阳明思想的基础。此书包括了王阳明全部哲学体系及基本主张。王阳明十分注重“体贴”，当他的门人陈九川谈到功夫长进时，王阳明说：“可知是体来与听讲不同。我初与讲时，知尔只是忽易，未有滋味。只这个要妙再体到深处，日见不同，是无穷尽的。”（《传习录》下卷《陈九川录》这里的“体”包括生活实践与经验总结。王阳明的诚意格物、致良知、知行合一等主张，以丰富的生活体验为根基。每位读者可从自己切身经验中领悟其滋味，进而使此种切身体验上升为理性的觉解，从而对其是非得失做出判断。这种判断可以是道德行为的，可以是审美鉴赏的，也可以是理性综合的，因时、因事、因人而异。

### 1. 心外无物、心外无理

“心”在王阳明的哲学中占有重要地位，他认为“圣人之学，心学也”（《阳明全书·象山文集序》）。而圣人之心则是“以天地万物为一体”，而天下之人心，有私欲物蔽在其中，以至于视父子兄弟如仇人。圣人为了复其心体所共同的与万物为一体的本心，便以父子有亲、君臣有义、夫妇有别、长幼有序、朋友有信来教化天下人。这便是圣学的内容。因而，他认为圣人之学至易至简，易知易从，学易能而才易成。其“大端惟在复心体之同然，而知识技能，非所与论也”（《传习录》中卷《答顾东桥书》）。可见，王阳明所讲的圣人之学以纲常道德为其基本内容。因而，他的哲学讨论问题的出发点是人心邪正，而其归宿是恢复人心所共有的道德本心。抓住这一点后，将有助于理解他的“心外无物”与“心外无理”。

王阳明对程朱判心理为二所产生的弊病有深切感受，或者心外求物理，走上与道德毫不相干的支离之路，或者遗理专求心，走向佛老的空虚寂灭。他主张“此心在物则为理，如此心在事父则为孝，在事君则为忠之类”（《传习录》下卷《黄以方录》），这样便可从“心上做功夫”，而不是只“外面做得好看”，真正实现王道仁政。正是基于这一点，他主张“心即理也。天下又有心外之事，心外之理乎？”事父、事君、交友、治民的理不可能到父、君、友、民那里去寻找，“都只在此心”（《传习录》上卷《徐爱录》）。至于有关道德行为实施过程中的许多知识，也有必要去学习，如怎样才能奉养父母之类，但这是次要的，首先有了孝心，自然会去学习有关知识，王阳明称此为“须先有根，然后有枝叶”。可见“心即理”，“心外无理”既是由道德意志生发而为道德行为推论出的，又以此来规定心的内在本质，为人心道德寻找本体论的根据。

由“心外无理”，王阳明进而推论出“心外无事”“心外无物”。王阳明所讲的事与物，即指主体的意向对象。他认为：“意之所用，必有其物。物即事也。如意用于事亲，即事亲为一物；意用于治民，即治民为一物；意用于读书，即读书为一物；意用于听讼，即听讼为一物，凡意之所用，无有无物者。有是意即有是物，无是意即无是物，物非意之用乎？”（《传习录》中卷《答顾东桥书》）可见王阳明所说的“物”并不是指天地宇宙、山川草木，而是指与主体意向密切相关的“事”。事亲、治民、读书、听讼是作为有意识的人所从事的主体活动。在这种现实活动中，特别是在社会道德实践中，没有主体意识的参与，这种实践活动（“事”）就无法进行。因而，王阳明“心外无物”的内涵是“意之所在为物”（《传习录》上卷《徐爱录》）。对此，他明确说明：“心外无物，如吾心发一念孝亲，即孝亲便是物。”（《传习录》上卷《陆澄录》）

王阳明“心外无物”所关心的问题不是客观物质与主观意识的关系，而是主体意识在实践活动中的作用。父母、帝王、朋友、民众无疑是存在于个体意识之外，这是人所共知的常识。当王阳明驰骋战场时，他很清楚自己所面对的是他意识之外的“山中贼”。哲学家的智慧不在于否定常识，而在于对自己所面对的问题做深层次的把握。深山中的花树自开自落，与我心无关，这是常识。但王阳明关心的是“看此花时”花对主体所具有的意义。所以他说：“你未看此花时，此花与汝心同归于寂。你来看此花时，则此花颜色一时明白起来。便知此花不在你的心外。”（《传习录》下卷《黄省曾录》）这里的“寂”不同于“无”，“明白”不同于“存在”。当然，一涉着文字，难免有“言不尽意”之处，从而为多种理解提供了可能性。

## 2. 知行合一

王阳明的学说多为有感而发，并非无病呻吟。“心即理”的提出有感于朱熹判心与理为二，从而忽视了道德实践。“知行合一”的提出，也是有感于当时的社会风气。针对当时人们言行不一的情况，他颇有感触：“功利之说，日浸以盛，不复知有明德亲民之实，士皆巧文博词以饰诈，相规以伪、相轧以利，外冠裳而内禽兽，而犹或自以为从事于圣贤之学。”（《阳明全书·书林司训卷》）这种知行分离的情况，在生活中最突出的表现是口讲圣贤之学，而实求私欲功利。而当时的读书人多信奉朱学，朱熹主张“知行常相须”“论先后，知为先；论轻重，行为重”（《朱子语类》卷九），这一知先行后的观点对读书人的影响尤大，“以为必先知了，然后能行。我如今且去讲习讨论做知的工夫。待知得真了，方去做行的工夫。故遂终身不行，亦遂终身不知”（《传习录》上卷《徐爱录》），所以王阳明提出了知行合一的主张。

王阳明的知行合一的论说在《传习录》中经常可以见到，他从以下几个方面予以说明。第一，“知是行的主意，行是知的功夫”（《传习录》上卷《徐爱录》）。“主意”即指统帅、打算；“功夫”即指途径与方法。人的实践活动总是在一定计划的指导下，通过一定的方法而达到某种目标。这是从知行主体来说知行合一。第二，“知是行之始，行是知之成”（《传习录》上卷《徐爱录》）。这是从主体活动过程来说明知行合一。主体在从事某一活动时，开始主要是知在起作用。这一知既指一般的知识，也包含意念、知觉。王阳明认为这一知已经包含了行。某一活动的完成，主要靠行，但这个行不是“冥行妄作”，其中也包含了知。王阳明所讲的“知是行之始”，为其“去心中贼”提供了根据。他说：“我今说个知行合一，正要人晓得一念发动处，便即是行了。发动处有不善，就将这不善的念克倒了，须要彻根彻底。”（《传习录》下卷《黄直录》）第三，“知之真切笃实处即是行，行之明觉精察处即是知”（《传习录》中卷《答顾东桥书》）。这是就知行本身的特性来说明知行合一。王阳明认为“真切笃实”与“明觉精察”是行与知的特性。而人在知时不持真切笃实之心，其知将是“揣摸影响”；在行时不能明觉精察，其行将是“冥行妄作”。王阳明的这一命题，又以“真知即所以为行，不行不足谓之知”（《传习录》中卷《答顾东桥书》）来表述。他认为像“好好色”“恶恶臭”一样，“只见那好色时，已自好了”，“只闻那恶臭时，已自恶了”。当我们说某人知孝知悌，“必是其人已曾行孝、行弟，方可称他知孝、知弟。不成只是晓得说些孝弟的话，便可称为知孝弟。又如知痛，必已自痛了方知痛；知寒，必已自寒了；知饥，必已自饥了”（《传习录》上卷《徐爱录》）。知而不行只是未曾真知。

王阳明的知行合一主要是针对割裂知行内在联系的知先行后说提出的。这一思想为人的实践活动，特别是为道德实践奠定了坚实的基础。从以上命题中，我们可以看到知行合一有其合理因素，在社会道德生活中，突出了道德意识的内在性、能动性与实践性，对人们道德意识的自觉，主动地依循道德规范实践伦理原则有很大帮助。但由于他赋予“知”“行”更多的意义，不仅一般知识为“知”，意念、知觉、动机、意志也成了“知”的内容；“行”不仅是主观见之于客观的主体活动，而且也指纯主观的主体活动，如他所说的“一念发动处”便是行。后来王夫之批判王阳明的知行合一是“以知为行”“销行以归知”（《尚书引义·说命中》）。王阳明虽力图避免知行割裂的流弊，却引发出“以知为行”，削弱了“行”的实践作用。尽管如此，王阳明的知行合一说依然标志着人们对知行关系认识的深化。

### 3. 致良知

王阳明从“百死千难”中“体贴”出“致良知”后，遂把它作为学问宗旨反复讲论。“致良知”是“知行合一”的深化，这种深化的机缘是由平宸濠乱所引发的大彻大悟。在当时，“机少不密，若有一毫激作之心，此身已成齑粉”，平乱之后，“动少不慎，若有一毫假借之心，万事已成瓦裂”。经过此一番磨难，他悟出自己之所以转危为安，得益于致知，“亦不过一时良知之应迹”（《王龙溪全集》卷十三《读先师再报海日翁吉安起兵书序》）。因而他把良知比为“灵丹一粒，点铁成金”“正法眼藏”等。王阳明的“致良知”是《大学》“致知”与《孟子》“良知”的结合，不过，与其生存体验息息相关的“致良知”具有更为丰富的意蕴。

首先，王阳明赋予良知以更多的规定性。孟子所说的“所不虑而知”的良知，是一种先验的道德意识与道德情感，对这一点，王阳明是肯定的：“知是心之本体。心自然会知。见父自然知孝，见兄自然知弟，见孺子入井自然知恻隐，此便是良知”（《传习录》上卷《徐爱录》）。因而他认为“圣人亦是学知，众人亦是生知”（《传习录》下卷《陈九川录》）。王阳明进而认为良知为“是非之心”，他认为：“尔那一点良知，是尔自家的准则。尔意念着处，他是便知是，非便知非，更瞒他一些不得。”（《传习录》下卷《陈九川录》）王阳明把它视为“试金石、指南针”（《传习录》下卷《陈九川录》）。可见，良知是人们道德行为所依据的内在的道德原则。良知作为是非善恶的准则，具有“亘万古，塞宇宙，而无不同”（《传习录》中卷《答欧阳崇一》）的普遍性，“虽盗贼亦自知不当为盗。唤他作贼，他还忸怩”（《传习录》下卷《陈九川录》）。

良知与一般的闻见之知的关系如何呢？王阳明认为："良知不由见闻而有，而见闻莫非良知之用。故良知不滞于见闻，而亦不离于见闻"（《传习录》中卷《答欧阳崇一》）。但良知才是为学的主要内容。他说："节目时变，圣人夫岂不知？但不专以此为学。而其所谓学者，正惟致其良知，以精察此心之天理"（《传习录》中卷《答顾东桥书》）。学者"只要良知真切，虽做举业，不为心累"（《传习录》下卷《黄修易录》）。同样，在"簿书讼狱之间，无非实学。若离了事物为学，却是着空"（《传习录》下卷《陈九川录》）。

他还认为"乐"是心的本体，这个"乐"与七情之中的"乐"的关系是"虽不同于七情之乐，而亦不外于七情之乐"（《传习录》中卷《答陆原静书》）。人的喜、怒、哀、惧、爱、恶、欲等七情，"顺其自然之流行，皆是良知之用。不可分别善恶。但不可有所着。七情有着，俱谓之欲，俱为良知之蔽"（《传习录》下卷《黄省曾录》）。

王阳明以《大学》为参照系建立其思想体系。他认为致良知即可统合《大学》的格物、诚意、正心。他说："随时就事上致其良知，便是格物。著实去致良知，便是诚意。著实致其良知，而无一毫意、必、固、我，便是正心。"（《传习录》中卷《答聂文蔚》）有时，王阳明把致良知与明明德、格物和亲民结合起来，认为二者有如体与用。

致良知的极致即是为圣人。王阳明说："耳原是聪，目原是明，心思原是睿知。圣人只是一能之尔。能处正是良知。众人不能，只是个不致知。何等明白简易！"（《传习录》下卷《黄省曾录》）良知原本人人固有，每个人都有成圣的可能性。

王阳明有感于语言的局限性时说："良知本是明白，实落用功便是。不肯用功，只在语言上转说转糊涂。"（《传习录》下卷《黄省曾录》）这是王阳明晚年用功达到精微处后的切身感受，"用功到精处，愈着不得言语，说理愈难"（《传习录》下卷《黄省曾录》）。经由政治实践、理性思辨与狂者感悟，王阳明达到了难以形诸言语的境界。这境界也只有在"自家求"中去把握，在其中仁者见仁、智者见智。

## 三、《传习录》的成书

《初刻传习录》，明正德十三年（1518）八月，由王阳明门人薛侃刻于江西虔州（即今赣州），分为三卷，内容为徐爱、陆澄、薛侃所录自正德七年（1512）至成书时的语录。此即今《传习录》上卷。

《续刻传习录》，明嘉靖三年（1524）十月，由门人南大吉命弟逢吉校刻于越（今浙江绍兴）。上下两册。上册为《初刻传习录》。下册为王守仁《论学书》九篇，其中有答徐成之二篇，答人（顾东桥）论学书，启问道通书，答陆原静二书，答欧阳崇一书，答罗整庵书，答聂文蔚书，附有《示弟立志说》与《训蒙大意》。嘉靖三十五年（1556），门人钱德洪编三卷本《传习录》时稍有变动，以此为《传习录》中卷。改动情况见钱德洪的中卷《序》。

《传习续录》，嘉靖三十四年（1555）门人钱德洪刊刻于宁国（今属安徽）水西精舍。其底本是同年曾才汉先刊刻于荆州（今湖北江陵）的《遗言》。嘉靖三十五年（1556）增刻于蕲（今湖北蕲春），即为今《传习录》下卷。

《传习录》，嘉靖三十五年（1556）钱德洪统前三录付黄梅（今属湖北），尹张君刻于蕲（今湖北蕲春）之崇正书院，为上、中、下三卷。

《王文成公全书》本，隆庆六年（1572）谢廷杰编三十八卷本《全书》时，以《传习录》上卷为第一卷、中卷为第二卷、下卷为第三卷，并约钱德洪附录其《朱子晚年定论》于语录之后，此本为现在通行本。

最后，读《传习录》时我们还应该有一个更宽广的视野。从秦汉开始，就开始出现政治上的高度集中与经济上的极端分散的统治局面。强化集中统一，严格等级制，是古代皇权的要求。要求自给自足，不要受到过多干预，使小农安居乐业，是自然经济的本性。于是便产生了家庭、个人与国家的矛盾。如何把三者的矛盾从意识形态上予以合理解释，中国古代的思想家从不同方面进行过探索。汉以后直到鸦片战争，他们一直在努力解决这个矛盾。《大学》一书在理论上提供了协调这一矛盾的框架，把修身、齐家与治国、平天下纳入一个完整的体系之中，使三者之间的矛盾得到一种合理的解释。

朱熹对《大学》的解释是他建立新儒家经典解释学的一大贡献。朱熹的用心和他的方法，对于维护封建社会秩序，特别是在后期起了重大的作用。在王阳明生活的时代，明朝已开始走下坡路，社会危机与政治危机加重。王阳明的理论也是在《大学》上做文章，只是解释不同。王与朱的争辩，表现在理论上，实际上都是为了解决社会危机、维持社会稳定而努力。有了这样一个视野，我们便可以更准确地理解王阳明的思想理论，更准确地把握王阳明在后世的社会影响。

在王阳明临终之际，陪侍在旁的学生问他还有什么遗言，王阳明说："此心光明，亦复何言？"诚然，王阳明这一光明之心不仅震烁了明代思想界，也光耀着此后的中华文明。

鲍希福 1992 年 6 月初稿，

2017 年 9 月修改于北京

# 上卷

# 徐爱[1]录

先生[2]于《大学》“格物”诸说，悉以旧本[3]为正，盖先儒所谓误本者也。爱始闻而骇，既而疑，已而殚精竭思，参互错综，以质于先生。然后知先生之说，若水之寒，若火之热，断断乎百世以俟圣人而不惑者也。先生明睿天授，然和乐坦易，不事边幅。人见其少时豪迈不羁，又尝泛滥于词章，出入二氏之学。骤闻是说，皆目以为立异好奇，漫不省究。不知先生居夷三载[4]，处困养静，精一之功，固已超入圣域[5]，粹然大中至正之归矣。爱朝夕炙门下，但见先生之道，即之若易，而仰之愈高；见之若粗，而探之愈精；就之若近，而造之愈益无穷。十余年来，竟未能窥其藩篱。世之君子，或与先生仅交一面，或犹未闻其謦咳，或先怀忽易愤激之心，而遽欲于立谈之间，传闻之说，臆断悬度，如之何其可得也？从游之士，闻先生之教，往往得一而遗二，见其牝牡骊黄而弃其所谓千里者。故爱备录平日之所闻，私以示夫同志，相与考而正之，庶无负先生之教云。门人徐爱书。

【译文】

先生认为《大学》中有关格物的解释应以旧本为准，即朱熹等儒学大家所说的误本。我刚听到这一主张时十分震惊，继而产生怀疑，再后来，我殚精竭思，互相对照比较，就正于先生。最后，我才明白，先生的主张就像水性寒、火性热一样，即使百世以后的圣人也绝不会再有任何疑问。先生天资聪睿，但性情和蔼，待人坦诚，平常不修边幅。在早年，他性格豪迈不羁，曾热衷于吟诗作文，广泛阅读佛教和道教的典籍。因此，人们刚听到他的主张时，都认为是标新立异之论，不予理睬、不予深究。殊不知，在贬居龙场的三年中，先生在艰难处境中涵养性情，“惟精惟一”的功夫已进入了圣贤之列，达到了绝对中正的境地。我朝夕受先生教诲，发现先生的学说，刚接触时似乎很容易，深入钻研就会觉得它非常崇高；看起来好像很粗疏，深入探求就会觉得它精细入微；刚接触它好像很浅近，实践落实就会感到路无止境。十几年来，我竟没有摸到它的一点边。然而，如今很多学者，有的与先生仅一面之交，有的连一面之交也没有，有的怀着轻视、愤激的心情，就想在立谈之间，依据传闻来胡猜乱想，这又怎么能真正了解先生的学说呢？跟随先生学习的人们，往往得一而遗二，犹如相马时只注意马的牝牡黑黄，而忽视了它能否日行千里的特性。所以，我把平时所听到的全部记录下来，呈示诸位同志，以便考订纠正，不负先生的教育之恩。学生徐爱序。

## 【注释】

①徐爱（1488—1518），字曰仁，号横山，浙江余杭人，曾任南京工部郎中。他是王守仁的第一位学生，也是王守仁的妹夫。参看《明儒学案》卷十一。

②先生即指王守仁，是学生对老师的尊称。

③旧本指《礼记》中的《大学》，由东汉人郑玄（127—200）作注，唐代孔颖达（574—648）疏解。南宋朱熹认为《礼记》中的《大学》有错误，并改易了章句。在明代，朱熹的《四书集注》成为科举考试的根据，而把郑注孔疏的《礼记·大学》称为旧本。可参看《十三经注疏》（清人阮元主持校刊的版本）中的《礼记·大学》与朱熹的《大学章句》。

④正德元年（1506）二月，刘瑾擅权，南京戴铣、薄彦徽等因谏忤旨下狱，王守仁上疏抗辩，但被关押到监狱，并被廷杖四十。正德二年（1507）被贬为贵州龙场驿丞。正德五年（1510）升江西庐陵县知府，前后在贵州三年。龙场在贵州西北的万山之中，居民的文明程度很低，王守仁教他们筑土架木做房屋。

⑤见《尚书·大禹漠》：“人心惟危，道心惟微，惟精惟一，允执厥中。”理学家认为这是尧、舜、禹一脉相传的“十六字心传”，王守仁的解释详后。

爱问：“‘在亲民’，朱子谓当作‘新民’，后章‘作新民’①之文，似亦有据。先生以为宜从旧本作‘亲民’，亦有所据否？”

先生曰：“‘作新民’之‘新’是自新之民，与‘在新民’之‘新’不同，此岂足为据？‘作’字却与‘亲’字相对，然非‘新’字义。下面‘治国平天下’处，皆于‘新’字无发明。如云‘君子贤其贤而亲其亲，小人乐其乐而利其利’‘如保赤子’‘民之所好好之，民之所恶恶之，此之谓民之父母’之类，皆是‘亲’字意。‘亲民’犹如《孟子》‘亲亲仁民’②之谓，‘亲之’即‘仁之’也。‘百姓不亲’，舜使契为司徒，‘敬敷五教’[3]，所以亲之也。《尧典》‘克明峻德’便是‘明明德’，‘以亲九族’至‘平章’‘协和’[4]便是‘亲民’，便是‘明明德于天下’。又如孔子言‘修己以安百姓’[5]，‘修己’便是‘明明德’，‘安百姓’便是‘亲民’。说‘亲民’便是兼教养意，说‘新民’便觉偏了。”

## 【译文】

徐爱问：“《大学》第一章的‘在亲民’，朱子说应当作‘新民’，后面第二章的‘作新民’似乎可以作为他的依据。而先生认为应该按照旧本作‘亲民’，也有什么根据吗？”

先生说：“‘作新民’的‘新’，是‘自新’的意思，与‘在新民’的‘新’不同，‘作新民’怎么能作为‘在新民’的根据呢？‘作’和‘亲’相对应，但不是‘亲’的意思。后面讲‘治国平天下’的地方，都没有‘新’的意思。如‘君子贤其贤而亲其亲，小人乐其乐而利其利’‘如保赤子’‘民之所好好之，民之所恶恶之，此之谓民之父母’之类，都是‘亲’的意想。‘亲民’也就是孟子所说的‘亲亲仁民’。亲近就是仁爱。百姓不能互相亲近，舜就任命契做司徒，兢兢业业地推行五教以让他们亲近。《尧典》中的‘克明峻德’就是‘明明德’，‘以亲九族’到‘平章’‘协和’就是‘亲民’，也就是‘明明德于天下’。又如孔子说的‘修己以安百姓’，‘修己’就是‘明明德’，‘安百姓’就是‘亲民’。说‘亲民’就包括了教化、养育等内容，说‘新民’，意思就偏了。”

## 【注释】

①《大学》的分章依据朱熹《大学章句》。

②见《孟子·尽心上》。

③五教指五伦：父子有亲，君臣有义，夫妇有别，长幼有序，朋友有信。

④见《尚书·尧典》：“克明峻德，以亲九族。九族既睦，平章百姓。百姓昭明，协和万邦。”克：能；峻：大；平：安定；章：启发；万邦：诸侯国。

⑤见《论语·宪问》。

爱问：“‘知止而后有定’，朱子以为事事物物皆有定理[1]，似与先生之说相戾。”

先生曰："于事事物物上求至善，却是义外也。至善是心之本体，只是明明德到至精至一处便是。然亦未尝离却事物。本注所谓'尽夫天理之极，而无一毫人欲之私'者，得之。"

## 【译文】

徐爱问："（《大学》的）'知止而后有定'，朱子认为是说事事物物皆有定理，这好像与您的观点相反。"

先生说："到事物中去求至善，这样就把义看成是外在的了。至善是心的本体，只要明明德达到至精至一的程度便是至善了。当然，至善并未脱离具体事物。朱子《大学章句》所讲的'尽夫天理之极，而无一毫人欲之私'，就是这一意思。"

## 【注释】

①见朱熹《大学或问》："能知所止，则方寸之间，事事物物皆有定理。"

爱问："至善只求诸心，恐于天下事理，有不能尽。"

先生曰："心即理也。天下又有心外之事，心外之理乎？"

爱曰："如事父之孝，事君之忠，交友之信，治民之仁，其间有许多理在，恐亦不可不察。"

先生叹曰："此说之蔽久矣，岂一语所能悟；今姑就所问者言之。且如事父，不成去父上求个孝的理；事君，不成去君上求个忠的理；交友、治民，不成去友上、民上求个信与仁的理。都只在此心。心即理也。此心无私欲之蔽，即是天理，不须外面添一分。以此纯乎天理之心，发之事父便是孝，发之事君便是忠，发之交友、治民便是信与仁。只在此心去人欲、存天理上用功便是。"

爱曰："闻先生如此说，爱已觉有省悟处。但旧说缠于胸中，尚有未脱然者。如事父一事，其间温凊定省之类[①]，有许多节目，不亦须讲求否？"

先生曰："如何不讲求？只是有个头脑。只是就此心去人欲、存天理上讲求。就如讲求冬温，也只是要尽此心之孝，恐怕有一毫人欲间杂。讲求夏凊，也只是要尽此心之孝，恐怕有一毫人欲间杂。只是讲求得此心。此心若无人欲，纯是天理，是个诚于孝亲的心，冬时自然思量父母的寒，便自要去求个温的道理；夏时自然思量父母的热，便自要去求个清的道理，这都是那诚孝的心发出来的条件。却是须有这诚孝的心，然后有这条件发出来。譬之树木，这诚孝的心便是根，许多条件便是枝叶。须先有根，然后有枝叶。不是先寻了枝叶，然后去种根。《礼记》言‘孝子之有深爱者，必有和气。有和气者，必有愉色。有愉色者，必有婉容’。[②]须有是个深爱做根，便自然如此。”

## 【译文】

徐爱问：“至善只从人心上求，恐怕不能穷尽天下所有的事理。”

先生说：“心就是理，天下难道还有心外之事、心外之理吗？”

徐爱说：“比如事父的孝、事君的忠、交友的信、治理百姓的仁爱，其中也有许多理存在，恐怕也不能不去考察吧！”

先生感慨地说：“这一观点欺世惑众很久了，一两句话岂能让人醒悟？现在仅就你的问题来谈谈。比如事父，不是从父亲那里求得孝的理；事君，不是从君王那里求得忠的理；结交朋友、治理百姓，也不是要从朋友和百姓那里获得信与仁的理。孝、忠、信、仁都只在自己心中。心就是理。没有被私欲阻隔的心就是天理，不用在心外再加一分一毫。用这发自内心的真情实感，表现在事父上自然会孝，表现在事君上自然能忠，表现在结交朋友、治理百姓上就能信、能仁。只要在自己心上努力去人欲、存天理就行了。”

徐爱说：“听您这么一说，我有所省悟。但旧说仍萦回胸中，还不能完全摆脱。例如孝父的事，其中也有许多温清定省之类的细节，是否也应讲求呢？”

先生说：“怎么能不讲求呢？只是要有一个轻重。重点是在自己心上去人欲存天理。如冬天保暖，也只是要尽我心的孝，不要有一毫人欲在其中。夏天避暑也只是要尽我心的孝，不要有一毫人欲在其中。讲求的只是自己的心。自己的心若能毫无人欲，纯是天理，是一个诚恳孝敬父母的心，冬天自然会想着为父母御寒，也自然会去掌握保暖的技巧；夏天自然会为父母避暑，也自然会去学习避暑的方法，冬暖夏凉是那诚孝的心借以表现的条目。然而，必须有了这诚孝的心，才会为父母去做冬暖夏凉这样的事。就好像一棵树，这诚孝的心是根，尽孝的许多细节就像枝叶。必须先有根，然后才有枝叶。不是先找到枝叶然后再去种根。《礼记》说‘孝子之有深爱者，必有和气。有和气者，必有愉色。有愉色者，必有婉容’。须有一个深爱的心做根本，便自然会如此。”

## 【注释】

①《礼记·曲礼上》记载：“凡为人子之礼，冬温而夏清，昏定而朝省。”后人简称为温清定省，即指冬天保暖，夏天避暑，早晚问安。

②见《礼记·祭义》。

郑朝朔[1]问：“至善亦须有从事物上求者？”

先生曰：“至善只是此心纯乎天理之极便是。更于事物上怎生求？且试说几件看。”

朝朔曰：“且如事亲，如何而为温清之节，如何而为奉养之宜，须求个是当，方是至善。所以有学问思辨之功[2]。”

先生曰：“若只是温清之节，奉养之宜，可一日二日讲之而尽，用得甚学问思辨？惟于温清时也只要此心纯乎天理之极，奉养时也只要此心纯乎天理之极，此则非有学问思辨之功，将不免于毫厘千里之谬。所以虽在圣人，犹如‘精一’之训。若只是那些仪节求得是当，便谓至善，即如今扮戏子扮得许多温清奉养的仪节是当，亦可谓之至善矣。”

爱于是日又有省。

## 【译文】

郑朝朔问：“至善也有必要从事物上求取吗？”

先生说：“至善，只是自己的心纯为天理，怎能从事物上求？你且举几个例子。”

郑朝朔说：“比如孝敬父母，怎样才能保暖避暑，怎样才能奉养适宜，就该知道什么是恰到好处的礼节，这才是至善。所以才有了学问思辨的功夫。”

先生说：“如果孝敬父母只关系到保暖避暑的具体方法和奉养的适宜，用一两天就可以讲清楚，还需要什么学问思辨的功夫？在为父母保暖避暑时，一定要使自己的心纯是天理而无一毫人欲；在奉养父母时，一定要使自己的心纯是天理而无一毫人欲，就非有学问思辨不可。否则，将会差之毫厘而谬以千里。所以，即使圣人也要再加之以‘惟精惟一’的训诫。如果认为把那些礼节讲求得恰当了就是至善，那么，演员在戏中准确地表演了许多温清定省的礼节，也可以说他们是至善了。”

徐爱在这一天又有所省悟。

## 【注释】

①郑朝朔，名一初，广东揭阳人，官至监察御史，王守仁在吏部任职时曾受学。王守仁有《祭郑朝朔文》，见《阳明全书》卷二十五。

②语出《中庸》：“博学之，审问之，慎思之，明辨之，笃行之。”

爱因未会先生知行合一之训，与宗贤、惟贤往复辩论①，未能决。以问于先生。

先生曰：“试举看。”

爱曰：“如今人尽有知得父当孝、兄当弟者，却不能孝，却不能弟。便是知与行分明是两件。”

先生曰：“此已被私欲隔断，不是知行的本体了。未有知而不行者。知而不行，只是未知。圣贤教人知行，正是要复那本体。不是着你只恁的便罢。故《大学》指个真知行与人看，说‘如好好色’②，‘如恶恶臭’③。见好色属知，好好色属行。只见那好色时已自好了，不是见了后又立个心去好。闻恶臭属知，恶恶臭属行。只闻那恶臭时已自恶了，不是闻了后别立个心去恶。如鼻塞人虽见恶臭在前，鼻中不曾闻得，便亦不甚恶。亦只是不曾知臭。就如称某人知孝、某人知弟，必是其人已曾行孝、行弟，方可称他知孝、知弟。不成只是晓得说些孝弟的话，便可称为知孝弟。又如知痛，必已自痛了，方知痛。知寒，必已自寒了。知饥，必已自饥了。知行如何分得开？此便是知行的本体，不曾有私意隔断的。圣人教人，必要是如此，方可谓之知。不然，只是不曾知。此却是何等紧切着实的功夫！如今苦苦定要说知行做两个，是甚么意？某要说做一个，是甚么意？若不知立言宗旨，只管说一个两个，亦有甚用？”

爱曰：“古人说知行做两个，亦是要人见分晓。一行做知的工夫，一行做行的工夫，即工夫始有下落。”

先生曰："此却失了古人宗旨也。某尝说知是行的主意，行是知的工夫。知是行之始，行是知之成。若会得时，只说一个知，已自有行在。只说一个行，已自有知在。古人所以既说一个知，又说一个行者，只为世间有一种人，懵懵懂懂地任意去做，全不解思惟省察，也只是个冥行妄作，所以必说个知，方才行得是。又有一种人，茫茫荡荡悬空去思索，全不肯着实躬行，也只是个揣摸影响，所以说一个行，方才知得真。此是古人不得已补偏救弊的说话。若见得这个意时，即一言而足。今人却就将知行分作两件去做，以为必先知了，然后能行。我如今且去讲习讨论做知的工夫④，待知得真了，方去做行的工夫。故遂终身不行，亦遂终身不知。此不是小病痛，其来已非一日矣。某今说个知行合一，正是对病的药，又不是某凿空杜撰。知行本体原是如此。今若知得宗旨时，即说两个亦不妨，亦只是一个。若不会宗旨，便说一个，亦济得甚事？只是闲说话。"

## 【译文】

徐爱因为不明白先生知行合一的主张，与宗贤、惟贤反复辩论，没有结果。于是向先生请教。

先生说："试举一例来说明。"

徐爱说："人们都知道对父母应该孝，对兄长应该敬，却不能孝，也不能敬。可见，知与行分明是两件事。"

先生说："这是被私欲隔断了，已不是知与行的本体。没有知而不行的。知而不行，只是没有真知。圣贤教人知与行，正是要恢复那知行的本体，并不是只简单地告诉你如何去知与行便罢。所以，《大学》用'如好好色''如恶恶臭'来告诉人们什么是真正的知与行。见好色是知，好好色是行，在见好色时就已经喜好了，不是在见了之后再起一个心去喜好。闻恶臭属知，恶恶臭属行，在闻到恶臭时就已经厌恶了，不是在闻到之后再起一个心去厌恶。如果有一个人因鼻塞，即使恶臭在面前，鼻子没有闻到，就不会特别厌恶它，也只是由于他不曾知臭。再如，我们说某人知孝、某人知悌，必定是那个人已经做到了孝悌，才可以称赞他知孝、知悌；不是只要他知道说些孝悌的话，就可以称赞他知孝、知悌。又如知痛，必定是他自己已经痛了才叫作知痛；知寒，必定是已经感到寒冷了；知饥，必定是已经饥饿了。知与行怎么分得开？这便是知行的本体，不曾被人的私欲隔断。圣人教人，必定是如此才可叫作知。不然，也只是不曾知。可见这是多么紧切着实的功夫！现在人们苦苦定要把知行说成两回事，是为了什么呢？我要把知行说成一个，又是为了什么呢？如果不知道我立言的宗旨，只管去说什么一个、两个，有什么用处呢？”

徐爱说：“古人把知与行分开看，也是要让人有个分别，一方面做知的功夫，一方面做行的功夫。这样，功夫才有落实处。”

先生说：“这样就偏离了古人的宗旨了。我曾说知是行的主意，行是知的功夫，知是行之始，行是知之成。如果懂得了知行合一的道理，只说一个知，已自有行在其中了；只说一个行，已自有知在其中了。古人之所以既说一个知，又说一个行，只是因为世界上有这样一种人，只管懵懵懂懂地任意去做，完全不思考这样做的道理，只是一个冥行妄作，所以必须说一个知，才能让他行得正确。又有一种人，茫茫荡荡地悬空去思索，全不肯着实躬行，也只是个捕风捉影，所以有必要说一个行，才能让他知得真切。可见，知行分说是古人为了补偏救弊，不得已而为之。如果明白了这一点，那么只要一句话，问题就解决了。如今，人们硬要把知行分作两件事去做，以为一定要先知了然后才能行。如此，我就先去讲习讨论做知的功夫，等知得真切了才去做行的功夫。于是，人们终身不能行，也终身不能知。这可不是一个小问题，这种错误认识由来已久。现在我说个知行合一，正是要对病下药，并非我凿空杜撰，知行的本体就是如此。现在，如果知道了我立论的宗旨，即使说知行为二也无妨，事实上也只是一个。如果不知道我立论的宗旨，即使说知行为一，又有什么用处呢？也只是在那里说闲话而已。”

## 【注释】

①黄绾（1477—1551），字宗贤，号文庵，浙江黄岩人，礼部尚书。为王守仁的弟子。见《明儒学案》卷十三。顾应祥（1483—1565），字惟贤，号箬溪，浙江长兴人，官至兵部侍郎，早年从学于王守仁，王守仁死后，作《传习录疑义》，主张知行为二。见《明儒学案》卷十四。

②第一个“好”字读四声，第二个“好”字读三声。

③第一个“恶”字读 wù，第二个“恶”字读 è。

④《传习录》原文中所用的“工夫”大多与“功夫”相通，意含修炼、涵养、

实行、体验等内容。仅偶尔出现的“工夫”是指时间。(本书中,原文部分保留“工夫”。)

爱问:“昨闻先生‘止至善’之教,已觉工夫有用力处。但与朱子‘格物’之训[1],思之终不能合。”

先生曰:“‘格物’是‘止至善’之功。既知‘至善’,即知‘格物’矣。”

爱曰:“昨以先生之教推之‘格物’之说,似乎亦见得大略。但朱子之训,其于《书》之‘精一’,《论语》之‘博约’[2],《孟子》之‘尽心知性’[3],皆有所证据,以是未能释然。”

先生曰:“子夏笃信圣人,曾子反求诸己[4]。笃信固亦是,然不如反求之切。今既不得于心,安可狃于旧闻,不求是当?就如朱子亦尊信程子,至其不得于心处,亦何尝苟从?[5]‘精一’‘博约’‘尽心’本自与吾说吻合,但未之思耳。朱子‘格物’之训,未免牵合附会,非其本旨。精是一之功,博是约之功。曰仁既明知行合一之说,此可一言而喻。‘尽心知性知天’是‘生知安行’事,‘存心养性事天’是‘学知利行’事,‘夭寿不贰,修身以俟’是‘困知勉行’事。[6]朱子错训‘格物’,只为倒看了此意,以‘尽心知性’为‘格物知至’,要初学便去做‘生知安行’事,如何做得?”

爱问:“‘尽心知性’何以为‘生知安行’?”

先生曰:“性是心之体,天是性之原。尽心即是尽性。‘惟天下至诚,为能尽其性,知天地之化育。’[7]‘存心’者,心有未尽也。‘知天’如知州、知县之‘知’,是自己分上事,已与天为一。‘事天’如子之事父、臣之事君,须是恭敬奉承,然后能无失。尚与天为二,此便是圣贤之别。至于‘夭寿不贰’其心,乃是教学者一心为善,不可以穷通夭寿之故,便把为善的心变动了。只去修身以俟命,见得穷通夭寿有个命在,我亦不必以此动心。‘事天’,虽与天为二,已自见得个天在面前。‘俟命’,便是未曾见面,在此等候相似,此便是初学立心之始,有个困勉的意在。今却倒做了,所以使学者无下手处。”

爱曰:“昨闻先生之教,亦影影见得工夫须是如此。今闻此说,益无可疑。爱昨晓思‘格物’的‘物’字,即是‘事’字,皆从心上说。”

先生曰:“然。身之主宰便是心,心之所发便是意,意之本体便是知,意之所在便是物。如意在于事亲，即事亲便是一物；意在于事君，即事君便是一物；意在于仁民、爱物，即仁民、爱物便是一物；意在于视、听、言、动，即视、听、言、动便是一物。所以某说无心外之理，无心外之物。《中庸》言‘不诚无物’。《大学》‘明明德’之功，只是个诚意；诚意之功，只是个格物。”

## 【译文】

徐爱问：“昨天听了先生‘止至善’的教诲后，我感到功夫有了用力处。然而，我觉得您的观点与朱子对‘格物’的解释始终不一致。”

先生说：“‘格物’是‘止至善’的功夫，既然知道了至善，也就知道了格物。”

徐爱说：“昨天，我把先生‘止至善’的教诲推及‘格物’的解释上，似乎也能明白一个大概。然而，朱子的解释可以从《尚书》的‘精一’、《论语》的‘博约’、《孟子》的‘尽心知性’中找到根据。因而，我还是弄不明白。”

先生说：“子夏笃信圣人，曾子却反求诸己。笃信圣人，固然不错，但不像反求诸己那样真切实在。现在既然体悟不了，怎么能只去因袭陈说而不进一步探求正确的答案呢？比如朱子，他也很尊重和信任程子，但一遇到与其心得不合的地方，朱子又何曾盲目轻信呢？‘精一’‘博约’‘尽心’等主张，本来与我的主张就是一致的，只是你没有认真思考而已。朱子对格物的解释，未免有点牵强附会，并不是《大学》的本义。精是一的功夫，博是约的功夫。你既然明白了知行合一，这里用一句话就能说明白。‘尽心知性知天’，是‘生知安行’者的事。‘存心养性事天’，是‘学知利行’者的事。‘夭寿不贰，修身以俟’，是‘困知勉行’者的事。朱子对‘格物’的错误理解，只因为他颠倒了这一次序，认为‘尽心知性’就是‘格物知至’，要求初学者便去做‘生知安行’的事，他们又怎么能做得了呢？”

徐爱问：“为什么说尽心知性就是生知安行呢？”

先生说：“性是心的本体，天是性的根源。尽心就是尽性。《中庸》说：‘惟天下至诚为能尽其性，知天地之化育。’‘存心’说明还没有‘尽心’。‘知天’的知如同知州、知县的‘知’，是自己分内的事，知天就是自己与天合而为一。‘事天’，就像子事父、臣事君一样，只有恭恭敬敬地侍奉才能没有差失，这时，自己尚与天相对为二。这就是圣与贤的差别。至于‘夭寿不贰’，是教导人们要一心为善，不因处境的好坏和寿命的长短而改变为善的心。我只去修身，等待命运的安排，认识到人的穷通寿夭是命中注定，我也不必因此而动心。‘事天’，虽然与天相对为二，但已经看到有一个天在面前。‘俟命’，便是自己什么也没有看见，有如我在等待什么一样，这便是初学者确立志向的开始，有一种知难而进、勉力自强的精神。而朱子所说的正好相反，因而使学者没有下手处。”

徐爱说：“昨天听了先生的教诲，我隐约感到功夫应该如此。现在听了先生的这一解释，更是无可怀疑了。昨天早晨我想到，格物的‘物’也就是‘事’，都是从人心上说的。”

先生说：“对，身之主宰便是心，心之所发便是意，意之本体便是知，意之所在便是物。例如，意在事亲上，事亲便是一物；意在事君上，事君便是一物；意在仁民爱物上，仁民爱物便是一物；意在视听言动上，视听言动便是一物。所以我说‘无心外之理，无心外之物’。因此，《中庸》说‘不诚无物’。《大学》中‘明明德’的功夫也只是一个诚意；诚意的功夫，也只是一个格物。”

## 【注释】

①朱熹的格物见《大学章句》，他认为：“所谓致知在格物者，言欲致吾之知，在即物而穷其理也。”

②见《论语·雍也》：“君子博学于文，约之以礼。”

③见《孟子·尽心上》：“尽其心者，知其性也，知其性，则知天矣。”

④子夏与曾子都是孔子的弟子。《论语》中的《子张》篇记有子夏的言论，如“博学笃思”“君子有三变”“学而优则仕”等，都反映了孔子的思想。曾子主张“吾日三省吾身”（《论语·学而》）。所以，朱熹认为“子夏笃信圣人，曾子反求诸己”（《孟子集注·公孙丑上》）。反求诸己即反躬内省。

⑤《程氏易传》卷一：“天专言之则道也，天且弗违，是也。”朱熹则认为：“程子此语，某亦未敢以为然，天且弗违，此只是上天。”（《朱子语类》卷六十九）

⑥王阳明把《孟子》与《中庸》结合起来讲解。《孟子·尽心上》讲：“尽其心者，知其性也。知其性，则知天矣。存其心、养其性，所以事天也。夭寿不贰，修身以俟之，所以立命也。”《中庸》讲：“或生而知之，或学而知之，或

困而知之，及其知之，一也。或安而行之，或利而行之，或勉强而行之，及其成功，一也。”孔颖达疏曰：“或安而行之，谓无所求，为安静而行之。或利而行之，谓贪其利益而行之……或勉强而行之，或畏惧罪恶勉力自强而行之。”朱熹注曰：“生知安行者知也，学知利行者仁也，困知勉行者勇也。”

⑦《中庸》原文是：“惟天下至诚，为能尽其性。能尽其性，则能尽人之性；能尽人之性，则能尽物之性；能尽物之性，则可以赞天地之化育；可以赞天地之化育，则可以与天地参矣。”

先生又曰：“‘格物’如孟子‘大人格君心’[①]之‘格’，是去其心之不正，以全其本体之正。但意念所在，即要去其不正，以全其正，即无时无处不是存天理，即是穷理。‘天理’即是‘明德’，‘穷理’即是‘明明德’。”

## 【译文】

先生又说：“‘格物’的‘格’，如同孟子所说的‘大人格君心’的‘格’，意思是去掉人心的不正以保全人心本体的正，而且在人的意念中就要去掉不正使之归于平正。这样，人无时无处不在存天理，也就是穷理。‘天理’即是《大学》中的‘明德’，‘穷理’也就是‘明明德’。”

## 【注释】

①见《孟子·离娄上》：“惟大人为能格君心之非。君仁，莫不仁。君义，莫不义。君正，莫不正。一正君，而国定矣。”

又曰：“知是心之本体，心自然会知。见父自然知孝，见兄自然知弟，见孺子入井自然知恻隐。此便是良知[①]，不假外求。若良知之发，更无私意障碍，即所谓‘充其恻隐之心，而仁不可胜用矣’[②]。然在常人，不能无私意障碍，所以须用‘致知’‘格物’之功，胜私复理。即心之良知更无障碍，得以充塞流行，便是致其知。知致则意诚。”

【译文】

先生又说："知是心的本体，心自然能知。见父自然知孝，见兄自然知悌，看见小孩掉到井里自然有恻隐之心。这就是良知，不用向外求取。如果良知的显现没有受到私欲的阻隔遮蔽，也就是孟子所说的'充其恻隐之心，而仁不可胜用矣'。然而，常人的良知难免会受到私欲的影响，所以，需要'致知''格物'的功夫，以战胜私欲恢复天理。如此，人心良知再没有任何障碍而得以充满于内，显现于外，这便是致其知。能致其知也就能诚其意。"

【注释】

①见《孟子·尽心上》："人之所不学而能者，其良能也。所不虑而知者，其良知也。"

②见《孟子·尽心上》："人能充无欲害人之心，而仁不可胜用也。"

爱问："先生以'博文'为'约礼'功夫，深思之，未能得，略请开示。"

先生曰："'礼'字即是'理'字。'理'之发见可见者谓之'文'，'文'之隐微不可见者谓之'理'，只是一物。'约礼'只是要此心纯是一个天理。要此心纯是天理，须就'理'之发见处用功。如发见于事亲时，就在事亲上学存此天理；发见于事君时，就在事君上学存此天理；发见于处富贵、贫贱时，就在处富贵、贫贱上学存此天理；发见于处患难、夷狄时，就在处患难、夷狄上学存此天理。至于作止语默，无处不然，随他发见处，即就那上面学个存天理。这便是博学之于文，便是'约礼'的功夫。'博文'即是'惟精'，'约礼'即是'惟一'。"

【译文】

徐爱问："先生认为'博文'是'约礼'的功夫，我想了很久，也不明白。请您指教。"

先生说："'礼'就是'理'。'理'显现为外在可见的叫作'文'，'文'中隐微不可见的叫作'理'。本来只是一个东西。'约礼'只是要自己的心纯是一个天理。而要自己的心纯是天理，就需要从理的显现处用功。如理显现在事亲上，心就在事亲上存此天理；理显现在事君上，心就在事君上存此天理；理在身处富贵或贫贱上显现，心就在身处富贵或贫贱中存此天理；理在身处患难危境中显现，心就在身处患难危境中存此天理。行止语默，无不如此。从理的显现处，去学一个存天理，这便是从文中博学，也就是约礼的功夫。‘博文’即是‘惟精’，‘约礼’即是‘惟一’。”

爱问：“‘道心常为一身之主，而人心每听命’①，以先生精一之训推之，此语似有弊。”

先生曰：“然。心一也。未杂于人谓之道心，杂以人伪谓之人心，人心之得其正者即道心，道心之失其正者即人心，初非有二心也。程子谓人心即人欲，道心即天理，语若分析，而意实得之。②今曰‘道心为主，而人心听命’，是二心也。天理人欲不并立，安有天理为主，人欲又从而听命者？”

## 【译文】

徐爱问：“‘道心常为一身之主，而人心每听命’，从您对精一的解释来看，这话似乎不妥。”

先生说：“是这样。心就是一个心。没有掺杂人为因素的叫作道心，掺杂了人为因素的叫作人心。人心能够守正不偏即是道心，道心不能守正就是人心，并非人本来就有两个心。程子认为人心就是人欲，道心就是天理，是把人心和道心分开了，但用意还是好的。而朱子说道心为主，人心听命于道心，硬是把心分为二了。天理、人欲不能并存，怎么会有天理为主而人欲服从天理的情况呢？”

## 【注释】

①见朱熹的《中庸章句·序》。

②程伊川认为：“人心，私欲也。道心，正心也。”（《二程遗书》卷十九）

爱问文中子、韩退之①。

先生曰：“退之，文人之雄耳。文中子，贤儒也。后人徒以文词之故，推尊退之，其实退之去文中子远甚。”

爱问："何以有拟经之失？"

先生曰："拟经恐未可尽非。且说后世儒者著述之意与拟经如何？"

爱曰："世儒著述，近名之意不无，然期以明道。拟经纯若为名。"

先生曰："著述以明道，亦何所效法？"

爱曰："孔子删述六经以明道也。"②

先生曰："然则拟经独非效法孔子乎？"

爱曰："著述即于道有所发明，拟经似徒拟其迹，恐于道无补。"

先生曰："子以明道者，使其反朴还淳而见诸行事之实乎？抑将美其言辞而徒以譊譊于世也？天下之大乱，由虚文胜而实行衰也。使道明于天下，则六经不必述。删述六经，孔子不得已也。自伏羲画卦，至于文王、周公，其间言《易》，如《连山》《归藏》之属③，纷纷籍籍，不知其几，《易》道大乱。孔子以天下好文之风日盛，知其说之将无纪极，于是取文王、周公之说而赞之，以为惟此为得其宗。于是纷纷之说尽废，而天下之言《易》者始一。《书》《诗》《礼》《乐》《春秋》皆然。《书》自《典》《谟》④以后，《诗》自二南以降，如《九丘》《八索》⑤，一切淫哇逸荡之词，盖不知其几千百篇。《礼》《乐》之名物度数，至是亦不可胜穷。孔子皆删削而述正之⑥，然后其说始废。如《书》《诗》《礼》《乐》中，孔子何尝加一语？今之《礼记》诸说，皆后儒附会而成，已非孔子之旧。至于《春秋》，虽称孔子作之，其实皆鲁史旧文。所谓'笔'者，笔其书。所谓'削'者，削其繁。是有减无增。孔子述六经，惧繁文⑦之乱天下，惟简之而不得。使天下务去其文以求其实，非以文教之也。《春秋》以后，繁文益盛，天下益乱。始皇焚书得罪⑧，是出于私意，又不合焚六经。若当时志在明道，其诸反经叛理之说，悉取而焚之，亦正暗合删述之意。自秦汉以降，文又日盛，若欲尽去之，断不能去。只宜取法孔子，录其近是者而表章之，则其诸怪悖之说，亦宜渐渐自废。不知文中子当时拟经之意如何，某切深有取于其事。以为圣人复起，不能易也。天下所以不治，只因文盛实衰。人出己见，新奇相高，以眩俗取誉。徒以乱天下之聪明，涂天下之耳目，使天下靡然争务修饰文词，以求知于世。而不复知有敦本尚实、反朴还淳之行。是皆著述有以启之。"

## 【译文】

徐爱请先生比较一下文中子与韩退之。

先生说："退之是文人中的雄才，文中子是位贤明大儒。后人推尊退之只是因为他的文章好。其实，退之远不能与文中子相比。"

徐爱问："文中子为什么有仿造经书的过失呢？"

先生说："仿造经书恐怕也不能说一无是处。且说说后世儒生著述的目的，与仿造经书有什么区别？"

徐爱说："后世儒生的著述也难免有求名的意思，但目的是明道。而仿造经书似乎纯粹是为了求名。"

先生说："著述为了明道，效法的又是什么？"

徐爱说："孔子通过删述六经来明道。"

先生说："那么，仿造经书难道不是效法孔子吗？"

徐爱说："著书对道有所发明，仿造经书似乎只是在形式上模仿，恐怕于道无补。"

先生说："你所说的明道，是指返朴还淳，让道在日常生活中落实呢，还是指追求华丽的言辞以哗众取宠呢？天下大乱，是因为重虚文，轻实行。如果道已经在天下实现，那么，删述六经也无必要了。孔子删述六经，是不得已而为之。自从伏羲画卦，到文王、周公，论《易》的如《连山》《归藏》之类，纷纭繁复，不知有多少种，《易》道大乱。孔子看到天下好文饰之风日盛，感到这样下去将漫无纲纪。于是，他讲明文王和周公有关《易》的论说，指出只有他们的观点才把握了《易》的宗旨。这样，其他有关《易》的众多主张才废止，天下说《易》的才一致。《书》《诗》《礼》《乐》《春秋》都是如此。《尚书》从《典》《谟》后，《诗》自二南以后，如《九丘》《八索》，一切淫逸浮泛之词，有成百上千之多，《礼》《乐》的名物度数难以穷尽。经过孔子的删削订正，其他说法才被废止。对于《书》《诗》《礼》《乐》，孔子又何曾添加一句？现存《礼记》中的许多解释，都是后儒附会而成的，已不是孔子所删订的原貌了。至于《春秋》，虽然说是孔子写的，其实也是在鲁国旧史的基础上笔削而成。所谓'笔'就是照抄原文。所谓'削'，就是删除重复。这样有减而无增。孔子传述六经，是怕那繁文坏乱天下。只是他想简略但不能完全做到。然而，他让天下的人一定不要死记经典的字句，应去追求经典的实质。他并非要用那些文辞来教化天下。《春秋》以后，繁文更加盛行，天下更加坏乱。秦始皇因焚书而得罪于天下，因为他是出于私意，又不该焚毁六经。如果秦始皇为了明道，把那些离经叛道的书统统拿来烧掉，就正好与孔子的删述之意不谋而合了。自秦汉后，著述之风日益兴盛，要想完全废止已绝对不可能。只好效法孔子的做法，对那些与经书道理相近的加以表彰，那些怪异背经的自然就会废止。我不知道文中子当时仿造经书是什么用意，但对仿造经书这件事还是值得赞同的。我认为，即使圣人复出，也不会否定我的看法。天下混乱，是因为写文章的多，而实干的少。每个人各抒己见，以新奇的观点来混淆视听，哗众取宠，谋取声誉。如此只会败坏人们的聪明，蒙骗世人的耳目，使人们只去修饰文辞，追求声名；而不再知道还有崇尚实际、返朴还淳的实行。这些都是那些著书立说的人所造成的。”

## 【注释】

①王通（584—617），隋朝绛州龙门（今山西万荣）人，字仲淹。曾任蜀郡司户书佐，后弃官，以讲学著书为业。仿《春秋》著《元经》，已佚。又依《家语》《法言》体例，著《中说》。卒后门人谥曰“文中子”（见《陈书》卷十七，《旧唐书》卷一九〇上）。韩愈（768—824），唐邓州南阳（今河南孟州）人，字退之，由进士累官至吏部侍郎，卒谥文，后人称文公。因其祖籍昌黎（今河北），追封为昌黎伯，故称韩昌黎。他提倡散体，文笔雄健，为后世古文家所尊崇。他排斥佛老，首倡儒家道统说（见《唐书》卷一六〇，《新唐书》卷一七六）。

②据《史记·孔子世家》记载，孔子晚年叙《书》，传《礼》，删《诗》，正《乐》，序《易》《象》《系辞》《说卦》《文言》，作《春秋》。《乐》经在秦亡佚，仅存五经。

③《周礼·春官宗伯》记载，太卜“掌三易之法，一曰连山，二曰归藏，三曰周易。其经卦皆八，其别卦皆六十有四”。郑玄的《易论》认为，连山夏易，始于艮，象山之出云，连连不绝。归藏商易，先坤后乾，万物莫不归藏于其中。周易始乾，文王衍易于羑里，题周以别商也。

④典指《尧典》《舜典》，谟指《大禹谟》《皋陶谟》。

⑤二南指《周南》《召南》。九丘、八索，相传为古代书名，《左传》昭公十二年："是能读三坟、五典、八索、九丘。"伪孔安国《尚书·序》认为，八索乃八卦之说，九丘为九州之志。东汉贾逵认为，八索是八王之法，九丘是九州亡国之戒。张衡认为，八索即《周礼》的八议，九丘即《周礼》的九刑。各说皆无实据。

⑥孔安国《尚书·序》："先君孔子生于周末，睹史籍之烦文，惧览之者不一，遂乃定礼乐，明旧章，删诗为三百篇。约史记而修春秋，赞易道以黜八索，述职方以除九丘。"

⑦繁文指众多的著述。

⑧秦始皇三十四年（前213），秦始皇采纳李斯的建议，下令除秦纪（史）、医药、卜筮、种植的书外，焚毁民间所藏的《诗》《书》和百家书等。见《史记·秦始皇本纪》。

爱曰："著述亦有不可缺者，如《春秋》一经，若无《左传》，恐亦难晓。"①

先生曰："《春秋》必待《传》而后明，是歇后谜语矣。圣人何苦为此艰深隐晦之词？《左传》多是《鲁史》旧文，若《春秋》须此而后明，孔子何必削之？"

爱曰："伊川亦云：'《传》是案，《经》是断。'②如书弑某君，伐某国，若不明其事，恐亦难断。"

先生曰："伊川此言，恐亦是相沿世儒之说，未得圣人作经之意。如书'弑君'，即弑君便是罪，何必更问其弑君之详？征伐当自天子出，书'伐国'，即伐国便是罪，何必更问其伐国之详？圣人述六经，只是要正人心，只是要存天理、去人欲。于存天理、去人欲之事，则尝言之。或因人请问，各随分量而说。亦不肯多道，恐人专求之言语。故曰'予欲无言'③。若是一切纵人欲、灭天理的事，又安肯详以示人？是长乱导奸也。故孟子云：'仲尼之门，无道桓文之事者，是以后世无传焉。'④此便是孔门家法。世儒只讲得一个伯者的学问，所以要知得许多阴谋诡计。纯是一片功利的心，与圣人作经的意思正相反，如何思量得通？"因叹曰："此非达天德者，未易与言此也！"又曰："孔子云：'吾犹及史之阙文也。'⑤孟子云：'尽信书，不如无书。吾于《武成》取二三策而已。'⑥孔子删《书》，于唐、虞、夏四五百年间，不过数篇。岂更无一事？而所述止此，圣人之意可知矣。圣人只是要删去繁文，后儒却只要添上。”

爱曰：“圣人作经，只是要去人欲，存天理。如五伯[⑦]以下事，圣人不欲详以示人，则诚然矣。至如尧、舜以前事，如何略不少见？”

先生曰：“羲、黄之世，其事阔疏，传之者鲜矣。此亦可以想见，其时全是淳庞朴素、略无文采的气象，此便是太古之治，非后世可及。”

爱曰：“如《三坟》[⑧]之类，亦有传者，孔子何以删之？”

先生曰：“纵有传者，亦于世变渐非所宜。风气益开，文采日胜，至于周末，虽欲变以夏、商之俗，已不可挽，况唐、虞乎[⑨]？又况羲、黄之世乎？然其治不同，其道则一。孔子于尧舜则祖述之，于文武则宪章之。文、武之法，即是尧、舜之道。但因时致治，其设施政令，已自不同，即夏、商事业施之于周，已有不合。故周公思兼三王，其有不合，仰而思之，夜以继日。况太古之治，岂复能行？斯固圣人之所可略也。”又曰：“专事无为，不能如三王之因时致治，而必欲行以太古之俗，即是佛、老的学术。因时致治，不能如三王之一本于道，而以功利之心行之，即是伯者以下事业。后世儒者许多讲来讲去，只是讲得个伯术。”

又曰：“唐、虞以上之治，后世不可复也，略之可也。三代以下之治，后世不可法也，削之可也。惟三代之治可行。然而世之论三代者，不明其本，而徒事其末，则亦不可复矣！”

## 【译文】

徐爱说：“著述有时也是不可缺少的。例如，《春秋》没有《左传》恐怕也很难读懂。”

先生说：“《春秋》必须有了《传》后才能明白，这样，《春秋》就成了歇后谜语了。圣人何苦要写这样一些晦涩难懂的东西呢？《左传》很多是《鲁史》中的原文，如果《春秋》必须借助《左传》才能看懂，孔子又何必删削呢？”

徐爱说：“伊川也认为‘《传》是案，《经》是断’。例如，《春秋》上记载杀某君、伐某国，如果不明白所指何事，恐怕也很难做出判断。”

先生说：“伊川这句话，恐怕也是沿袭了世俗儒生的说法，并未领会圣人作经的用意。例如，既然写作‘杀君’，杀君便是罪，何必再问杀君的经过呢？征伐应当由天子下诏令，而写‘伐国’，那么征伐某国便是罪，何必再问伐国的经过呢？圣人传述六经，只是要正人心，只是为了存天理、去人欲。对于存天理、去人欲的事，孔子也曾说过。往往根据人们的提问，依各自的性质和程度的不同随机解答。但他也不肯说得太多，怕人们只在言语上寻求。所以说‘予欲无言’。如果是一些纵人欲灭天理的事，又怎能详细地告诉人们呢？不然，则是在助乱导奸啊！所以，孟子说：‘孔子弟子从来不谈齐桓公、晋文王的故事，所以后世不讲他们的故事。’这便是孔门家法。世俗的儒生只是讲一个霸道的学问，因而要知道许多的阴谋诡计。这纯是一种功利心，与圣人作经的意思正好相反。他们怎么能思量得通？”先生因此感慨地说：“如果不是诚达天德的人，我很难与他谈论这个问题啊！”先生又说：“孔子说：‘我也看到史官的阙文。’孟子说：‘尽信书，不如无书。我对《尚书·周书》的《武成》也仅取其二三策而已。’孔子删《尚书》时，即使尧、舜、夏这四五百年的历史，也不过仅存数篇而已。难道此外就再没有一事值得称道吗？而所传述的就这么一点，圣人的意图由此可见。圣人只是要删去繁文，后儒却是要添上。”

徐爱说：“圣人作经，只是为了去人欲，存天理。比如五霸以后的事，圣人不想让人知道详细情况，的确如此。那么，尧、舜以前的事，为什么一概略去，一点儿也不见了呢？”

先生说：“伏羲、黄帝的时代，事情遥远不详，传下来的也很少。这也可以想见。那时的风气淳厚朴素，毫无重文采的气氛，这便是太古的治世，不是后世所能做到的。”

徐爱说：“《三坟》这类书，也有流传下来的，孔子为何删掉了？”

先生说：“即使有流传下来的，也因人世的变化而逐渐与时代不相适应了。风气更加开化，文采日益讲究，到周末时，要想恢复夏、商的习俗，已不可能了，就更不用说恢复唐、虞的风俗了，何况是更早的伏羲、黄帝时的风俗呢？各个治世的表现虽然不同，但他们的道都是一个。孔子祖述尧舜、宪章文武。文王、武王的治世方法就是尧、舜的道。只是根据时代要求来治理，至于具体的政令制度自然各不相同。即使夏、商的措施，在周代实行，也已有不合适的地方。所以，周公力图兼采禹、汤和文王的长处，遇到不合适的地方，他深切思考，夜以继日，何况太古的治世办法，又怎能重新施行？这就是圣人略而不论的原因啊！”先生又说："遇事只主张无为，不能像禹、汤和文王那样根据时代的变化来治理天下，一定要恢复太古的习俗，这是佛教和老庄的观点。根据时代的变化来治理天下，但不能像禹、汤和文王那样一切以道为根据，却依据功利来行事，这就是五霸以来的情形。后世儒生讲来讲去，讲了很多，也只是讲了一个霸术。"

先生又说："尧、舜以前的治世办法，后世已不可能恢复，因而可省略掉。夏、商、周三代以后的治世方法，后世不应去效法它，因而可以删削掉。只有三代的治世方法可以实行。但现在谈论三代的人，不知道三代治理天下的根本所在，而只注意一些细微末节，这样，三代的治世方法也不能恢复了！"

## 【注释】

①《左传》相传是与孔子同时的鲁国史官左丘明所写，为编年体春秋史，记载了自鲁隐公元年至鲁悼公四年间的史事，也保存了一部分古代传说。所以说解《春秋》必以它为依据。

②见《程氏遗书》卷十五。

③见《论语·阳货》。

④见《孟子·梁惠王上》。桓指齐桓公，文指晋文公，是五霸中的两霸。

⑤见《论语·卫灵公》。大意是：我曾见到过史籍中史官修史存疑而不记载的内容。

⑥见《孟子·尽心下》，《武成》是《尚书》中的一篇，记载周武王伐纣归来后所说的政论。

⑦五霸通常是指齐桓公、晋文公、秦穆公、楚庄王、宋襄公。他们在诸侯国中曾先后称霸。

⑧《三坟》，传说中我国最早的书籍，《左传·昭公十二年》："是能读三坟、五典、八索、九丘。"孔安国《尚书·序》："伏羲、神农、黄帝元书，谓之三坟。坟，道也。"

⑨唐虞即指古史传说的陶唐氏（尧）与有虞氏（舜），传为治世，即太平盛世。

爱曰："先儒论六经，以《春秋》为史，史专记事，恐与五经事体终或稍异。"

先生曰："以事言谓之史，以道言谓之经。事即道，道即事。《春秋》亦经，五经亦史。《易》是包牺氏之史，《书》是尧、舜以下史，《礼》《乐》是三代史。其事同，其道同。安有所谓异？”

又曰：“五经亦只是史。史以明善恶，示训戒。善可为训者，特存其迹以示法。恶可为戒者，存其戒而削其事以杜奸。”

【译文】

徐爱说：“先儒讨论五经时，认为《春秋》是史。而史只记载历史事件，恐怕与五经的体例和宗旨稍有不同。”

先生说：“从记事来说叫作史，从论道而言叫作经。事就是道，道也就是事。《春秋》也是经，五经也是史。《易》是伏羲的历史，《尚书》是尧、舜以后的历史，《礼》与《乐》是夏、商、周的历史。它们的事是相同的，所说的道也相同。又有什么不同呢？”

先生又说：“五经也只是史。史要明辨善恶以示训戒。善可以用来教化，因而特意保存了一些事作为后世的榜样。恶可以让人们引以为戒，所以只保存一些戒条而删去了事情经过，以杜绝奸邪。”

爱曰：“存其迹以示法，亦是存天理之本然。削其事以杜奸，亦是遏人欲于将萌否？”

先生曰：“圣人作经，固无非是此意。然又不必泥着文句。”

爱又问：“恶可为戒者，存其戒而削其事以杜奸。何独于《诗》而不删郑、卫？先儒谓‘恶者可以惩创人之逸志’[①]，然否？”

先生曰：“《诗》非孔门之旧本矣。孔子云：‘放郑声，郑声淫。’[②]又曰：‘恶郑声之乱雅乐也。’[③]‘郑卫之音，亡国之音也。’[④]此是孔门家法。孔子所定三百篇，皆所谓雅乐，皆可奏之郊庙，奏之乡党，皆所以宣畅和平，涵泳德性，移风易俗，安得有此？是长淫导奸矣。此必秦火之后，世儒附会，以足三百篇之数。盖淫泆之词，世俗多所喜传，如今闾巷皆然。‘恶者可以惩创人之逸志’，是求其说而不得，从而为之辞。”

## 【译文】

徐爱说："保留善的事作为榜样，也是保存天理的本来面貌，删掉作恶的详细经过以杜绝奸邪，是不是为了遏止即将萌生的人欲呢？"

先生说："圣人作经，固然也有这个意思。但不必拘泥于文句。"

徐爱又问："恶可以引以为戒，保存戒条而略去恶行的具体经过，是为了杜绝奸邪。为什么在《诗经》中不删掉《郑风》与《卫风》呢？朱子认为这是因为'恶者可以惩创人之逸志'，这种看法对吗？"

先生说："现存的《诗经》已不是孔子删订的原貌了。孔子认为，'放郑声，郑声淫'。又说：'恶郑声之乱雅乐也。''郑卫之音，亡国之音也。'这是孔门家法。孔子所定的《诗》三百篇，都是雅乐，可以在祭祀天地和祖先时演奏，在街道乡村演奏，都有助于协和性情，涵养德行，移风易俗，怎么会有《郑风》《卫风》之类的诗呢？不然，就是在助淫导奸了。《郑风》与《卫风》，必定是秦始皇焚书后，世俗儒生牵强附会加上的，以凑够三百这个数。而淫逸之词，人们又往往喜欢传播，现在街头巷尾都是如此。朱子所说的'恶者可以惩创人之逸志'，这是想解释却解释不通，反而替恶辩解。"

## 【注释】

①见《论语集注·为政篇》。

②见《论语·卫灵公》。

③见《论语·阳货》。

④见《礼记·乐记》。

爱因旧说汩没，始闻先生之教，实是骇愕不定，无入头处。其后闻之既久，渐知反身实践。然后始信先生之学，为孔门嫡传。舍是皆傍蹊小径，断港绝河矣。如说格物是诚意的工夫，明善是诚身的工夫，穷理是尽性的工夫，道问学是尊德性的工夫，博文是约礼的工夫，惟精是惟一的工夫等。诸如此类，始皆落落难合。其后思之既久，不觉手舞足蹈。

**【译文】**

徐爱以前一直信奉程朱理学，刚听到先生的教诲，实在是惊慌不安，感到没有入手处。听的时间长了后，逐渐知道反身实践。然后才相信先生的学问，是孔门的嫡传。除此之外，全是邪门歪道，断港绝河。对于先生的观点，如“格物”是“诚意”的功夫，“明善”是“诚身”的功夫，“穷理”是“尽性”的功夫，“道问学”是“尊德性”的功夫，“博文”是“约礼”的功夫，“惟精”是“惟一”的功夫等，起初是怎么也想不通，经过长时间的思考后，领会了其中的宗旨，不觉手舞足蹈。

（以上由门人徐爱记录）

# 陆澄录

陆澄[1]问："主一之功，如读书则一心在读书上，接客则一心在接客上，可以为主一乎？"

先生曰："好色则一心在好色上，好货则一心在好货上，可以为主一乎？是所谓逐物，非主一也。主一是专主一个天理。"

## 【译文】

陆澄问："怎样才是主一的功夫？比如读书就一心在读书上，接客就一心在接客上，这能看作是主一的功夫吗？"

先生说："好色就一心去好色，贪财就一心去贪财，能够说是主一的功夫吗？这叫作逐物，而不是主一。主一则是一心只在天理上。"

## 【注释】

①陆澄，字原静，又字清伯。湖之归安（今浙江吴兴）人。进士，官至刑部主事。王守仁曾说，"曰仁（徐爱）殁，吾道益孤，至望原静者不浅"。黄宗羲对他所记的语录给予了很高的评价。详见《明儒学案》卷十四。

问立志。

先生曰："只念念要存天理，即是立志。能不忘乎此，久则自然心中凝聚，犹道家所谓'结圣胎'[1]也。此天理之念常存，驯至于美大圣神[2]，亦只从此一念存养扩充去耳。"

## 【译文】

陆澄问如何立志。

先生说："只要念念不忘存天理就是立志。若能时刻不忘存天理，时间长了，心自然会凝聚在天理上，这类似道家的'结圣胎'。这个天理的意念常存，逐渐达到孟子所说的美、大、圣、神，也只是从这一意念入手而加以存养扩充。"

## 【注释】

①圣胎是道教修道所成的内功，是修道成仙的基础，如孕育之有胎，故名。此处比喻精神凝聚处，就像胎中种下圣种一样。

②见《孟子·尽心下》："可欲之谓善，有诸己之谓信，充实之谓美，充实而有光辉之谓大，大而化之之谓圣，圣而不可知之之谓神。"

"日间工夫觉纷扰，则静坐。觉懒看书，则且看书。是亦因病而药。"

## 【译文】

"白天做功夫时感到烦躁不安，那么就静坐。如果懒得看书，就应去看书，这也是对症下药。"

"处朋友，务相下则得益，相上则损。"

## 【译文】

"结交朋友，务必互相谦让，就能得益；互相攀比，就受损害。"

孟源[①]有自是好名之病，先生屡责之。一日，警责方已，一友自陈日来工夫请正。源从旁曰："此方是寻著源旧时家当。"

先生曰："尔病又发。"

源色变，议拟欲有所辨。先生曰："尔病又发。"因喻之曰："此是汝一生大病根。譬如方丈地内，种此一大树，雨露之滋，土脉之力，只滋养得这个大根。四傍纵要种些嘉谷，上面被此树树叶遮覆，下面被此树树根盘结，如何生长得成？须用伐去此树，纤根勿留，方可种植嘉种。不然，任汝耕耘培壅，只是滋养得此根。"

## 【译文】

孟源有自以为是、贪求虚名的毛病，先生多次告诫他。有一天，先生刚教训了他，一位朋友谈了近来的学习情况，请先生指正。而孟源在旁边说："这正好找到了我过去的家当。"

先生说："你的毛病又犯了。"

孟源脸色变了，似乎要为自己辩护。先生说："你的毛病又犯了。"并接着开导他说："这是你一生最大的病根。好比在一丈见方的地里种上一棵大树。雨露的滋润、土地的肥力，只能保证这棵大树的营养。若在树下四周种一些优种的五谷，上面被树叶遮住了阳光，下面因树根盘结而少了营养，它们又怎能生长成熟？只有砍掉这棵树，任何细根也不留下，才能种植五谷。不然，不管你如何栽培耕耘，也只能滋养那树根。"

## 【注释】

①孟源，字伯生，滁州（今安徽滁州）人，余不详。

问："后世著述之多，恐亦有乱正学。"

先生曰："人心天理浑然。圣贤笔之书，如写真传神，不过示人以形状大略，使之因此而讨求其真耳。其精神意气，言笑动止，固有所不能传也。后世著述，是又将圣人所画摹仿誊写，而妄自分析加增以逞其技，其失真愈远矣。"

## 【译文】

陆澄问："孔孟以后的著述繁多，恐怕也会破坏圣学。"

先生说："人心与天理浑然一体，圣人把它写在书上，如同写真传神，不过告诉人们一个大概，使人们由此而进一步讨求真精神。至于圣贤的精神气质、言笑举止，本来也是不能言传的。孔孟以后的著述，又只是将圣人所画的大致轮廓再模仿誊写一遍，并妄自解析，添油加醋，以显示才能。这离圣贤的真精神越来越远了。"

问："圣人应变不穷，莫亦是预先讲求否？"

先生曰："如何讲求得许多？圣人之心如明镜，只是一个明，则随感而应，无物不照。未有已往之形尚在，未照之形先具者。若后世所讲，欲是如此，是以与圣人之学大背。周公制礼作乐以文天下，皆圣人所能为，尧、舜何不尽为之而待于周公？孔子删述六经以诏万世，亦圣人所能为，周公何不先为之而有待于孔子？是知圣人遇此时，方有此事。只怕镜不明，不怕物来不能照。讲求事变，亦是照时事；然学者却须先有个明的工夫。学者惟患此心之未能明，不患事变之不能尽。"

曰："然则所谓'冲漠无朕，而万象森然已具'①者，其言何如？"

曰："是说本自好，只不善看，亦便有病痛。"

## 【译文】

陆澄问："圣人能够应变无穷，是不是预先已研究过？"

先生说："怎么能研究得那么多呢？圣人的心如同明镜，只因为这一个明，它就能感而必应，无物不照。已照的物影不复存留，还未照的物影不会先具备。若像后世的人们所说的那样，却是圣人预先把什么都研究过了，因而与圣人之学根本不同。周公制礼作乐，让天下有了礼乐制度，这都是圣人所能做的，为什么尧、舜不全部做了，而一定要等周公呢？孔子删述六经，以此教育万世，这也是圣人都能做的，为什么周公不先做了，而要等孔子呢？可知，圣人是碰到这样的时代，才有了这样的事业。只怕镜子不明亮，不怕物来不能照。学者研究时事变化，与镜子照物是一样的。然而，学者应该先有一个'明'的功夫。对学者来说，怕的是此心不能明，不怕不能穷尽事物的变化。"

陆澄说："那么，'冲漠无朕，而万象森然已具'，这话对吗？"

先生说："这话本来说得很好，只因为不善于理解，便有了问题。"

## 【注释】

①语见《二程遗书》卷十五，是程伊川的话，王守仁对此句的解释见后。

"义理无定在，无穷尽。吾与子言，不可以少有所得，而遂谓止此也。再言之十年、二十年、五十年，未有止也。"

他日又曰："圣如尧、舜，然尧、舜之上善无尽；恶如桀、纣[1]，然桀、纣之下恶无尽。使桀、纣未死，恶宁止此乎？使善有尽时，文王何以'望道而未之见'[2]？"

## 【译文】

"义理没有固定的处所，也没有穷尽。我与你谈话，不要因为略有所得就以为如此而已。即使再给你说十年、二十年，乃至五十年也没有止境。"

有一天，先生又说："即使圣如尧舜，然而在尧舜之上，善也没有尽头。恶如桀纣，而在桀纣之下，恶也没有尽头。如果桀纣不死，他们所作的恶就只有这些吗？如果善能穷尽，文王为什么会'望道而未之见'呢？"

## 【注释】

①桀是夏朝最后一个君主，纣是商朝最后一个君主，两人均以残暴闻名。后来成为暴君的代称。

②语出《孟子·离娄下》："文王视民如伤，望道而未之见。"朱熹注曰："民已安矣，而视之犹若有伤。道已至矣，而望之犹若未见。"

问："静时亦觉意思好，才遇事便不同，如何？"

先生曰："是徒知静养，而不用克己工夫也。如此，临事便要倾倒。人须在事上磨，方立得住，方能'静亦定，动亦定'[1]。"

## 【译文】

陆澄问："在静时我觉得自己的想法挺好，但一遇到事，就不是那么一回事，为什么？"

先生说："这是因为只知道在静中涵养静，而没有下克己功夫。这样一遇到事，便站不住脚跟。人应该在事上磨炼，才能站得住，才能做到'静亦定，动亦定'。"

## 【注释】

①语出《程氏文集》卷二："所谓定者，动亦定，静亦定，无将迎，无内外。"

问上达工夫[①]。

先生曰："后儒教人，才涉精微，便谓上达，未当学，且说下学。是分下学上达为二也。夫目可得见，耳可得闻，口可得言，心可得思者，皆下学也。目不可得见，耳不可得闻，口不可得言，心不可得思者，上达也。如木之栽培灌溉，是下学也；至于日夜之所息，条达畅茂，乃是上达。人安能预其力哉？故凡可用功、可告语者，皆下学。上达只在下学里。凡圣人所说，虽极精微，俱是下学。学者只从下学里用功，自然上达去，不必别寻个上达的工夫。"

## 【译文】

陆澄向先生请教上达的功夫。

先生说："后儒教人，刚涉及精微处，便说是上达，不当学的，而只去说下学。这样把下学与上达分为二。凡是眼可看见、耳可听到、口可言说、心能思维到的都是下学。凡是眼看不到的、耳听不到的、口说不出来的、心不能想到的，都是上达。例如，对于一棵树，栽培灌溉是下学；它昼夜不断生长，枝密叶盛，就是上达。人怎么能在上达方面加以干预呢？所以，凡是可以用力的、可以言说的，都是下学。上达只在下学里。凡是圣人所说，虽然精细入微，也都是下学。学者只要从下学上用功，自然能够上达，不必再找一个上达的功夫。"

## 【注释】

①见《论语·宪问》："下学而上达。"朱熹注曰："但知下学，而自然上达。此但自言其反己自修，循序渐进耳。无以甚异于人而致其知也。"

"持志如心痛，一心在痛上，岂有工夫说闲话，管闲事？"

## 【译文】

"持守志向如同心痛，心痛时一心在痛上，哪有工夫说闲话，管闲事？"

问："'惟精''惟一'是如何用功？"

先生曰："'惟一'是'惟精'主意，'惟精'是'惟一'功夫，非'惟精'之外复有'惟一'也。'精'字从'米'，姑以米譬之。要得此米纯然洁白，便是'惟一'意。然非加舂簸筛拣'惟精'之工，则不能纯然洁白也。舂簸筛拣是'惟精'之功，然亦不过要此米到纯然洁白而已。博学、审问、慎思、明辨、笃行者，皆所以为'惟精'而求'惟一'也。他如'博文'者即'约礼'之功，'格物''致知'者即'诚意'之功，'道问学'即'尊德性'之功，'明善'即'诚身'之功。无二说也。"

**【译文】**

陆澄问："要做到'惟精''惟一'，该怎样用功呢？"

先生说："'惟一'是'惟精'的主意，'惟精'是'惟一'的功夫，并非在'惟精'之外再有'惟一'。'精'字从'米'，就以米作比方吧！要使这米纯净洁白，这便是'惟一'的意思。如果没有舂簸筛拣这些'惟精'的功夫，米就不可能纯净洁白。舂簸筛拣是'惟精'的功夫，其目的也不过是让米纯净洁白而已。博学、审问、慎思、明辨、笃行，都是为了获得'惟一'而从事的'惟精'之功。其他如'博文'是'约礼'的功夫，'格物''致知'是'诚意'的功夫，'道问学'是'尊德性'的功夫，'明善'是'诚身'的功夫，无不如此。"

"知者行之始，行者知之成。圣学只一个工夫，知行不可分作两事。"

**【译文】**

"知是行之始，行是知之成。圣学只有一个功夫，知行不能看成是两回事。"

"漆雕开曰：'吾斯之未能信。'夫子说之①。子路使子羔为费宰②，子曰：'贼夫人之子。'③曾点言志，夫子许之。④圣人之意可见矣。"

**【译文】**

"漆雕开说：'吾斯之未能信。'孔子听了后很高兴。子路让子羔做费邑的宰守，孔子认为是'贼夫人之子'。曾点谈自己的志向，深得孔子的赞许。圣人之意由此可见啊！”

## 【注释】

①见《论语·公冶长》。漆雕开（前540—？）是孔子弟子，字子若。朱熹注曰：“开（漆雕开）自言未能如此，未可以治人，故夫子说其笃志。”

②子路，姓仲，名由（前542—前480），春秋卞人，孔子弟子。子羔，姓高名柴（前521—？），春秋卫人，一说齐人，孔子弟子，孔子有“柴也鲁”之说（《论语·先进》）。费为鲁的邑名，在山东费县。

③朱熹《论语集注》：“贼，害也，言子羔质美而未学，遂使治民，适以害之。”

④曾点即曾皙，鲁国南武城人，曾参（曾子）的父亲，孔子弟子，见《史记·仲尼弟子列传》。《论语·先进》中记载了孔子弟子各人谈志向，曾点的志向是“莫春者，春服既成。冠者五六人，童子六七人，浴乎沂，风乎舞雩，咏而归”。孔子听了后，很赞成曾点的志向。

问：“宁静存心时，可为未发之中否？”

先生曰：“今人存心，只定得气。当其宁静时，亦只是气宁静，不可以为未发之中。”

曰：“未便是中，莫亦是求中功夫？”

曰：“只要去人欲、存天理，方是功夫。静时念念去人欲、存天理，动时念念去人欲、存天理，不管宁静不宁静。若靠那宁静，不惟渐有喜静厌动之弊，中间许多病痛，只是潜伏在，终不能绝去，遇事依旧滋长。以循理为主，何尝不宁静？以宁静为主，未必能循理。”

## 【译文】

陆澄问：“在宁静存养心的时候，可以是未发之中吗？”

先生说：“现在人的存心，也只是安定了气。当他宁静时，也只是气的宁静。不能认为这就是未发之中。”

陆澄说：“未发便是中，宁静是不是求中的功夫？”

先生说：“只要去人欲、存天理，就是功夫。静时念念不忘去人欲、存天理，动时也念念不忘去人欲、存天理，不管宁静不宁静。如果依靠那宁静，不仅逐渐会有喜静厌动的毛病，而且其中的许多毛病，只是潜伏下来了，终究不能根除，遇事依旧滋长。如果以依循天理为主，怎么会不宁静呢？而以宁静为主，却不一定能够依循天理了。”

问：“孔门言志，由、求任政事，公西赤任礼乐，多少实用。[1]及曾皙说来，却似耍的事，圣人却许他，是意如何？”

曰：“三子是有意必[2]，有意必便偏著一边，能此未必能彼。曾点这意思却无意必，便是‘素其位而行，不愿乎其外。素夷狄，行乎夷狄。素患难，行乎患难。无入而不自得矣’[3]。三子所谓‘汝器也’[4]，曾点便有‘不器’意[5]。然三子之才各卓然成章，非若世之空言无实者，故夫子亦皆许之。”

## 【译文】

陆澄问：“孔子的弟子谈志向，子路、冉有想主持政事，公西华要主管礼乐，多少还有点实际用处。而曾皙所说，好像就是玩的事，圣人却称赞他，这是为什么呢？”

先生说：“子路、冉有和公西华有意、必的意思，有了意、必就会偏向一边，能做这事就不一定能做别的事。而曾点的志向却没有意、必，这便是《中庸》的‘素其位而行，不愿乎其外。素夷狄，行乎夷狄。素患难，行乎患难。无入而不自得矣’。子路、冉有、公西华是‘汝器也’的有用之才，而曾皙便是‘君子不器’的成德之人。然而，子路、冉有和公西华各有其特殊的才能，并不像世上空谈无实的人，所以，孔子也都称许了他们。”

## 【注释】

①事见《论语·先进》。

②《论语·子罕》记载：“子绝四：毋意、毋必、毋固、毋我。”朱熹注曰：“意，私意也。必，期必也。固，执滞也。我，私己也。……盖意、必常在事前，固、我常在事后，至于我又生意，则物欲牵引，循环不穷矣。”

③语见《中庸》，与原文稍有异。意为身处不同境况就做自己应当做的事。

④语出《论语·公冶长》，意为你是有用之才。

⑤语出《论语·为政》，器因为各有自己的用处而有局限性，而君子不局于一才一艺，而是德行通达的人，故为“不器”。

问：“知识不长进，如何？”

先生曰：“为学须有本原，须从本原用力，渐渐‘盈科而进’[①]。仙家说婴儿，亦善譬[②]。婴儿在母腹时，只是纯气，有何知识？出胎后，方始能啼，既而后能笑，又既而能识认其父母兄弟，又既而后能立、能行、能持、能负，卒乃天下事无不可能。皆是精气日足，则筋力日强，聪明日开。不是出胎日便讲求推寻得来。故须有个本原。圣人到位天地、育万物[③]，也只从喜怒哀乐未发之中上养来。后儒不明格物之说，见圣人无不知、无不能，便欲于初下手时讲求得尽，岂有此理？”又曰：“立志用功，如种树然。方其根芽，犹未有干；及其有干，尚未有枝。枝而后叶，叶而后花、实。初种根时，只管栽培灌溉，勿作枝想，勿作叶想，勿作花想，勿作实想。悬想何益？但不忘栽培之功，怕没有枝叶花实？”

## 【译文】

陆澄问：“在知识方面不见长进，该怎么办？”

先生说：“为学必须有根本，从根本上用力，有如‘盈科而进’。仙家把金丹比作婴儿，也善于比喻。比如婴儿在母腹中，纯是一团气，有什么知识可言呢？出母胎后才能啼哭，而后又能笑，后来又能认识他的父母兄弟，再后来又能站、能走、能拿、能背。最后，天下的事没有他不能做的。这都是因为他精气日益充足，筋力日益强壮，智慧日益增长。这不是从出娘胎的那一天就能研究推寻出来的。所以要有一个本原。圣人能让天地定位、万物化育，也只是从喜怒哀乐未发之中上涵养得来的。后儒不明格物的观点，看到圣人无所不知、无所不能，便想在入手处把一切都研究透，哪有这样的道理？”先生又说：“立志用功，好像种树。树刚生根发芽，还没有树干；有了树干，还没有树枝。有了树枝才有树叶，有了树叶而后才有花与果。刚种根时，只管去栽培灌溉，不要想枝、不要想叶、不要想花、不要想果，空想有什么益处？只要不忘栽培灌溉的功夫，还怕长不出枝叶花果吗？”

【注释】

①语出《孟子·离娄下》："原泉混混，不舍昼夜。盈科而后进，放乎四海。"朱熹注曰："盈，满也。科，坎也。言其进以渐也。"

②源于《老子》："专气致柔，能如婴儿乎？"

③《中庸》："致中和，天地位焉，万物育焉。"

问："看书不能明，如何？"

先生曰："此只是在文义上穿求，故不明。如此，又不如为旧时学问。他到看得多，解得去。只是他为学虽极解得明晓，亦终身无得。须于心体上用功。凡明不得，行不去，须反在自心上体当，即可通。盖四书、五经不过说这心体[①]，这心体即所谓'道心'，体明即是道明，更无二。此是为学头脑处。"

【译文】

陆澄问："看书看不懂，该怎么办？"

先生说："这只是因为在文义上用功，所以看不懂。如此，反不如去学程朱的学问，他们看得多，也能解释得通。只是他们虽然讲解得明白通畅，但终身无所得。应该在心体上用功，凡是不明白、行不通的，必须返回自身，在自己心上体会，这样就能通。'四书''五经'也不过是说的这个心体。这个心体也就是所说的'道心'，体明也就是道明，此外别无他事。这是为学的关键所在。"

【注释】

①四书指《论语》《孟子》《大学》《中庸》，因程朱的表彰成为学习的入门书，元、明、清的科举考试都以朱熹的《四书集注》为依据。五经指《诗》《书》《礼》《易》《春秋》。

"虚灵不昧，众理具而万事出。心外无理，心外无事。"

【译文】

"虚灵不昧的心体，具备所有的理，万事也由此产生。心外无理，心外无事。"

或问：“晦庵先生曰：‘人之所以为学者，心与理而已’。[①]此语如何？”

曰：“心即性，性即理，下一‘与’字，恐未免为二。此在学者善观之。”

## 【译文】

有人问：“晦庵先生（朱子）说：‘人之所以为学者，心与理而已。’这话对吗？”

先生说：“心即性，性即理，说一个‘与’字，恐难免把心理分为二，这需要学者善于观察。”

## 【注释】

①语出朱熹的《大学或问》。

或曰：“人皆有是心，心即理。何以有为善，有为不善？”

先生曰：“恶人之心，失其本体。”

## 【译文】

有人问：“人都有这个心，心即理。为什么有人行善，有人行不善呢？”

先生说：“恶人的心，失去了心的本体。”

问：“‘析之有以极其精而不乱，然后合之有以尽其大而无余’[①]，此言如何？”

先生曰：“恐亦未尽。此理岂容分析？又何须凑合得？圣人说‘精一’，自是尽。”

## 【译文】

陆澄问：“朱子认为，‘析之有以极其精而不乱，然后合之有以尽其大而无余’，这话对吗？”

先生说：“恐怕也不完全。这个理岂容分析？又怎么可凑合而得？圣人说‘精一’，已经全说了。”

【注释】

①语出朱熹的《大学或问》。

"省察是有事时存养，存养是无事时省察。"

【译文】

"省察是有事时的存养，存养是无事时的省察。"

澄尝问象山在人情事变上做工夫之说[①]。

先生曰："除了人情事变，则无事矣。喜怒哀乐，非人情乎？自视、听、言、动以至富贵、贫贱、患难、死生，皆事变也。事变亦只在人情里，其要只在'致中和'，'致中和'只在'慎独'。"

【译文】

陆澄曾经就陆象山在人情事变上做功夫的主张请教先生。

先生说："除了人情事变，也就没有别的事了。喜怒哀乐，难道不是人情吗？从视、听、言、动到富贵、贫贱、患难、死生，都是事变。事变也只在人情中，关键只在'致中和'，'致中和'只在'慎独'。"

【注释】

①陆象山（1139—1193），即陆九渊，字子静，金溪人，他反对朱熹的理学体系。王守仁对他的评价很高。《陆九渊集》卷三十六载：复斋家兄（名九龄，字子寿，陆九渊的五兄）一日问曰："吾弟今在何处做工夫？"某答曰："在人情、事势、物理上做工夫。"

澄问："仁、义、礼、智之名，因已发而有？"

曰："然。"

他日澄曰："恻隐、羞恶、辞让、是非，是性之表德[①]邪？"

曰："仁、义、礼、智也是表德。性一而已，自其形体也，谓之天，主宰也，谓之帝，流行也，谓之命，赋于人也，谓之性，主于身也，谓之心。心之发也，遇父便谓之孝，遇君便谓之忠。自此以往，名至于无穷，只一性而已。犹人一而已，对父谓之子，对子谓之父，自此以往，至于无穷，只一人而已。人只要在性上用功，看得一性字分明，即万理灿然。”

## 【译文】

陆澄问：“仁、义、礼、智的名称，是从已发上产生的吗？”

先生说：“对。”

一天陆澄又问：“恻隐、羞恶、辞让、是非都是性的表德吗？”

先生说：“仁、义、礼、智也是表德。性就是一个，从形体而言叫作天，从主宰而言叫作帝，从流行而言叫作命，从赋予人而言叫作性，从人身主宰而言叫作心。心的活动，遇父就叫作孝，遇君就叫作忠。从此以往，名称可达无数之多，但也只是一个性而已。有如人就是这一个人，对父而言叫作子，对子而言叫作父。从此以往，还可以有无数的名称，但也只是这一个人而已。人只要在性上下功夫，把‘性’字认识清楚了，那么，万理都能通晓。”

## 【注释】

①表德即表字，旧时人的字号，表达其取名之义。

一日，论为学工夫。先生曰：“教人为学，不可执一偏。初学时心猿意马，拴缚不定，其所思虑，多是人欲一边。故且教之静坐，息思虑。久之，俟其心意稍定。只悬空静守，如槁木死灰①，亦无用。须教他省察克治，省察克治之功则无时而可闲，如去盗贼，须有个扫除廓清之意。无事时，将好色、好货、好名等私欲逐一追究搜寻出来，定要拔去病根，永不复起，方始为快。常如猫之捕鼠，一眼看着，一耳听着。才有一念萌动，即与克去。斩钉截铁，不可姑容，与他方便。不可窝藏，不可放他出路，方是真实用功。方能扫除廓清，到得无私可克，自有端拱时在。虽曰‘何思何虑’，非初学时事。初学必须思省察克治，即是思诚，只思一个天理，到得天理纯全，便是‘何思何虑’矣。”

## 【译文】

一天，讨论为学的功夫。先生说：“教人为学，不可执于一偏。刚开始学时，心猿意马，心神不定，所考虑的，多是人欲方面的事情。所以，应该教他静坐，以便能安定思虑。时间长一点，是为了让他心意稍微安定。但如果就一味悬空守静，如槁木死灰一样，也没有用。这时应该教他做省察克治的功夫。省察克治的功夫就没有间断的时刻，好比除盗贼，要有一个彻底根绝的决心。无事时，将好色、好财、好名等私欲逐一地找寻出来，一定要去掉病根，永远不再有私念，这才算痛快。这很像猫捉老鼠，眼睛看着，耳朵听着。摒除一切杂念，这样斩钉截铁，不给老鼠以喘息的机会。既不让老鼠躲藏起来，也不让它逃跑，这才是真实用功。这样才能扫尽心中的私欲，到无私欲可克的地步，自然能够做到端身拱手。所说的‘何思何虑’，不是初学时的事。初学者必须考虑怎样去省察克治，也就是思诚，只去想一个天理，等到天理纯全时，便是‘何思何虑’了。”

## 【注释】

①语源于《庄子·齐物论》：“形固可使如槁木，而心固可使如死灰乎？”

澄问：“有人夜怕鬼者，奈何？”

先生曰：“只是平日不能‘集义’[①]，而必有所慊，故怕。若素行合于神明，何怕之有？”

子莘[②]曰：“正直之鬼不须怕，恐邪鬼不管人善恶，故未免怕？”

先生曰：“岂有邪鬼能迷正人乎？只此一怕，即是心邪，故有迷之者。非鬼迷也，心自迷耳。如人好色，即是色鬼迷；好货，即是货鬼迷；怒所不当怒，是怒鬼迷；惧所不当惧，是惧鬼迷也。”

## 【译文】

陆澄问：“有人夜晚怕鬼该怎么办？”

先生说：“只是因为平时不能‘集义’，而心有所欠缺，所以害怕。如果平时的行为不违背神明，又怕什么呢？”

子莘说：“正直的鬼不必怕，但邪鬼不理会人的善恶，所以难免有点怕。”

先生说："哪有邪鬼能迷惑正直人的事呢？只是这一怕就是心邪，所以才被迷惑。但不是鬼迷惑了人，而是自己的心迷惑了。比如，人好色，就是色鬼迷；好财，就是财鬼迷；不该怒的发怒，就是怒鬼迷；不该怕的害怕，就是惧鬼迷。"

## 【注释】

①见《孟子·公孙丑上》。朱熹注曰："集义，犹言积善，盖欲事事皆合于义也。"

②子莘，马明衡的字，福建青田人。官至御史，因上谏得罪下狱，削籍归里，从学于王守仁，见《明儒学案》卷三十。

"定者，心之本体，天理也。动静，所遇之时也。"

## 【译文】

"定，是心的本体，也就是天理。动与静，只是这本体在不同时间的表现。"

澄问《学》《庸》同异。

先生曰："子思[①]括《大学》一书之义，为《中庸》首章。"

## 【译文】

陆澄问《大学》与《中庸》的同异。

先生说："子思把《大学》一书的内容概括为《中庸》的第一章。"

## 【注释】

①子思（约前483—前402），名伋，伯鱼之子，孔子之孙，曾为鲁缪公师。相传《礼记·中庸》为子思所作。宋儒王柏（1197—1274）认为《大学》也是子思所作，而朱熹认为《大学》是孔子之言，而曾子述之。

问："孔子正名[①]，先儒说上告天子，下告方伯，废辄立郢[②]。此意如何？"

先生曰："恐难如此。岂有一人致敬尽礼，待我而为政，我就先去废他，岂人情天理？孔子既肯与辄为政，必已是他能倾心委国而听。圣人盛德至诚，必已感化卫辄，使知无父之不可以为人。必将痛哭奔走，往迎其父。父子之爱，本于天性。辄能悔痛真切如此，蒯聩岂不感动底豫？蒯聩既还，辄乃致国请戮。聩已见化于子，又有夫子至诚调和其间，当亦决不肯受，仍以命辄。群臣百姓又必欲得辄为君。辄乃自暴其罪恶，请于天子，告于方伯诸侯[③]，而必欲致国于父。聩与群臣百姓亦皆表辄悔悟仁孝之美，请于天子，告于方伯诸侯，必欲得辄而为之君。于是集命于辄，使之复君卫国。辄不得已，乃如后世上皇[④]故事，率群臣百姓尊聩为太公，备物致养。而始退复其位焉。则君君、臣臣、父父、子子，名正言顺，一举而为政于天下矣。孔子正名，或是如此。"

**【译文】**

陆澄问："孔子的正名，先儒认为是上告天子，下告方伯，废除辄而拥立郢。这种看法对吗？"

先生说："我恐怕很难赞同这一看法。一个人在位时对我恭敬尽礼，要我帮他为政，我就先去废除他，人情天理能如此吗？孔子既然肯答应帮辄为政，必定是因为他能全心全意地把国家治理好。圣人至诚的大德，必然已感化了卫辄，使他知道不孝父就不能做人。辄一定会痛哭流涕地前去接他的父亲回国。父子之爱是人的天性。辄能如此真切地悔悟，蒯聩怎能不被感动？假如蒯聩回来，辄就把国家交给父亲以请罪。蒯聩已被儿子的行为感动，又有孔子在中间诚心调解，当然蒯聩决不肯接受，仍然要求儿子去治理国家。大臣百姓也一定要辄做君王。于是，辄就公布自己的罪过，请示天子，敬告方伯、诸侯，执意要把王位让给他父亲。聩和群臣百姓，都称赞辄的悔过自新、尽仁尽孝的美德。请示天子，敬告方伯、诸侯，一定要辄当他们的君王。于是，大家都要求辄当卫国的君主。辄迫不得已，用类似于后世尊立'太上皇'的方法，率领群臣百姓，先尊奉聩为太公，让他无所不有、颐养天年。然后才去恢复自己的君位。于是，君也像个君、臣也像个臣、父也像个父、子也像个子，名正言顺。孔子通过此举而治理天下。孔子的正名或许就是如此。"

## 【注释】

①见《论语·子路》："子路曰：'卫君待子而为政，子将奚先？'曾子曰：'必也正名乎。……名不正，则言不顺，言不顺，则事不成。'"

②朱熹在《论语集注》中引胡氏（众说不一，说是胡安国、胡宏、胡演、胡瑗者有之）的话说："卫世子蒯聩耻其母南子之淫乱，欲杀之不果而出奔，灵公欲立公子郢，郢辞。公卒，夫人立之，又辞。乃立蒯之子辄，以拒蒯聩。夫蒯聩欲杀母，得罪于父，而辄据国以拒父，皆无父之人也，其不可有国也明矣。夫子为政，而以正名为先，必将具其事之本末，告谓天王，请于方伯，命公子郢而立之，则人伦正，天理得，名正言顺而事成矣。"此事载《左传》，定公十四年经传，哀公二年与十六年传。

③方伯，天子千里之外设方伯，为一方之主，掌有征伐权。诸侯，对天子所分封的各国国君的统称，周代分公、侯、伯、子、男五等，汉分王、侯两等。

④上皇是皇帝父亲的尊称，同"太上皇"。《前汉书》记载，高祖六年（前201），尊太公为太上皇。《新唐书》记载：唐肃宗"即皇帝位于灵武，尊皇帝（玄宗）曰上皇天帝"。

澄在鸿胪寺[①]仓居，忽家信至，言儿病危，澄心甚忧闷，不能堪。

先生曰："此时正宜用功，若此时放过，闲时讲学何用？人正要在此等时磨炼。父之爱子，自是至情。然天理亦自有个中和处，过即是私意。人于此处多认做天理当忧，则一向忧苦，不知已是'有所忧患不得其正'[②]。大抵七情[③]所感，多只是过，少不及者。才过，便非心之本体，必须调停适中始得。就如父母之丧，人子岂不欲一哭便死，方快于心？然却曰'毁不灭性'。非圣人强制之也，天理本体自有分限，不可过也。人但要识得心体，自然增减分毫不得。"

## 【译文】

陆澄在鸿胪寺暂住，突然收到家信，说儿子病危，他心里很忧愁，不堪忍受。

先生说："这时正是用功的时候，如果把这个时刻放过了，平时讲学又有什么用？人正要在这种时刻磨炼。父亲爱儿子，当然是最深的感情。然而，天理也自有一个中和处，过分了也是私意。在这里，人们往往认为按天理就该忧，就去一味忧苦而不知停止，这是‘有所忧患不得其正’。七情的表露，一般是过分的多，不及的少。有点过分，便不是心的本体，必须把它调停适中了才行。比如父母去世，做儿女的哪有不想一下子哭死才心里痛快的呢？而《孝经》却说‘毁不灭性’。这并非圣人要强制人的情感，天理本体，自有一个限度，不能超过。人只要认识了心体，自然不能增减分毫。”

## 【注释】

①鸿胪寺，政府机构之一，掌管朝贺庆吊之事，王守仁正德九年（1514）四月升南京鸿胪寺卿，陆澄随学于此。

②见《大学》。

③《礼记·礼运》认为：喜、怒、哀、惧、爱、恶、欲是七情，常以“乐”代“惧”。

“不可谓未发之中常人俱有。盖‘体用一源’[①]，有是体即有是用。有未发之中，即有发而皆中节之和。今人未能有发而皆中节之和，须知是他未发之中亦未能全得。”

## 【译文】

“不能说未发之中常人都有。因为，‘体用一源’，有这个体，就有这个用。有未发之中，即有发而皆中节的和。如今人不能有发而皆中节的和，须知是他未发之中还未全有。”

## 【注释】

①见《伊川易传》序。

“《易》之辞是‘初九，潜龙勿用’[①]六字，《易》之象是初画，《易》之变是值其画，《易》之占是用其辞。[②]”

【译文】

“《易》乾卦的初爻爻辞是‘初九，潜龙勿用’，《易》的象是指初画，《易》的变是因动而遇到了新爻，《易》的占是利用卦爻辞。”

【注释】

①“初九，潜龙勿用”是《易经》乾卦初九的爻辞。爻数从下往上数，乾的初爻为阳，用九来表示阳爻，故为初九。龙性属阳，却居下位，故说潜龙。龙潜在深水中，还没有起作用，但待时而可用。

②《易·系辞上》说：“易有圣人之道四焉。以言者尚其辞，以动者尚其变，以制器者尚其象，以卜筮者尚其占。”王守仁用乾卦初爻来说明辞象变占为一。象指初九的阳爻，爻遇动而变，阳变为阴，少变为老，故说值其画。占问时则用了“勿用”这一爻辞。

“‘夜气’是就常人说[①]。学者能用功，则日间有事无事，皆是此气翕聚发生处。圣人则不消说‘夜气’。”

【译文】

“夜气，是对常人而言。学者能够用功，那么，不管白天有事还是无事，都是这夜气的聚合发散在起作用。圣人则不必说夜气。”

【注释】

①源于《孟子·告子上》：“牛山之木尝美矣……虽存乎人者，岂无仁义之心哉？其所以放其良心者，亦犹斧斤之于木也，旦旦而伐之，可以为美乎？其日夜之所息，平旦之气，其好恶与人相近也者几希，则其旦昼之所为，有梏之矣。梏之反复，则其夜气不足以存，夜气不足以存，则其违禽兽不远矣。”

澄问操存舍亡章[①]。

曰：“‘出入无时，莫知其乡’，此虽就常人心说，学者亦须是知得心之本体亦元是如此，则操存功夫始没病痛。不可便谓出为亡，入为存。若论本体，元是无出无入的。若论出入，则其思虑运用是出。然主宰常昭昭在此，何出之有？既无所出，何入之有？程子所谓‘腔子’②，亦只是天理而已。虽终日应酬而不出天理，即是在腔子里。若出天理，斯谓之放，斯谓之亡。”

又曰：“出入亦只是动静，动静无端，岂有乡邪？”

## 【译文】

陆澄就“操存舍亡”这一章请教。

先生说：“‘出入无时，莫知其乡’，虽然是就常人的心而言，学者也应该知道心的本体原本如此。这样，操存功夫才能没有弊病。不可认定出为亡，入为存。至于本体，本来是无所谓出入的。若说出入，人进行思维活动时是出，但人的主宰仍昭然在此，又何出之有呢？既然无所出，又何入之有呢？程伊川所讲的‘心要在腔子里’的腔子，也只是天理而已。虽然终日应酬，但不出天理之外，即是在腔子里。如果心在天理之外，就叫作放、叫作亡了。”

又说：“出入也只是动静，动静无端，出入哪有什么归宿呢？”

## 【注释】

①见《孟子·告子上》：“孔子曰：‘操则存，舍则亡，出入无时，莫知其乡，惟心之谓与？”

②见《二程遗书》卷七，程颐语。

王嘉秀①问：“佛以出离生死诱人入道②，仙以长生久视诱人入道③，其心亦不是要人做不好。穷其极至，亦是见得圣人一截。然非入道正路。如今仕者，有由科，有由贡，有由传奉，一般做到大官，毕竟非入仕正路，君子不由也。仙、佛到极处，与儒者略同。后世儒者，又只得圣人下一截，分裂失真，流而为记诵、词章、功利、训诂，亦卒不免为异端。是四家者，终身劳苦，于身心无分毫益。视彼仙、佛之徒，清心寡欲，超然于世累之外者，反若有所不及矣。今学者不必先排仙、佛，且当笃志为圣人之学。圣人之学明，则仙、佛自泯；不然，则此之所学，恐彼或有不屑，而反欲其俯就，不亦难乎！鄙见如此，先生以为何如？”

先生曰：“所论大略亦是。但谓上一截、下一截，亦是人见偏了如此。若论圣人大中至正之道，彻上彻下，只是一贯，更有甚上一截、下一截？‘一阴一阳之谓道’，但‘仁者见之便谓之仁，智者见之便谓之智，百姓又日用而不知，故君子之道鲜矣’。仁、智岂可不谓之道[④]，但见得偏了，便有弊病。”

## 【译文】

王嘉秀问：“佛教以出离生死来诱人信奉它，道教用长生久视来诱人信奉它，其本意也不是要人做坏事，穷其极致，也是看到了圣人的上一截。但不是进入道的正路。如今要做官，可经科举考试，可由乡府推荐，也可由大官荫禄，一样可做到大官。如果不是仕途的正道，君子是不会接受的。佛、道在终极处与儒大体相同。但佛道只有上一截而忘了下一截。所以，到底不像圣人那样全面。然而，也不可否认上一截是相同的。后世儒者只注意到圣人的下一截，致使上下分裂，失去了圣人的原义，使儒学变成了记诵、辞章、功利和训诂之学，最终也不免成为异端。从事记诵、辞章、功利和训诂之学的人，使身心终身劳苦，但毫无益处。看那些佛徒道士却清心寡欲，超然于世俗的牵累之外，自己反而好像感到做得不够。如今学者不必先去排斥佛道，而应笃志学圣人之学。圣人之学昌明，佛道自然就衰灭了。不然。对于儒生所学的，恐怕佛道还不屑一顾，却要它来俯首就范，不是难以办到吗？鄙见如此，先生以为如何？”

先生说：“所说大致也是对的。然而，上一截与下一截的区分，也是因为人们对于‘道’做了片面的理解。至于说圣人的大中至正的道，是彻上彻下，是上下贯通的，更有什么上一截、下一截？《易·系辞》说‘一阴一阳谓之道’，但‘仁者见之谓之仁，智者见之谓之智，百姓日用而不知，故君子之道鲜矣’。仁与智怎能不叫作道？但认识片面了，便有了弊病。”

## 【注释】

①王嘉秀，字实夫，好谈佛道。

②佛教认为人生就是苦，为摆脱人生之苦，就要超出生死，脱离轮回，断除烦恼而成佛。

③道教追求成仙，道教认为通过修炼（服食外丹或修炼内丹）可以成仙而不死。

④《易·系辞上》。

"蓍固是《易》，龟亦是《易》[1]。"

## 【译文】

"蓍筮固然是《易》，龟卜也是《易》。"

## 【注释】

①蓍龟，古时占卜，用龟甲称卜，用蓍草称筮，龟卜是烧龟壳，观裂纹而占卜。蓍筮是用五十根蓍草来占卜。《周易》是用蓍筮来占卜。王守仁说龟卜是《易》，是就龟卜的功用而言，以反对固执区分龟、蓍。

问："孔子谓武王未尽善[1]，恐亦有不满意。"

先生曰："在武王自合如此。"

曰："使文王未没，毕竟如何？"

曰："文王在时，天下三分已有其二[2]。若到武王伐商之时，文王若在，或者不致兴兵，必然这一分亦来归了。文王只善处纣，使不得纵恶而已。"

## 【译文】

陆澄问："孔子认为武王未尽善，恐怕孔子对武王也有不满意的地方。"

先生说："对武王来说，也只应得到这个评价。"

问："假若文王不死，又会是怎样的情况呢？"

先生说："文王健在时，三分的天下，他已有两分。在武王伐商时，如果文王还健在，也许不至于用兵，天下的另一分也定会来归顺文王。文王只是妥善处理与纣的关系，使纣不得纵恶就行了。"

## 【注释】

①语出《论语·八佾》："子谓韶，尽美矣，又尽善也。谓武，尽美矣，未尽善也。"韶是舜的乐，武是武王的乐。

②见《论语·泰伯》。

问："孟子言'执中无权，犹执一'[①]。"

先生曰："中只是天理，只是易。随时变易，如何执得？须是因时制宜，难预先定一个规矩在。如后世儒者，要将道理一一说得无罅漏，立定个格式。此正是执一。"

## 【译文】

问："孟子为什么说'执中无权，犹执一也'？"

先生说："中，只是天理，只是易。中要随时变易，怎能固执？应该是因时制宜，很难预先定一个规矩。后世儒家想把道理都讲得天衣无缝，立一个固定格式。这正是执一。"

## 【注释】

①语见《孟子·尽心上》。朱熹《孟子集注》云："权，秤锤也。所以称物之轻重而取中也。执中而无权，则胶于一定之中而不知变，是亦执一而已矣。"

唐诩[①]问："立志是常存个善念，要为善去恶否？"

曰："善念存时，即是天理。此念即善，更思何善？此念非恶，更去何恶？此念如树之根芽。立志者，长立此善念而已。'从心所欲不逾矩'[②]，只是志到熟处。"

## 【译文】

唐诩问："立志就是要常存一个善念，要为善去恶吗？"

先生说："善念存时就是天理。这个意念就是善，还再想什么善呢？这个意念不是恶，还要除去什么恶呢？这个意念就像树的根芽。立志，就是永远确立这个善念而已。孔子说'从心所欲不逾矩'。只有志到纯熟时才能做到。"

## 【注释】

①唐诩，今江西新干人，余不详。

②见《论语·为政》。

"精神、道德、言动，大率收敛为主，发散是不得已。天地人物皆然。"

## 【译文】

"精神、道德、言行，多以收敛内省为主，向外发散是不得已。天地人物都如此。"

问："文中子是如何人？"

先生曰："文中子庶几'具体而微'①，惜其蚤死。"

问："如何却有续经之非？"

曰："续经亦未可尽非。"

请问。

良久曰："更觉'良工心独苦'②。"

## 【译文】

问："文中子是一个什么样的人？"

先生说："文中子也许可说是'具体而微'的人，可惜他死得早。"

问："为什么又有续经的错误行为呢？"

先生说："续经也不能全盘否定。"

继续向先生请教。

良久后先生说："更觉'良工心独苦'。"

## 【注释】

①语出《孟子·公孙丑上》，朱熹注云："具体而微，谓有其全体，但未广大耳。"

②出自杜甫《题李尊师松树障子歌》，意为其中的辛苦，只有自己能知晓，难以给别人言说。

"许鲁斋①谓儒者以治生为先之说亦误人。"

【译文】

“许鲁斋认为儒者应以谋生为先，这一说法也误人。”

【注释】

①许鲁斋（1209—1281），名衡，字仲平，号鲁斋。河内人（今河南沁阳人），元朝集贤大学士，兼国子祭酒，提倡程朱理学。与郭守敬一起改定历法。死后谥文正。《元史》与《宋元学案》有传。

问仙家元气、元神、元精。

先生曰：“只是一件，流行为气，凝聚为精，妙用为神。”

【译文】

问道家元气、元神、元精的含义。

先生说：“三者只是一个，流行为气，凝聚为精，妙用为神。”

“喜、怒、哀、乐本体自是中和的。才自家着些意思，便过不及，便是私。”

【译文】

“喜怒哀乐，本体原本是中和的。如果自己有了别的想法，便有过与不及，这便是私。”

问：“哭则不歌。①”

先生曰：“圣人心体自然如此。”

【译文】

陆澄问：“为什么哭则不歌？”

先生说：“圣人的心体，自然如此。”

【注释】

①语出《论语·述而》，朱熹注云："哭，谓吊哭。日之内，余哀未忘自不能歌也。"

"克己须要扫除廓清，一毫不存，方是。有一毫在，则众恶相引而来。"

【译文】

"克己就要扫除廓清私欲，丝毫没有才行。如果有一毫私欲存在，众恶就会接踵而来。"

问《律吕新书》[①]。

先生曰："学者当务为急，算得此数熟，亦恐未有用。必须心中先具礼乐之本方可。且如其书说，多用管以候气[②]。然至冬至那一时刻，管灰之飞，或有先后须臾之间，焉知那管正值冬至之刻？须自心中先晓得冬至之刻始得。此便有不通处。学者须先从礼乐本原上用功。"

【译文】

问《律吕新书》。

先生说："学者应当务正业，把律吕之数算得再熟，恐怕也没有用。必须在心中先有一个礼乐的根本才行。例如书上讲的，常用律管来看气的变化。然而，到冬至那一时刻，管灰的飞动也许有先后须臾间的差别，又怎么能知道那律管正是冬至时呢？必须先在心中知道冬至时刻才行。这里就有说不通的地方。学者须先从礼乐本原上用功。"

【注释】

①《律吕新书》，宋蔡元定撰，二卷。上卷《律吕本源》，下卷《律吕辨证》。据古人成法加以折中。蔡元定（1135—1198），字季通，号西山，福建建阳人。为朱熹弟子，《四库全书提要》称此书是朱、蔡师生合著。

②古代乐律有阳律、阴律各六，合为十二律。阳六为律，阴六为吕，合为律

吕。按律看气之法，用葭莩之灰，放在律管，至冬至子时，阴极而阳始生，一阳复生，这时与律中黄钟之宫相应，这样黄钟管的灰自然会飞动。律管灰飞动的瞬间即为冬至时刻。

曰仁云："心犹镜也。圣人心如明镜，常人心如昏镜。近世格物之说，如以镜照物，照上用功，不知镜尚昏在，何能照？先生之格物，如磨镜而使之明，磨上用功，明了后亦未尝废照。"

## 【译文】

徐爱说："心好像镜子。圣人的心有如明镜，常人的心好比昏镜。近世的格物说，就像用镜照物，而在照上用功，殊不知，镜子本身昏暗，怎么能照物呢？先生的格物说，好比先磨镜，使镜子明亮，是在磨上用功，镜子明亮了，也不会耽误照。"

问道之精粗。

先生曰："道无精粗，人之所见有精粗。如这一间房，人初进来，只见一个大规模如此。处久，便柱壁之类，一一看得明白。再久，如柱上有些文藻，细细都看得出来。然只是一间房。"

## 【译文】

有人问如何理解道的精粗。

先生说："道本身没有精粗，人所见的道才有精与粗。如这一间房，人初进来时只看到一个大概情况。住久了，对房柱墙壁也会看得清楚。住的时间更长一些，连房柱上的花纹也能看得仔细明白。然而，房只是那一间房。"

先生曰："诸公近见时少疑问，何也？人不用功，莫不自以为已知为学，只循而行之是矣。殊不知私欲日生，如地上尘，一日不扫便又有一层。着实用功，便见道无终穷，愈探愈深，必使精白无一毫不彻方可。"

## 【译文】

先生说："诸位近来相见时，为什么没有什么问题？人如果不用功，莫不自以为已经知道为学，也只是根据已知的去行动。殊不知私欲天天生长，如地上的灰尘，一天不扫，便又有了一层。着实用功，便懂得道没有穷尽，越探越深，一定要达到纯净洁白无一毫不透彻的境界才行。"

问："知至然后可以言诚意。今天理人欲知之未尽，如何用得克己工夫？"

先生曰："人若真实切己用功不已，则于此心天理之精微，日见一日，私欲之细微，亦日见一日。若不用克己工夫，终日只是说话而已，天理终不自见，私欲亦终不自见。如人走路一般，走得一段方认得一段，走到歧路时，有疑便问，问了又走，方渐能到得欲到之处。今人于已知之天理不肯存，已知之人欲不肯去，且只管愁不能尽知，只管闲讲，何益之有？且待克得自己无私可克，方愁不能尽知，亦未迟在。"

## 【译文】

问："《大学》说知至然后才可以说诚意。如今还未完全认识天理人欲，怎么能用克己功夫呢？"

先生说："人若真实切己地不断用功，对于人心天理的精微处，就能一天天地看到，对人心私欲的细微处，也能一天天地看到。若不用克己功夫，只是说说而已，一直看不见天理，一直也看不见私欲。如同人走路一样，走了一段，才认得这一段，走到岔路口，有疑问便问人，问了又走，才能到达目的地。如今，人们对已知的天理不肯存养，对已知的人欲不肯去掉，却在那里一味地发愁不能全都知道，只是讲空话，何益之有？不如且去克己，直到无私可克，再愁不能全都知道，也为时不晚。"

问："道一而已，古人论道，往往不同，求之亦有要乎？"

先生曰："道无方体，不可执著。欲拘滞于文义上求道，远矣。如今人只说天，其实何尝见天？谓日、月、风、雷即天，不可；谓人、物、草、木不是天，亦不可。道即是天。若识得时，何莫而非道。人但各以其一隅之见，认定以为道止如此，所以不同。若解向里寻求，见得自己心体，即无时无处不是此道。亘古亘今，无终无始，更有甚同异？心即道，道即天。知心则知道、知天。”又曰：“诸君要实见此道，须从自己心上体认，不假外求，始得。”

**【译文】**

问：“道是一，古人论道往往不同，求道也有诀窍吗？”

先生说：“道没有方向，没有形体，不可执着。拘泥于文义上求道，离道就远了。如今人们说天，其实又何曾看见天？说日月风雷是天，不行；说人物草木不是天，也不行。道即是天。如果认识到这一点，又有什么不是道？人只是根据自己的一隅之见，认定这就是道，道就是如此，所以道才不同。如果知道向内心寻求，认识了自己心体，那么，无时无处不是这个道。它亘古亘今，无始无终，还有什么同与异呢？心就是道，道就是天。知心就能知道，就能知天。”先生又说：“诸位要想实见这道，必须从自己的心上体认，不到心外去求才行。”

问：“名物度数，亦须先讲求否？”

先生曰：“人只要成就自家心体，则用在其中。如养得心体，果有未发之中，自然有发而中节之和，自然无施不可。苟无是心，虽预先讲得世上许多名物度数，与己原不相干，只是装缀临时，自行不去。亦不是将名物度数全然不理，只要‘知所先后，则近道’[①]。”

又曰：“人要随才成就，才是其所能为。如夔之乐，稷之种[②]，是他资性合下便如此。成就之者，亦只是要他心体纯乎天理。其运用处皆从天理上发来，然后谓之‘才’。到得纯乎天理处，亦能‘不器’。使夔、稷易艺而为，当亦能之。”又曰：“如‘素富贵，行乎富贵。素患难，行乎患难’，皆是‘不器’。此惟养得心体正者能之。”

**【译文】**

问：“名物度数，也要先去研究吗？”

先生说：“人只要能成就自己的心体，用也就在其中了。如果把心体修养得真有一个未发之中，自然有发而中节之和，自然是做什么都没有问题。如果没有这个心，即使预先讲许多的名物度数，与自己并不相干，只是一时的装饰，自然不能处事应物。当然，并非说完全不理会名物度数，只是要知道‘知所先后，则近道’。”

先生又说：“人要根据自己的才能来成就自己，才是他所能做的。比如夔擅长音乐，稷精于种植，是他们的资质禀性自然就能如此。成就一个人，也就是要他的心体纯粹是天理。应事处物，都是从天理上发生出来的，然后叫作‘才’。达到纯是天理，也就能成为‘不器’。即使让夔种谷，稷制乐，照样也能干。”又说：“《中庸》中讲的‘素富贵，行乎富贵。素患难，行乎患难’，就是指的‘不器’。只有修养心体达到纯粹天理的人能做到。”

## 【注释】

①见《大学》。

②夔，传说是舜时乐官，稷是农官。《尚书·舜典》记载：“汝后稷，播时百谷。”“夔，命汝典乐，教胄子。”

“与其为数顷无源之塘水，不若为数尺有源之井水，生意不穷。”

时先生在塘边坐，旁有井，故以之喻学云。

## 【译文】

“与其挖掘一个数顷之大的无源泉的池塘，不如挖掘一口只有数尺之深的有源泉的水井，因为井水可常流不枯。”

当时，先生坐在池塘边，身旁又有一口井。所以，先生以此比喻做学问。

问：“世道日降，太古时气象如何复见得？”

先生曰：“一日便是一元[①]。人平旦时起坐，未与物接，此心清明景象，便如在伏羲时游一般。”

## 【译文】

问："世道日衰，尧、舜以前的太古气象，又怎么能再现呢？"

先生说："一天便是一元，清晨，人从床上起来坐着，还未应接事物，此时心中的清明景象，便如同是在伏羲时代遨游。"

## 【注释】

①一元指天地从生成到毁灭的一个过程。据邵雍的说法，一世三十年，一运十二世，一会三十运，一元十二会。一元计十二万九千六百年。邵雍（1011—1077），字尧夫，学者称康节先生，北宋哲学家，主象数，著有《皇极经世》《伊川击壤集》。

问："心要逐物，如何则可？"

先生曰："人君端拱清穆，六卿[①]分职，天下乃治。心统五官，亦要如此。今眼要视时，心便逐在色上；耳要听时，心便逐在声上。如人君要选官时，便自去坐在吏部；要调军时，便自去坐在兵部。如此，岂惟失却君体，六卿亦皆不得其职。"

## 【译文】

问："心要去追求外物，该怎么办？"

先生说："君主肃穆端坐正殿，六卿各司其职，天下就能安定。人心统领五官，也要如此。现在眼睛要看时，心便去追求美色；耳朵要听时，心便去追求美音。有如人君要选拔官吏时，便亲自到吏部去；要调遣军队时，便亲自到兵部去。如此，不仅失去了为君的本分，六卿也不能尽其职。"

## 【注释】

①六卿，指周代的六官，冢宰、司徒、宗伯、司马、司寇、司空。明代设有吏、户、礼、刑、工、兵六部，各部独立，直接对皇帝负责，部有尚书。

"善念发而知之，而充之。恶念发而知之，而遏之。知与充与遏者，志也，天聪明也。圣人只有此，学者当存此。”

## 【译文】

“善念产生了，要知道并加以扩充，恶念产生了，要知道并加以阻止。知道、扩充、阻止都是志，是天赋予人的聪明。圣人只有这个，学者只应存养这个。”

澄曰：“好色、好利、好名等心，固是私欲，如闲思杂虑，如何亦谓之私欲？”

先生曰：“毕竟从好色、好利、好名等根上起，自寻其根便见。如汝心中决知是无有做劫盗的思虑，何也？以汝元无是心也。汝若于货、色、名、利等心，一切皆如不做劫盗之心一般，都消灭了，光光只是心之本体，看有甚闲思虑？此便是‘寂然不动’，便是‘未发之中’，便是‘廓然大公’。自然‘感而遂通’，自然‘发而中节’，自然‘物来顺应’。[①]”

## 【译文】

陆澄问：“好色、好利、好名等心，固然是私欲，像那些闲思杂虑，怎么也叫私欲呢？”

先生说：“因为闲思杂虑毕竟是从好色、好利、好名上产生的，寻求其根源就可知。例如，你自信绝对没有做盗贼的想法，为什么？因为你本来就没有这个心。如果你在货色名利方面，都能像不做盗贼的心一样，全都消灭，完完全全只是那一个心的本体，还会有什么闲思杂虑？这便是‘寂然不动’，便是‘未发之中’，便是‘廓然大公’。自然会‘感而遂通’，自然能‘发而中节’，自然能‘物来顺应’。”

## 【注释】

①“寂然不动，感而遂通”，源自《易·系辞上》。“未发之中，发而中节”源于《中庸》。“廓然大公，物来顺应”源自程颢《定性书》。

问志至气次[①]。

先生曰：“志之所至，气亦至焉之谓，非极至、次贰之谓。‘持其志’，则养气在其中。‘无暴其气’，则亦持其志矣。孟子救告子之偏[②]，故如此夹持说。”

## 【译文】

问“志至”“气次”。

先生说：“‘志至’‘气次’是说志所到处，气也会到达。并不是朱子所讲的志为极致而气为其次。‘持其志’，养气就在其中了。‘无暴其气’，也就是保持其志。孟子是为了补救告子的偏颇，才如此兼顾两方面而言。”

## 【注释】

①《孟子·告子上》说：“夫志，气之帅也。气，体之充也。夫志至焉，气次焉。故曰，持其志，无暴其气。”朱熹注云：“若论其极，则志固心之所之，而为气之将帅。然气亦人之所以充满于身而为志之卒徒者也。故志固为至极，而气即次之。”

②告子，名不害，战国人，与孟子同时，主张生之谓性，性无善恶与仁内义外。《孟子·告子》针对告子言论进行了驳斥。

问：“先儒曰：‘圣人之道，必降而自卑。贤人之言，则引而自高。’[①]如何？”

先生曰：“不然。如此却乃伪也。圣人如天，无往而非天，三光之上天也，九地之下亦天也。天何尝有降而自卑？此所谓大而化之也[②]。贤人如山岳，守其高而已。然百仞者不能引而为千仞，千仞者不能引而为万仞。是贤人未尝引而自高也。引而自高则伪矣。”

## 【译文】

问：“先儒说：‘圣人之道，必降而自卑。贤人之言，则引而自高。’这话如何理解？”

先生说：“不对。如此就是作假。圣人有如天，无往不在，日月星辰之上是天，地底之下也是天。天何曾降而自处卑下地位呢？这就是孟子所说的大而化之。贤人好比高山，只是保持那一定的高度而已，百仞之高不能再拉长到千仞，千仞之高不能拉长到万仞。所以贤人也未曾引而自以为高。引而自以为高就是人为干预了。”

## 【注释】

①《河南程氏外书》卷三："圣人之言，必降而自卑，不如此则人不亲。贤人之言，必引而自高，不如此则道不尊。"

②语出《孟子·尽心下》，"充实而有光辉之谓大，大而化之之谓圣。"

问："伊川谓'不当于喜怒哀乐未发之前求中'①，延平②却教学者看未发之前气象，何如？"

先生曰："皆是也。伊川恐人于未发前讨个中，把中做一物看，如吾向所谓认气定时做中，故令只于涵养省察上用功。延平恐人未便有下手处，故令人时时刻刻求未发前气象，使人正目而视惟此，倾耳而听惟此，即是'戒慎不睹，恐惧不闻'的工夫。皆古人不得已诱人之言也。"

## 【译文】

问："程伊川说'不当于喜怒哀乐未发之前求中'，李延平却教学者看未发前的气象，谁人对呢？"

先生说："他们都对。伊川是怕学者在未发之前寻找一个中，把中看作一个物，就像我以前所说的把气定看作中。所以，伊川让人只在涵养省察上用功。而延平怕人找不到一个下手处，所以教人每时每刻求未发前的气象，让人正眼所看、倾耳所听都是未发前的气象。这就是《中庸》所说的'戒慎不睹，恐惧不闻'的功夫。这都是古人为了开导人不得已才说的。"

## 【注释】

①语出《河南程氏遗书》卷十八："若言求中于喜怒哀乐未发之前，则不可。"

②李延平（1093—1163），名侗，字愿中，世称延平先生，宋剑浦人。主张静坐澄心，从静中看喜怒哀乐未发之前的气象如何，其弟子朱熹辑录李侗平时语录为《延平答问》。

澄问："喜、怒、哀、乐之中和，其全体常人固不能有，如一件小事当喜怒者，平时无有喜怒之心，至其临时，亦能中节，亦可谓之中和乎？"

先生曰："在一时一事，固亦可谓之中和。然未可谓之大本、达道①。人性皆善。

中、和是人人原有的，岂可谓无？但常人之心既有所昏蔽，则其本体虽亦时时发见，终是暂明暂灭，非其全体大用矣[②]。无所不中，然后谓之大本；无所不和，然后谓之达道。惟天下之至诚，然后能立天下之大本。”

曰：“澄于中字之义尚未明。”

曰：“此须自心体认出来，非言语所能喻。中只是天理。”

曰：“何者为天理？”

曰：“去得人欲，便识天理。”

曰：“天理何以谓之中？”

曰：“无所偏倚。”

曰：“无所偏倚是何等气象？”

曰：“如明镜然，全体莹彻，略无纤尘染著。”

曰：“偏倚是有所染著，如著在好色、好利、好名等项上，方见得偏倚。若未发时，美色、名利皆未相著，何以便知其有所偏倚？”

曰：“虽未相著，然平日好色、好利、好名之心原未尝无，既未尝无，即谓之有，既谓之有，则亦不可谓无偏倚。譬之病疟之人，虽有时不发，而病根原不曾除，则亦不得谓之无病之人矣。须是平日好色、好利、好名等项一应私心扫除荡涤，无复纤毫留滞，而此心全体廓然，纯是天理，方可谓之喜、怒、哀、乐未发之中，方是天下之大本。”

## 【译文】

陆澄问：“在喜怒哀乐方面的未发之中与发而中节之和，就其全体而言，常人不能都具有。遇到一件小事该喜该怒时，平时没有喜怒的心，到时也能发而中节。这也能叫作中和吗？”

先生说：“在一时一事，固然也可以叫作中和。但不能说能体认大本，致达大道。人性皆善。中和是每人都有的，岂能说没有呢？然而常人的心有所昏暗遮蔽，虽然心的本体也能不时显现，终究是时明时暗，不是心的全体大用。无所不中，然后叫作大本；无所不和，然后叫作达道。只有天下的至诚，然后才能确立天下的大本。”

陆澄说：“我对中的字义还不明白。”

先生说：“这需要从心上体认出来，不是语言所能说清的，中只是一个天理。”

陆澄问：“什么是天理？”

先生说：“除去人欲，便识天理。”

陆澄问：“天理为什么叫作中？”

先生说：“天理无所偏倚。”

陆澄问：“无所偏倚，是何等气象？”

先生说：“如明镜一样，是全体纯净莹彻，没有任何一点污染。”

陆澄问：“偏倚是因有了污染，如染上了好色、好利、好名等毛病，才能看出偏倚。如果心未发时，美色、名利都还没有显现让人执着，怎知心有偏倚呢？”

先生说：“虽然还没有显现让人执着，但平时好色、好利、好名的心也并非没有，既然不是没有，就可叫作有。既然是有，就不能说是无偏倚。比如患了疟疾的人，虽然有时不犯病，但病根未去，因而也不能说他是无病之人。必须把平时的好色、好利、好名等私心全部扫除荡涤，不再有纤毫留存，使此心全体纯净，纯是天理，才可叫作喜怒哀乐未发之中，才是天下的大本。”

## 【注释】

①语见《中庸》：“中也者，天下之大本也。和也者，天下之达道也。”

②全体大用，源于朱熹《大学章句》第五章的补传，即心的全体的作用。

问：“‘颜子没而圣学亡’[①]，此语不能无疑。”

先生曰：“见圣道之全者惟颜子。观喟然一叹可见。其谓‘夫子循循然善诱人，博我以文，约我以礼’[②]，是见破后如此说。博文、约礼如何是善诱人？学者须思之。道之全体，圣人亦难以语人，须是学者自修自悟。颜子‘虽欲从之，末由也已’，即文王‘望道未见’意。望道未见，乃是真见。颜子没而圣学之正派遂不尽传矣。”

## 【译文】

问：“‘颜子没而圣学亡’，这话似有问题。”

先生说：“看到了圣道全貌的人，只有颜子。从他喟然一叹中可见。他认为‘夫子循循然善诱人，博我以文，约我以礼’，这是看破后才能如此说。博文约礼，为什么是善于诱导人呢？学者须仔细思考。什么是道的全体，圣人也很难告诉人，这需要学者自修自悟。颜子说‘虽欲从之，末由也已’，也就是文王‘望道未见’的意思。望道而未见，才是真正的见。颜子死，圣学的正宗就不能完全传下来了。”

## 【注释】

①语见《阳明全书》卷七《别湛甘泉序》。颜子（前521—前481），姓颜，名回，字子颜，也称颜渊，春秋鲁人。好学，安贫乐道，在孔子弟子中以德行著称，后世儒家尊为“复圣”。

②见《论语·子罕》：“夫子循循然善诱人。博我以文，约我以礼。欲罢不能，既竭吾才，如有所立卓尔，虽欲从之，末由也已。”

问：“身之主为心，心之灵明是知，知之发动是意，意之所著为物，是如此否？”

先生曰：“亦是。”

“只存得此心常见在，便是学。过去未来事，思之何益？徒放心耳！”

“言语无序，亦足以见心之不存。”

## 【译文】

问：“身的主宰是心，心的灵明是知，知的发动是意，意所在处是物。是这样吗？”

先生说：“也对。”

“只要常把这心存养，便是学。过去和未来的事，想它有什么用？只是放失本心而已。”

“说话没有次序，也足以看到是放失了本心。”

尚谦①问孟子之不动心与告子异②。

先生曰：“告子是硬把捉著此心，要他不动；孟子却是集义到自然不动。③”又曰：“心之本体，原自不动。心之本体即是性，性即是理。性元不动，理元不动。集义是复其心之本体。”

## 【译文】

尚谦问："孟子的不动心与告子的不动心，有什么区别？"

先生说："告子是硬要把捉这心，让它不动。孟子却是由集义而到自然不动。"又说："心的本体原本不动，心的本体即是性，性即是理。性原本不动，理也原本不动。集义就是恢复心的本体。"

## 【注释】

①薛侃（？—1545），字尚谦，号中离。广东揭阳人，为王守仁的弟子。进士。力主阳明学。《传习录》有他所录的语录，见《明儒学案》卷三十。

②见《孟子·告子上》。

③见《孟子·公孙丑上》。

"万象森然时，亦冲漠无朕。冲漠无朕，即万象森然。冲漠无朕者，'一'之父；万象森然者，'精'之母。'一'中有'精'，'精'中有'一'。"

## 【译文】

"万象森然时也是冲漠无朕。冲漠无朕，即是万象森然。冲漠无朕，是'一'之父；万象森然，是'精'之母。'一'中有'精'，'精'中有'一'。"

"心外无物。如吾心发一念孝亲，即孝亲便是物。"

## 【译文】

"心外无物。例如，我心有一念去孝敬父母，那孝敬父母便是物。"

先生曰："今为吾所谓格物之学者，尚多流于口耳。况为口耳之学者，能反于此乎？天理人欲，其精微必时时用力省察克治，方日渐有见。如今一说话之间，虽只讲天理，不知心中倏忽之间，已有多少私欲。盖有窃发而不知者，虽用力察之尚不易见，况徒口讲而可得尽知乎？今只管讲天理来顿放著不循，讲人欲来顿放著不去，岂格物致知之学？后世之学，其极至只做得个'义袭而取'①的工夫。"

## 【译文】

先生说："现在那些从事我所说的格物之学的人，往往只是停留在言论上。何况那些从事口耳之学的人能不如此吗？天理人欲的精微处，只有时时用力省察克治，才能一天天有所发现。现在这一说话间，虽然只是讲天理，殊不知转眼之间，心中已有了多少私欲。私欲往往悄悄产生，人不知不觉，即使用力省察，尚且不易发现。何况徒口空说，就能全部知道吗？现在只去讲天理，却放在那里不去遵循，只去讲人欲，却放在那里不去克治，难道是格物致知之学？后世的学问，其极致，也只做得一个'义袭而取'的功夫。"

## 【注释】

①见《孟子·公孙丑上》，朱熹《孟子集注》："由只行一事偶合于义，便可掩袭于外而得之。"

问格物。

先生曰："格者，正也，正其不正以归于正也。"

## 【译文】

问格物的含义。

先生说："格，就是正。纠正那不正的，使它归于正。"

问："'知止'者，知至善只在吾心，元不在外也，而后志定。"

曰："然。"

## 【译文】

问："'知止'就是知道至善只在我心中，本不在心外，而后人的志才能安定。对吗？"

先生说："对！"

问："格物于动处用功否？"

先生曰："格物无间动静，静亦物也。孟子谓'必有事焉'[①]，是动静皆有事。"

## 【译文】

问："格物需要在动时用功吗？"

先生说："格物是不分动静的，静也是物。孟子说'必有事焉'，就是动静都有事。"

## 【注释】

①见《孟子·公孙丑上》："必要事焉而勿正，心勿忘，勿助长也。"朱熹注曰："必有事焉，有所事也，如有事于颛臾之有事。正，预期也。""此言养气者，必以集义为事，而勿预期其效。"

"功夫难处，全在格物致知上。此即诚意之事。意既诚，大段心亦自正，身亦自修。但正心、修身功夫亦各有用力处。修身是已发边，正心是未发边。正心则中，身修则和。[①]"

## 【译文】

"功夫上的难处全在格物致知上。这也就是诚意的事。意能诚，心大体也自然能正，身也自然能修。然而正心、修身的功夫也各有不同的用力处。修身是在已发上，正心是在未发上。心正，自然会有未发之中；身修，自然有中节之和。"

## 【注释】

①《大学》："大学之道，在明明德，在亲民，在止于至善。""古之欲明明德于天下者，先治其国，欲治其国者，先齐其家，欲齐其家者，先修其身，欲修其身者，先正其心，欲正其心者，先诚其意，欲诚其意者，先致其知，致知在格物。"

"自'格物''致知'至'平天下'，只是一个'明明德'，虽'亲民'亦'明德'事也。'明德'是此心之德，即是仁。'仁者以天地万物为一体'[①]，使有一物失所，便是吾仁有未尽处。"

## 【译文】

"从'格物''致知'到'平天下'，只是一个'明明德'，'亲民'也是

‘明德’的事。‘明德’就是自己心的德，即是仁。‘仁者，以天地万物为一体’，如果有一物失所，就是我的仁还不完善。”

**【注释】**

①见《河南程氏遗书》卷二，程颢的话。

“只说‘明明德’而不说‘亲民’，便似老、佛。”

**【译文】**

“只说‘明明德’而不说‘亲民’，便如同佛老。”

“至善者性也，性元无一毫之恶，故曰至善。止之，是复其本然而已。”

**【译文】**

“至善就是性，性本来没有丝毫的恶，所以叫至善。‘止至善’，就是恢复性的本来面貌而已。”

问：“知至善即吾性，吾性具吾心，吾心乃至善所止之地，则不为向时之纷然外求而志定矣。定则不扰扰而静；静而不妄动则安；安则一心一意只在此处；千思万想，务求必得此至善，是能虑而得矣。①如此说是否？”

先生曰：“大略亦是。”

**【译文】**

问：“如果认识到至善是我的性，我的性又在我心之中，我心是至善所存留的地方，我就不会像从前那样纷然向外求取，而后志就能定了。志定了，就不会有烦扰，就能静。静而不妄动就能安。能安，就会一心一意只在至善处。千思万虑都是为了求达这至善。所以，思虑能得达至善。这样解释，对吗？”

先生说：“大体如此。”

**【注释】**

①《大学》原文：“知止而后有定，定而后能静，静而后能安，安而后能虑，

虑而后能得。”

问：“程子云：‘仁者以天地万物为一体。’何墨氏[①]兼爱，反不得谓之仁？”

先生曰：“此亦甚难言，须是诸君自体认出来始得。仁是造化生生不息之理，虽弥漫周遍，无处不是，然其流行发生，亦只有个渐，所以生生不息。如冬至一阳生，必自一阳生而后渐渐至于六阳。若无一阳生，岂有六阳[②]？阴亦然，惟有渐，所以便有个发端处。惟其有个发端处，所以生。惟其生，所以不息。譬之木，其始抽芽，便是木之生意发端处。抽芽然后发干，发干然后生枝生叶，然后是生生不息。若无芽，何以有干有枝叶？能抽芽，必是下面有个根在，有根方生，无根便死。无根何从抽芽？父子、兄弟之爱，便是人心生意发端处，如木之抽芽。自此而仁民，而爱物，便是发干生枝生叶。墨氏兼爱无差等，将自家父子、兄弟与途人一般看[③]，便自没了发端处。不抽芽，便知得他无根，便不是生生不息，安得谓之仁？孝弟为仁之本，却是仁理从里面发出来。”

## 【译文】

问：“程明道认为‘仁者以天地万物为一体’，为什么墨子的兼爱反而不能叫作仁？”

先生说：“这里很难言说。需要诸位自己体会出来才行。仁是自然造化生生不息的理，虽然它遍布宇宙、无处不有，但仁的流行发生，也是渐进的，所以才能生生不息。例如，冬至时一阳开始产生，必须从一阳开始，而后渐渐才能到六阳出现。如果没有这一阳的产生，又哪来六阳呢？阴也是如此。正因为有一个渐进，所以有个发端处。唯其有一个发端处，所以才能生。唯其能生，所以才能生生不息。这好比树，树苗抽芽便是树能生长的发端处。抽芽后，长出树干，有树干后才长出枝叶，然后是生生不息。如果没有树芽，哪有树干和枝叶？能抽芽，必是下面有个树根，有根才能生长，没有根就会死掉。没有树根又何从抽芽？父子兄弟之爱，便是人心生意的发端处，有如树芽。从此而仁人爱物，便是长出树干和枝叶。墨子的兼爱是无差等，把自己的父子兄弟与路人一样看待，这样就没有发端处。不抽芽，便知道它没有根，便不是生生不息，怎能叫作仁？孝悌是仁的本，仁的理正是从这里产生出来的。”

## 【注释】

①墨翟（前468—前376），春秋战国时期思想家，墨家学派的创始人，他主张兼爱、非攻、尚贤、尚同。

②阴极而阳生，阳极而阴生。冬至时，极阴而一阳始生，阳渐增，至夏至，阳达极点为六阳，阳极而生阴，始有一阴复生，如此循环。

③《孟子·滕文公上》，孟子驳墨子的兼爱是爱无差等。朱熹注云：“孟子言人之爱其兄子与邻之子，本有差等……今如夷子（墨子信徒）之言，则是视其父母本无异于路人……”

问：“延平云：‘当理而无私心。’[①]当理与无私心，如何分别？”

先生曰：“心即理也。无私心即是当理，未当理便是私心。若析心与理言之，恐亦未善。”

又问：“释氏于世间一切情欲之私，都不染著，似无私心。但外弃人伦，却似未当理。”

曰：“亦只是一统事，都只是成就他一个私己的心。”

## 【译文】

问：“延平说：‘当理而无私心。’合于理与无私心如何分别？”

先生说：“心就是理。没有私心，就是合于理。不合于理，便是私心。如果把心与理分开说，恐怕也不合适。”

又问：“佛教断弃了一切世俗的情欲，好像没有私心，但它放弃人伦，却是不合理。”

先生说：“也只是一回事，都只是成就他的一个自私的心。”

## 【注释】

①见朱熹《延平答问》。

# 薛侃录

侃问：“持志如心痛，一心在痛上，安有工夫说闲话，管闲事？”

先生曰：“初学工夫如此用亦好，但要使知‘出入无时，莫知其乡’[①]。心之神明原是如此，工夫方有著落。若只死死守著，恐于工夫上又发病。”

## 【译文】

薛侃问：“持守志向有如心痛一样。一心在痛上，哪有工夫说闲话，管闲事？”

先生说：“初学时，如此下功夫也行，但应该知道心是‘出入无时，莫知其乡’的，心的神明，原本如此，功夫才有着落。如果只是死守志向，恐怕又会在功夫上出问题。”

## 【注释】

①语出《孟子·告子上》。

侃问：“专涵养而不务讲求，将认欲作理，则如之何？”

先生曰：“人须是知学。讲求只是涵养，不讲求只是涵养之志不切。”

曰：“何谓知学？”

曰：“且道为何而学？学个甚？”

曰：“尝闻先生教，学是学存天理。心之本体即是天理，体认天理，只要自心地无私意。”

曰：“如此则只须克去私意便是，又愁甚理欲不明？”

曰：“正恐这些私意认不真。”

曰：“总是志未切。志切，目视、耳听皆在此，安有认不真的道理？‘是非之心，人皆有之’，不假外求。讲求亦只是体当自心所见，不成去心外别有个见。”

【译文】

薛侃问："只注重德行的涵养而不关心学问上的讲论，如果把人欲认作了天理，又该怎么办？"

先生说："人应该知道什么是学。求学讲论也只是涵养德行。不求学讲论，只因为涵养的志向不真切。"

问："什么叫知学？"

先生说："这就要看为什么而学，学是学什么。"

薛侃说："您曾说过，学是学存天理，心的本体就是天理。体认天理，只要自己心中没有私意。"

先生说："如此只要克去私意就行了。还愁什么不能辨明天理与人欲呢？"

薛侃说："正是担心不能认清这些私意。"

先生说："只因为志不真切，志真切了，眼所看的，耳所听的都在这里，哪有看不准的道理？'是非之心，人皆有之'，不用向外求。讲论求学也只是体会自己内心所见的，不用到心外再找一个见。"

先生问在座之友："此来工夫何似？"

一友举虚明意思。先生曰："此是说光景。"

一友叙今昔异同。先生曰："此是说效验。"

二友惘然请是。

先生曰："吾辈今日用功，只是要为善之心真切。此心真切，见善即迁，有过即改，方是真切工夫。如此，则人欲日消，天理日明。若只管求光景，说效验，却是助长外驰病痛，不是工夫。"

【译文】

先生问在座的朋友："近来的功夫如何？"

一位朋友用虚明来形容。先生说："这是说表面情形。"

一位朋友讲了今昔的异同。先生说："这是讲效果。"

二位朋友茫然不解，向先生请教。

先生说："我们现在用功，只是要这为善的心真切。这个心真切了，见善就会向往，有过就会改正。这才是真切的功夫。如此，人欲就能逐渐减少，天理日益光明。如果只在那里求外在景象，说效果，反而是助长了外求的毛病，已不是功夫本身了。"

朋友观书，多有摘议晦庵者。先生曰："是有心求异，即不是。吾说与晦庵时有不同者，为入门下手处有毫厘千里之分，不得不辨。然吾之心与晦庵之心未尝异也。若其余文义解得明当处，如何动得一字？"

## 【译文】

朋友们在一起看书，对朱子多有指责和议论。先生说："如此有意求异就不对了。我与晦庵的不同，是学问的入门下手处有毫厘千里之别，不能不辨明。然而，我的心与晦庵的心未尝不同。至于晦庵对文义解释得明晰精当之处，又怎么能改动一字呢？"

希渊[①]问："圣人可学而至，然伯夷、伊尹[②]于孔子才力终不同，其同谓之圣者安在[③]？"

先生曰："圣人之所以为圣，只是其心纯乎天理而无人欲之杂。犹精金之所以为精，但以其成色足而无铜铅之杂也。人到纯乎天理方是圣，金到足色方是精。然圣人之才力，亦有大小不同，犹金之分两有轻重。尧、舜犹万镒[④]，文王、孔子犹九千镒，禹、汤、武王犹七八千镒，伯夷、伊尹犹四五千镒。才力不同，而纯乎天理则同，皆可谓之圣人。犹分两虽不同，而足色则同，皆可谓之精金。以五千镒者而入于万镒之中，其足色同也。以夷、尹而厕之尧、孔之间，其纯乎天理同也。盖所以为精金者，在足色，而不在分两。所以为圣者，在纯乎天理，而不在才力也。故虽凡人，而肯为学，使此心纯乎天理，则亦可为圣人。犹一两之金，比之万镒，分两虽悬绝，而其到足色处，可以无愧。故曰'人皆可以为尧舜'[⑤]者以此。学者学圣人，不过是去人欲而存天理耳。犹炼金而求其足色，金之成色所争不多，则锻炼之工省，而功易成。成色愈下，则锻炼愈难。人之气质清浊粹驳，有中人以上、中人以下，其于道有生知安行、学知利行，其下者必须人一己百、人十己千，及其成功则一。后世不知作圣之本是纯乎天理，欲专去知识才能上求圣人，以为圣人无所不知，无所不能，我须是将圣人许多知识才能逐一理会始得。故不务去天理上着工夫。徒弊精竭力，从册子上钻研，名物[⑥]上考索，形迹上比拟。知识愈广而人欲愈滋，才力愈多而天理愈蔽。正如见人有万镒精金，不务锻炼成色，求无愧于彼之精纯，而乃妄希分两，务同彼之万镒，锡、铅、铜、铁杂然而投，分两愈增而成色愈下，既其梢末，无复有金矣。”

时曰仁在旁，曰：“先生此喻，足以破世儒支离之惑，大有功于后学。”

先生又曰：“吾辈用功，只求日减，不求日增。减得一分人欲，便是复得一分天理，何等轻快脱洒，何等简易！”

## 【译文】

希渊问：“人可以通过学而成圣人。然而伯夷、伊尹和孔子相比，在才力上终不相同。为什么孟子同称他们是圣人呢？”

先生说：“圣人之所以为圣人，只因圣人的心纯是天理，而没有夹杂人欲。有如精金之所以是精金，只因精金的成色很足，而没有夹杂铅铜。人到了纯是天理才是圣人，金到足色才是精金。然而，圣人的才力，也有大小的不同，犹如金的分两也有轻重的差别。尧舜犹如万镒之金，文王、孔子犹如九千镒，禹、汤、武王犹如七八千镒，而伯夷、伊尹则如四五千镒。才力不同，而在纯是天理方面相同，都可以叫作圣人。好比金的分两虽不同，而只要在成色上相同都可以叫作精金。把五千镒放入万镒之中，成色足是相同的，把伯夷、伊尹与尧、孔相比，他们在纯是天理上是相同的。所以称精金，是因为成色足，而不在分两的轻重。所以为圣人，是因为纯为天理，而不在才力的大小。因此，普通人只要肯学，使心纯为天理，也可以成为圣人。好像一两精金与万镒相比，在分两上虽悬殊很大，但就所达到的成色足而言，则是毫无愧色。‘人皆可以为尧舜’，就是依据这一点。学者学圣人，也不过是去人欲存天理而已。有如炼金是为了使金的成色充足。金的成色，与精金相差不多，那么，锻炼的功夫可少一点，也容易炼成精金。成色越差，锻炼就越难。人的气质有清、浊、纯、杂的差别，有中人以上、中人以下的不同。对于道而言，有生知安行与学知利行的不同。资质低下的人，必须别人用一分力，自己用百分力，别人用十分力，自己用千分力才行。而最后所取得的成就是相同的。后世的人不知道做圣人的根本在纯是天理上，反而只去从知识才能上求成圣人，以为圣人无所不知、无所不能，以为我得把圣人的知识才能逐一学会才行。所以，不从天理上用功夫，白白浪费精力，从书本上钻研，从名物上考索，在形迹上模仿。知识越广博而人欲越滋长；才能越多而天理越被遮蔽。正如看到别人有万镒精金，不在成色上去锻炼自己的金子，以求在精纯上无愧，反而妄想在分两上也要达到万镒，于是把锡、铅、铜、铁都掺杂进来，分两越多，而成色越差，炼到最后，就不再有金子了。”

当时徐爱在旁边说：“先生这一比喻，足以破世儒的支离，对后学大有好处。”

先生又说：“我们用功，只求日减，不求日增，减得一分人欲，便能复得一分天理。这何等轻快洒脱，何等简易啊！”

## 【注释】

①蔡宗兖，字希渊，号我斋，山阴人，为王守仁的大弟子之一，见《明儒学案》卷十一。

②伯夷指伯夷叔齐，为商孤竹君的两个儿子。相传其父要立次子叔齐继位，孤竹君死后，叔齐要让位给伯夷，伯夷不受，叔齐也不登位，他们先后逃到周国。武王伐纣时两人叩马谏阻，周灭商后，耻食周粟，饿死首阳山下。伊尹，名挚，商汤的贤相，曾助汤伐桀。

③语出《孟子·万章下》：“伯夷，圣之清者也；伊尹，圣之任者也；柳下惠，圣之和者也；孔子，圣之时者也。”

④镒为古代的重量单位。

⑤语出《孟子·告子下》。

⑥名物指名号物色。《周礼·天官》：“掌共六畜六兽六禽，辨其名物。”

士德[1]问曰：“格物之说，如先生所教，明白简易，人人见得。文公[2]聪明绝世，于此反有未审，何也？”

先生曰：“文公精神气魄大，是他早年合下便要继往开来，故一向只就考索著述上用功。若先切己自修，自然不暇及此。到得德盛后，果忧道之不明。如孔子退修六籍，删繁就简，开示来学，亦大段不费甚考索。文公早岁便著许多书，晚年方悔，是倒做了。”

士德曰：“晚年之悔，如谓‘向来定本之误’，又谓‘虽读得书，何益于吾事’，又谓‘此与守旧籍，泥言语，全无交涉’③，是他到此方悔从前用功之错，方去切己自修矣。”

曰：“然。此是文公不可及处。他力量大，一悔便转。可惜不久即去世，平日许多错处，皆不及改正。”

## 【译文】

士德问：“格物之说，诚如先生所教导的，明白简易，人人都能明白。文公绝世聪明，而对格物的解释并不准确，为什么？”

先生说：“文公的精神气魄宏大，他早年就下定决心要继往开来，因而，他一直在考索和著述上下功夫。如果先切己自修，自然无暇及此。等到德行高时，果然忧患大道不行于世，就像孔子那样删述六经，去繁就简，开示后学，大概也无须多少考索。文公在早年就写了很多书，到晚年才后悔功夫倒做了。”

士德说：“文公晚年说的‘向来定本之误’‘虽读得书，何益于吾事’‘此与守旧籍，泥言语，全无交涉’等，说明他晚年才发现从前的功夫不对头，才去切己自修。”

先生说：“对，这正是别人不及文公的地方，他力量大，一悔就改，可惜不久他就去世了，平时的很多错误都来不及改正。”

## 【注释】

①杨骥，字士德，先学于湛若水，后从学于王守仁，为粤中王学的主要代表人物，见《明儒学案》卷三十六。

②文公，即朱熹，死后谥文，故名。

③这里所引的三段话，出自王守仁《朱子晚年定论》的第一书（《答黄直卿书》）、第六书（《与吕子约》）和第三书（《答何叔京》）。

侃去花间草，因曰：“天地间何善难培，恶难去？”

先生曰：“未培未去耳。”少间，曰：“此等看善恶，皆从躯壳起念，便会错。”

侃未达。

曰："天地生意，花草一般。何曾有善恶之分？子欲观花，则以花为善，以草为恶。如欲用草时，复以草为善矣。此等善恶，皆由汝心好恶所生，故知是错。"

曰："然则无善无恶乎？"

曰："无善无恶者理之静，有善有恶者气之动。不动于气，即无善无恶，是至善。"

曰："佛氏亦无善无恶，何以异？"

曰："佛氏着在无善无恶上，便一切都不管，不可以治天下。圣人无善无恶，只是'无有作好''无有作恶'，不动于气。然'遵王之道'，会其有极[①]，便自一循天理，便有个裁成辅相[②]。"

曰："草即非恶，即草不宜去矣。"

曰："如此却是佛、老意见。草若有碍，何妨汝去？"

曰："如此又是作好作恶。"

曰："不作好恶，非是全无好恶，却是无知觉的人。谓之不作者，只是好恶一循于理，不去又着一分意思。如此，即是不曾好恶一般。"

曰："去草如何是一循于理，不着意思？"

曰："草有妨碍，理亦宜去，去之而已。偶未即去，亦不累心。若着了一分意思，即心体便有贻累，便有许多动气处。"

曰："然则善恶全不在物。"

曰："只在汝心，循理便是善，动气便是恶。"

曰："毕竟物无善恶。"

曰："在心如此，在物亦然。世儒惟不如此，舍心逐物，将格物之学错看了，终日驰求于外，只做得个'义袭而取'，终身行不著，习不察[③]。"

曰："如好好色，如恶恶臭，则如何？"

曰："此正是一循于理，是天理合如此，本无私意作好作恶。"

曰："如好好色，如恶恶臭，安得非意？"

曰："却是诚意，不是私意。诚意只是循天理。虽是循天理，亦着不得一分意。故有所忿懥好乐，则不得其正[④]。须是廓然大公，方是心之本体。知此，即知未发之中。”

伯生[⑤]曰：“先生云：‘草有妨碍，理亦宜去。[⑥]’缘何又是躯壳起念？”

曰：“此须汝心自体当。汝要去草，是甚么心？周茂叔窗前草不除，是甚么心？”

## 【译文】

薛侃在清除花中的草时问道：“为什么天地之间的善很难培养，而恶又难以去掉？”

先生说：“既未培养，也未去掉！”先生过了一会儿又说：“如此看待善恶，是从形体上着眼，便会错。”

薛侃不明白。

先生又说：“天地化生，就像花草一样，何曾有善恶之分呢？你想欣赏花，就以花为善，以草为恶。如果你想利用草时，就会以草为善了。这些善恶都是由你心的好恶产生的。所以，从形体上看善恶是错误的。”

薛侃问：“能说是无善无恶吗？”

先生说：“无善无恶是理之静，有善有恶是因气动而有的。不为气所动，即是无善无恶，这就叫作至善。”

薛侃问：“佛教也主张无善无恶，其间有什么区别？”

先生说：“佛教执着在无善无恶上，其余的都不管，不能够治理天下。圣人的无善无恶，只是不要有意为善，不要有意为恶，不为气所动，如此遵循先王的道，达到其极致，便能依循天理，便能‘裁成天地之道，辅相天地之宜’。”

薛侃说：“草既然不是恶，那么也就不用去掉了。”

先生说：“如此又是佛、老的观点。如果草变成了障碍，去掉又何妨呢？”

薛侃说：“这样不是又在有意为善去恶吗？”

先生说：“不有意为善去恶，并非说全无好恶。全无好恶是无知觉的人。‘不有意’只是好恶始终依据天理，不在天理之外再有意。能如此，即与不曾好恶一样。”

薛侃问：“除去草时，怎样才能始终依循天理而不是有意呢？”

先生说：“草成了障碍，理当去掉，就把草去掉。偶然没有去掉，也不要放在心上。如果在意的话，心体便会有累赘，便会为气所动。”

薛侃说：“这样可以认为善恶与物无关吗？”

先生说：“善恶只在你心中，循理便是善，为气所动就是恶。”

薛侃说：“毕竟物本身没有善恶。”

先生说：“心上是如此，物上也是如此。当今儒者就是不知道这一点，舍心逐物，把格物学看错了。整天向外寻求，只做得一个‘义袭而取’。终身只能是形而不著，习而不察。”

薛侃说：“对‘好好色，恶恶臭’，又怎样解释呢？”

先生说：“这正是始终依循天理，天理本该如此，它没有私意去为善去恶。”

薛侃问：“好好色，恶恶臭，又怎么不是意呢？”

先生说：“这是诚意的意而不是私意的意。诚意也就是顺天理，即使是顺天理，也不能添加一分故意。所以有所愤恨好乐，心就不能中正。廓然大公才是心的本体。知此，就知道未发之中。”

伯生说：“先生认为草成了障碍，理当去掉，为什么又说是从形体上着眼呢？”

先生说：“这要你自己从心中体会承当，你要去掉草，是一个什么样的心？周茂叔不除去窗前草，又是一个什么心？”

## 【注释】

①源自《尚书·洪范》：“无有作好，遵王之道。无有作恶，遵王之路。无偏无党，王道荡荡。无党无偏，王道平平。无反无侧，王道正直，会其有极，归其有极。”

②“裁成辅相”出自《易·泰卦》的象传，即成就、辅助之意。

③源自《孟子·尽心上》：“行之而不著焉，习矣而不察焉，终身由之而不知其道者，众矣。”朱熹注曰：“著者，知之明；察者，识之精。言方行之而不能明其所当然，既习矣而犹不识其所以然。”

④语出《大学》：“身有所忿懥……有所好乐，则不得其正。”

⑤孟源，字伯生，余不详。

⑥源自《河南程氏遗书》卷三：“周茂叔窗前草不除去，问之，云：‘与自家意思一般。’”表达了天人一体，生机盎然，不要人为干预的思想。周敦颐（1017—1073），字茂叔，河南道州营道人，晚居庐山，筑室以其出生地濂溪命名，世称

濂溪先生。著有《太极图说》《通书》等，朱熹视之为理学的开创人。

先生谓学者曰："为学须得个头脑，工夫方有着落。纵未能无间，如舟之有舵，一提便醒。不然，虽从事于学，只做个'义袭而取'，只是行不著，习不察，非大本达道也。"又曰："见得时，横说竖说皆是。若于此处通，彼处不通，只是未见得。"

## 【译文】

先生对学者说："为学要有一个主宰功夫，才有着落。纵使不能无间断，有如船的舵，关键时刻可提醒。不然，虽然也是为学，只能是一个'义袭而取'，只能是行而不著，习而不察，不是大本达道。"又说："有了主宰处，横说竖说都对。如果此处通，他处不通，只因为没有把握主宰处。"

或问："为学以亲故，不免业举之累。"

先生曰："以亲之故而业举为累于学，则治田以养其亲者，亦有累于学乎？先正云'惟患夺志'[①]，但恐为学之志不真切耳。"

## 【译文】

有人问："为了父母而学，难免有科举这一拖累。"

先生说："因为父母的缘故参加科举考试而妨碍了学，那么，为了赡养父母而种田，是否也妨碍了学呢？先辈认为'惟患夺志'，只怕为学的志向不真切。"

## 【注释】

①语出《河南程氏外书》卷十一："故科举之事，不患妨功，惟患夺志。"

崇一[①]问："寻常意思多忙，有事固忙，无事亦忙，何也？"

先生曰："天地气机，元无一息之停。然有个主宰，故不先不后，不急不缓，虽千变万化，而主宰常定，人得此而生。若主宰定时，与天运一般不息，虽酬酢万变，常是从容自在，所谓'天君泰然，百体从令'[②]。若无主宰，便只是这气奔放，如何不忙？”

## 【译文】

崇一问：“平时，心意多忙乱，有事时固然忙，无事时也忙，这是为什么？”

先生说：“天地的气机，没有瞬间中断过。然而，有了一个主宰，就能没有先后、缓急的差别，即使千变万化，主宰是常定不变的，人有了这个主宰才产生。如果主宰安定，像天运行一样不间断，即使要日理万机，也常常是从容自在。这就是所说的‘天君泰然，百体从令’。如果没有主宰，便只有这气到处奔流，怎么会不忙呢？”

## 【注释】

①欧阳德（1495—1554），字崇一，号南野。江西泰和人。礼部尚书，谥文庄。是王守仁的高徒，有南野门人半天下之称。见《明儒学案》卷十七。

②朱熹在《孟子集注·告子上》引有此话。此话出自宋范浚《香溪集》卷五的《心箴》。“天君”即指心。

先生曰：“为学大病在好名。”

侃曰：“从前岁，自谓此病已轻。此来精察，乃知全未。岂必务外为人？只闻誉而喜，闻毁而闷，即是此病发来。”

曰：“最是。名与实对，务实之心重一分，则务名之心轻一分。全是务实之心，即全无务名之心。若务实之心如饥之求食，渴之求饮，安得更有工夫好名？”又曰：“‘疾没世而名不称’①，‘称’字去声读，亦‘声闻过情，君子耻之’②之意。实不称名，生犹可补，没则无及矣。‘四十五十而无闻’③，是不闻道，非无声闻也。孔子云：‘是闻也，非达也。’④安肯以此望人？”

## 【译文】

先生说：“为学的最大弊病是好名。”

薛侃说：“从前年起，自感好名的病已经减轻了。近来仔细省察，才知道此病完全未去。好名不仅仅是指外争声名，只要闻誉而喜，闻毁而闷，就是好名的病在发作。”

先生说：“很对。名与实相对。务实的心重一分，求名的心就会轻一分。如果全是务实的心，就会全无求名的心。如果务实的心如同饥而求食、渴而求饮，哪有工夫来好名呢？”先生又说：“‘疾没世而名不称’，‘称’字读去声。也就是‘声闻过情，君子耻之’的意思。实与名不符，在有生之年还可弥补。如果死了，那就来不及了。孔子所说的‘四十五十而无闻’的‘无闻’，是指没有闻道，并非指声闻。孔子说：‘是闻也，非达也。’他怎么会用声名来对待别人呢？”

## 【注释】

①见《论语·卫灵公》。大意：最怕活了一辈子都没做到名实相符。

②见《孟子·滕文公下》。

③见《论语·子罕》。

④见《论语·颜渊》。朱熹注云：达也者，“内主忠实，而所行合宜”。闻也者，“善其颜色以取于仁，而行实背之”。

侃多悔。先生曰：“悔悟是去病之药，然以改之为贵。若留滞于中，则又因药发病。”

## 【译文】

薛侃常常悔悟。先生说：“悔悟是去病的药，贵在改错。如果把悔恨留在心中，那又是因药生病。”

德章[①]曰：“闻先生以精金喻圣，以分两喻圣人之分量，以锻炼喻学者之工夫，最为深切。惟谓尧、舜为万镒，孔子为九千镒，疑未安。”

先生曰：“此又是躯壳上起念，故替圣人争分两。若不从躯壳上起念，即尧、舜万镒不为多，孔子九千镒不为少。尧、舜万镒，只是孔子的；孔子九千镒，只是尧、舜的。原无彼我，所以谓之圣。只论‘精一’，不论多寡。只要此心纯乎天理处同，便同谓之圣。若是力量气魄，如何尽同得？后儒只在分两上较量，所以流入功利。若除去了比较分两的心，各人尽着自己力量精神，只在此心纯天理上用功，即人人自有，个个圆成，便能大以成大，小以成小，不假外慕，无不具足。此便是实实落落，明善诚身的事。后儒不明圣学，不知就自己心地良知良能上体认扩充，却去求知其所不知，求能其所不能，一味只是希高慕大，不知自己是桀、纣心地，动辄要做尧、舜事业，如何做得？终年碌碌，至于老死，竟不知成就了个甚么，可哀也已！”

## 【译文】

德章说：“听说您用精金来比喻圣，用分两的轻重来比喻圣人的分量才力，用锻炼比喻学者的功夫，这都很深切。只是您认为尧、舜是万镒，孔子是九千镒，恐怕不妥。”

先生说：“这又是从外表着眼，所以替圣人争轻重。如果不从外表上看，那么，尧、舜的万镒不为多，孔子的九千镒也不为少。尧、舜的万镒就是孔子的。孔子的九千镒，也就是尧、舜的。本来没有彼我之分，所以称之为圣。只看精一与否，而不计数量多少。只要此心同样纯是天理，便可都叫作圣。至于力量气魄，又怎么能完全相同呢？后儒只在分两上比较，所以陷入功利之中了。如果除去计较分两的心，各人竭尽自己的力量精神，只在此心纯是天理上用功，就能人人自足，个个圆成。即能大者成就其大，小者成就其小，不用外求，无不具足。这便是实实在在的明善诚身的事。后儒不懂圣学，不知道从自心良知良能上体认扩充，反而要去知道他所不能知道的，做他所不能做的事，一味地好高骛远。不知自己的心地如同桀、纣，动不动就要做尧、舜的事业，这怎么行得通？终年忙忙碌碌，直到老死，也不知成就了一个什么，可悲啊！”

## 【注释】

①德章，姓刘，余不详。

侃问：“先儒以心之静为体，心之动为用[①]，如何？”

先生曰：“心不可以动静为体用。动静，时也。即体而言，用在体；即用而言，体在用。是谓‘体用一源’[②]。若说静可以见其体，动可以见其用，却不妨。”

## 【译文】

薛侃问："先儒认为心的静是体，心的动是用，对吗？"

先生说："心不能用动静来区分体用。动静，是暂时的。就本体而言，用在体。就作用而言，体在用。这叫作'体用一源'。如果说静时可见心的体，动时可见心的用，倒也无妨。"

## 【注释】

①见《河南程氏文集》卷九："心，一也。有指体而言者（寂然不动是也）。有指用而言者（感而遂通天下之故是也）。"

②见《周易程氏传》的《序》。

问："上智下愚如何不可移？[①]"

先生曰："不是不可移，只是不肯移。"

## 【译文】

问："上智与下愚，为什么不可移呢？"

先生说："不是不可移，只是不肯移。"

## 【注释】

①见《论语·阳货》。

问"子夏门人问交"章[①]。

先生曰："子夏是言小子之交，子张是言成人之交。若善用之，亦俱是。"

## 【译文】

有人请教有关子夏的门人问如何待人的事。

先生说："子夏说的是小孩间的交往，子张说的是成人间的交往。只要善于运用，也都对。"

## 【注释】

①见《论语·子张》："子夏之门人，问交于子张。子张曰：'子夏云何？'对曰：'子夏曰：可者与之，其不可者拒之。'子张曰：'异乎吾所闻，君子尊贤而容众，嘉善而矜不能。'"子夏（公元前507—前420），姓卜名商，字子夏，春秋卫人，孔子弟子，长于文学，曾讲学于西河，为魏文侯师。子张（公元前503—前450），姓颛孙，名师，春秋陈阳城人，孔子弟子，曾从孔子周游列国，困于陈蔡之间。

子仁[①]问："'学而时习之，不亦说乎？'[②]先儒以学为效先觉之所为[③]，如何？"

先生曰："学是学去人欲、存天理。从事于去人欲、存天理，则自正诸先觉，考诸古训，自下许多问辨思索存省克治工夫。然不过欲去此心之人欲、存吾心之天理耳。若曰'效先觉之所为'，则只说得学中一件事，亦似专求诸外了。'时习'者，'坐如尸'，非专习坐也，坐时习此心也。'立如斋'，非专习立也，立时习此心也。[④]'说'是'理义之说我心'[⑤]之'说'。人心本自说理义，如目本说色，耳本说声。惟为人欲所蔽所累，始有不说。今人欲日去，则理义日洽浃，安得不说？"

## 【译文】

子仁问："'学而时习之，不亦说乎？'朱子认为，学是效法先觉者的行为，对吗？"

先生说："学，是学去人欲、存天理。若去人欲、存天理，就自然会求正于先觉，考求于古训，用很多问辨、思索、存养、省察和克治的功夫。这些也不过是为了除去心中的人欲、存养我心的天理而已。至于说效法先觉的言行，那也只说到了学中的一件事，也好像是专求于外的事了。'时习'的意思，如'坐如尸'，不是专门练习坐，是在坐时锻炼这个心。'立如斋'，也不是专门练习站，是在站时修养这个心。'悦'，是'理义之悦我心'的'悦'。人心原本就喜欢义理，就像眼喜欢美色，耳喜欢音乐一样。只因人欲的蒙蔽与牵累，人心才有不悦。如果人欲日减，义理就能滋养心身，人心又怎能不悦呢？"

【注释】

①冯恩，字子仁，号南江，江苏华亭人。进士，王守仁弟子，见《明儒学案》卷二十五。

②见《论语·学而》，“说”通“悦”。

③朱熹注《论语·学而》时说：“学之为言效也。人性皆善，而觉有先后，后觉者必效先觉之所为，乃可以明善而复其初也。”

④谢良佐（1050—1103）论《论语·学而》时引《礼记》的“坐如尸”“立如斋”，朱熹的《论语集注》引了这话，王守仁就此阐明自己的主张。坐如尸，即指端坐不动，像装扮受祭者的神一样。

⑤见《孟子·告子上》。

国英[①]问：“曾子三省[②]虽切，恐是未闻一贯时工夫[③]？”

先生曰：“一贯是夫子见曾子未得用功之要，故告之。学者果能忠恕上用功，岂不是一贯？‘一’如树之根本，‘贯’如树之枝叶。未种根，何枝叶之可得？体用一源，体未立，用安从生？谓‘曾子于其用处，盖已随事精察而力行之，但未知其体之一’[④]。此恐未尽。”

【译文】

国英问：“曾子的三省功夫虽然真切，恐怕还是不知道‘一以贯之’的功夫。”

先生说：“一以贯之是孔子看到曾子没有把握功夫要领时才告诉他的。学者真能在忠恕上用功，难道不是一贯吗？‘一’好比树的根干，‘贯’如树的枝叶。没有种根，又怎么能有枝叶？体用一源，体还不存在，用从何来？朱子认为‘曾子于其用处，盖已随事精察而力行之，但未知其体之一’。恐怕这里还未讲完。”

【注释】

①据万斯同的《儒林宗派》卷十五，国英姓陈名桀，福建莆田人。

②见《论语·学而》：“曾子曰：‘吾日三省吾身。为人谋而不忠乎？与朋友交而不信乎？传不习乎？’”曾子（公元前505—前435），春秋鲁国南武城人，

名参，字子舆，孔子弟子，孔子说：“参也鲁。”相传他为至孝。

③见《论语·里仁》：“子曰：‘参乎！吾道一以贯之。’曾子曰：‘唯。’子出，门人问曰：‘何谓也？’曾子曰：‘夫子之道，忠恕而已矣。’”

黄诚甫[1]问“汝与回也，孰愈”章。

先生曰：“子贡多学而识[2]，在闻见上用功，颜子在心地上用功，故圣人问以启之。而子贡所对又只在知见上，故圣人叹惜之，非许之也。”

## 【译文】

黄诚甫请教《论语》中“汝与回也，孰愈”一章。

先生说：“子贡主张多学而识，要在见闻上用功。颜回是在心地上用功。因而圣人用这个问题来启发子贡。然而，子贡的回答又只在知识见闻上。所以圣人很惋惜，并非赞许他。”

## 【注释】

①黄诚甫（？—1536），名宗贤，号致斋，宁波鄞县人。进士，曾任兵部右侍郎。王阳明对他很器重，见《明儒学案》卷十四。

②子贡（公元前520—前456），姓端木，名赐，字子贡，也作子赣，春秋卫人，孔子弟子，能言善辩，善经商，家累千金，曾任鲁、卫的相。孔子死后，曾在墓旁筑小屋住了六年。

“颜子不迁怒，不贰过[1]，亦是有‘未发之中’始能。”

## 【译文】

“颜回不迁怒于人，不重犯同样的错误，只有未发之中的人才能做到。”

## 【注释】

①语出《论语·雍也》：“孔子曰：‘有颜回者好学，不迁怒，不贰过，不幸短命死矣。’”朱熹注云：“迁，移也。贰，复也。怒于甲者，不移于乙。过

于前者，不复于后。”

“种树者必培其根，种德者必养其心。欲树之长，必于始生时删其繁枝。欲德之盛，必于始学时去夫外好。如外好诗文，则精神日渐漏泄在诗文上去。凡百外好皆然。”又曰：“我此论学是无中生有的工夫。诸公须要信得及，只是立志。学者一念为善之志，如树之种，但勿助勿忘，只管培植将去，自然日夜滋长，生气日完，枝叶日茂。树初生时，便抽繁枝，亦须刊落，然后根干能大。初学时亦然。故立志贵专一。”

## 【译文】

“种树者必须培养根本，修德者必须涵养心性。要想树木高大，必须在开始长枝时就剪掉多余的枝。要想德行高尚，必须在开始学习时就舍去对外物的嗜求。例如，嗜好写诗作文，精神自然会逐渐泄漏到诗文上去，其他诸多爱好都是如此。”又说：“我在这里讲学，是无中生有的功夫。诸位所能相信的，就是立志。学者一念为善的志向，如同树的种子一样。只要心勿忘，也不助长，一直培植下去，自然会日夜滋长，生机日益完备，枝叶日益繁茂。树刚长出来时，有了杂枝，就需要剪掉杂枝，然后根干才能大。初学时也如此。所以，立志贵在专一。”

因论先生之门，某人在涵养上用功，某人在识见上用功。先生曰：“专涵养者，日见其不足；专识见者，日见其有余。日不足者，日有余矣。日有余者，日不足矣。”

## 【译文】

在一起谈话时顺便论及先生的弟子，说某人是在涵养上用功，某人是在见闻上用功。先生说：“专门在涵养内心上用功的人，每天都会发现自己的不足；专门在知识见解上用功的人，每天都会觉得自己有余。日觉不足的人，德行将会逐渐有余。日觉有余的人，德行将会逐渐不足。”

梁日孚①问：“居敬、穷理是两事，先生以为一事，何如？”

先生曰："天地间只此一事，安有两事？若论万殊，礼仪三百，威仪三千，又何止两？公且道居敬是如何？穷理是如何？"

曰："居敬是存养工夫，穷理是穷事物之理。"

曰："存养个甚？"

曰："是存养此心之天理。"

曰："如此，亦只是穷理矣。"

曰："且道如何穷事物之理？"

曰："如事亲便要穷孝之理，事君便要穷忠之理。"

曰："忠与孝之理在君、亲身上，在自己心上？若在自己心上，亦只是穷此心之理矣。且道如何是敬？"

曰："只是主一。"

"如何是主一？"

曰："如读书便一心在读书上，接事便一心在接事上。"

曰："如此，则饮酒便一心在饮酒上，好色便一心在好色上，却是逐物，成甚居敬工夫？"

日孚请问。

曰："一者，天理。主一是一心在天理上。若只知主一，不知一即是理，有事时便是逐物，无事时便是着空。惟其有事无事，一心皆在天理上用功，所以居敬亦即是穷理。就穷理专一处说，便谓之居敬，就居敬精密处说，便谓之穷理。却不是居敬了，别有个心穷理，穷理时别有个心居敬。名虽不同，功夫只是一事。就如《易》言'敬以直内，义以方外'[②]，敬即是无事时义，义即是有事时敬，两句合说一件。如孔子言'修己以敬'[③]，即不须言义。孟子言'集义'，即不须言敬。会得时，横说竖说，工夫总是一般。若泥文逐句，不识本领，即支离决裂，工夫都无下落。"

问："穷理何以即是尽性？[④]"

曰："心之体，性也，性即理也。穷仁之理，真要仁极仁；穷义之理，真要义极义。仁、义只是吾性，故穷理即是尽性。如孟子说'充其恻隐之心，至仁不可胜用'[⑤]，这便是穷理工夫。"

日孚曰："先儒谓'一草一木亦皆有理，不可不察'⑥，何如？"

先生曰："夫我则不暇⑦。公且先去理会自己性情，须能尽人之性，然后能尽物之性。"

日孚悚然有悟。

【译文】

梁日孚问："居敬与穷理是两回事，为什么先生认为是一回事？"

先生说："天地间只有一件事，哪会有两件事呢？至于说到事物的千差万别，礼仪三百，威仪三千，又何止两件呢？你且说说什么是居敬，什么是穷理。"

梁日孚说："居敬是存养功夫，穷理是穷究事物之理。"

先生问："存养什么？"

梁日孚说："存养人心中的天理。"

先生说："如此，也只是一个穷理了。"

先生又说："请你谈谈如何穷究事物之理。"

梁日孚说："比如侍奉父母就要穷究孝的理，侍奉君王就要穷究忠的理。"

先生说："忠与孝的理，是在君王、父母身上，还是在自己身上？如果是在自己心上，也只是要穷究此心的理了。你且说说什么是敬。"

梁日孚说："就是主一。"

先生问："怎样才是主一？"

梁日孚说："如读书便一心去读书，处理事情便一心去处理事情。"

先生说："如此，饮酒便一心在饮酒上，好色便一心在好色上，这是追逐外物，怎么会是居敬功夫呢？"

梁日孚请教先生。

先生说："一就是天理，主一就是一心在天理上。如果只知道主一，而不知道一就是理，那么，有事时就是追逐外物，无事时便是悬空冥想。只有不管有事还是无事都一心在天理上用功，如此居敬也就是穷理。从穷理的专一处来说叫作居敬，从居敬的精密处来说叫作穷理。而不是居敬以后，再有一个心去穷理，穷理时，另有一个心去居敬。名称虽然不同，功夫只是一个。有如《易》所说的'敬以直内，义以方外'，敬就是无事时的义，义即是有事时的敬。敬义合起来只是一回事。再如孔子所说的‘修己以敬’，这里就不用再说义了。孟子说集义，就不用再说敬。理解了这一点，横说竖说，功夫总是一样。如果拘泥于文句，不知根本所在，就会支离决裂，功夫没有落实之处。”

梁日孚问：“为什么穷理就是尽性呢？”

先生说：“心的体是性，性就是理。穷究仁的理，就是要使仁为至仁。穷究义的理，就是要使义为至义。仁与义也只是我的性，所以，穷理也就是尽性。孟子所说的‘充其恻隐之心，至仁不可胜用’，这便是穷理的功夫。”

梁日孚说：“程颐认为‘一草一木亦皆有理，不可不察’，对吗？”

先生说：“至于我，则没有这个闲暇。你且先去涵养自己的性情，只有穷尽了人之性，然后才能穷究万物之性。”

日孚因此警惧而有省悟。

## 【注释】

①梁焯，字日孚，南海人。进士，官至职方主事。王学在广东传播，其功最大。见《明儒学案》卷三十。

②见《易传·文言》。

③见《论语·宪问》。

④见《易传·说卦》：“穷理尽性以至于命。”

⑤见《孟子·尽心下》：“人能充无欲害人之心，而仁不可胜用也。”

⑥见《河南程氏遗书》卷十八：“然一草一木皆有理，须是察。”

⑦见《论语·宪问》。

惟乾[①]问：“知如何是心之本体？”

先生曰：“知是理之灵处。就其主宰处说便谓之心，就其禀赋处说便谓之性。孩提之童，无不知爱其亲，无不知敬其兄。只是这个灵能不为私欲遮隔，充拓得尽，便完全是他本体，便与天地合德。自圣人以下，不能无蔽，故须格物以致其知。”

## 【译文】

惟乾问：“知为什么是心的本体？”

先生说："知是理的灵敏处。就其主宰处来说叫作心，就其禀赋处来说叫作性。襁褓中的幼儿都知道爱他的父母，尊敬他的兄长。这只是因为，这个灵敏的知没有被私欲遮隔，能够完全扩充拓展，知便完全是心的本体，便能与天地的大德合一。而圣人以下的人，不能没有蒙蔽，所以，要通过格物来获得他的知。"

## 【注释】

①冀元亨（？—1521），字惟乾，号闇斋，湖南武陵（常德）人，王守仁弟子，见《明儒学案》卷二十八。

守衡问："《大学》功夫只是诚意，诚意功夫只是格物、修、齐、治、平。只诚意尽矣。又有正心之功，有所忿懥好乐则不得其正，何也？"

先生曰："此要自思得之，知此则知未发之中矣。"

守衡再三请。

曰："为学工夫有浅深，初时若不着实用意去好善恶恶，如何能为善去恶？这着实用意便是诚意。然不知心之本体原无一物，一向着意去好善恶恶，便又多了这分意思，便不是廓然大公。《书》所谓'无有作好作恶'，方是本体。所以说有所忿懥好乐，则不得其正。正心只是诚意工夫。里面体当自家心体，常用鉴空衡平①，这便是未发之中。"

## 【译文】

守衡问："《大学》的功夫只是一个诚意，诚意的功夫也只是格物、修身、齐家、治国、平天下。只有一个诚意功夫就行了。然而又有正心功夫，有所忿懥好乐，心就不能中正，这是为什么？"

先生说："这需要你自己思考出来。知道了这一点，就知道未发之中了。"

守衡再三请教。

先生说："为学的功夫有深有浅，一开始如果不诚心实意地去好善厌恶，又怎么能为善去恶呢？这诚心实意就是诚意。但是，如果不知道心的本体无一物，一直执意地去好善厌恶，便又多了分执着的意思，便不是廓然大公了。《尚书》所说的'无有作好作恶'，才是心的本体。所以说，有所忿懥好乐，心就不能中正。正心就是从诚意功夫中体认自己的心体，常要使它如镜明秤平，这便是未发之中。”

## 【注释】

①此语出自朱熹的《大学或问》：“人之一心，湛然虚明，如鉴之空，如衡之平，以为一身之主者，固其真体之本然。”

正之[①]问曰:“戒惧是己所不知时工夫,慎独是己所独知时工夫[②],此说如何？”

先生曰：“只是一个工夫，无事时固是独知，有事时亦是独知。人若不知于此独知之地用力，只在人所共知处用功，便是作伪，便是‘见君子而后厌然’[③]。此独知处便是诚的萌芽。此处不论善念恶念，更无虚假，一是百是，一错百错。正是王霸、义利、诚伪、善恶界头。于此一立立定，便是端木澄源，便是立诚。古人许多诚身的工夫，精神命脉，全体只在此处，真是莫见莫显，无时无处，无终无始，只是此个工夫。今若又分戒惧为己所不知，即工夫便支离，便有间断。既戒惧，即是知，己若不知，是谁戒惧？”

曰：“不论善念恶念，更无虚假，则独知之地，更无无念时邪？”

曰：“戒惧亦是念。戒惧之念，无时可息。若戒惧之心稍有不存，不是昏聩，便已流入恶念。自朝至暮，自少至老，若要无念，即是己不知，此除是昏睡，除是槁木死灰。”

## 【译文】

正之问：“戒惧是己所不知时的功夫，慎独是己所独知时的功夫。这种说法对吗？”

先生说：“只是一个功夫。无事时固然是独知，有事时也是独知。人如果不知道在这独知处用力，只在人所共知处用功，这便是作假，便是《大学》所说的‘见君子而后厌然’。然而这独知处就是诚的萌芽。在这里，无论善念还是恶念，毫无虚假。一对百对，一错百错。这里正是王与霸、义与利，诚与伪、善与伪的界限。能够在这里站住脚跟，便是正本清源，便是立诚。古人许多诚身的功夫，其精神命脉全在这里。无隐无显，无时无处，无始无终都只是这个功夫。如果又把戒惧看成己所不知的功夫，功夫就会支离了，也就有了间断。既然能戒惧，那就是知，如果自己不知，又是谁在戒惧呢？把戒惧视为己所不知的功夫，便容易流于佛教的断灭禅定。”

正之说：“无论善念恶念，都无虚假。自己独知处，就没有无念的时候了吗？”

先生说：“戒惧也是念。戒惧之念不是可以间断的。如果戒惧之心稍有放失，人要么会犯糊涂，要么就会产生恶念。从早到晚，从少到老如果要无念，那就是自己没有知觉，这种情况，若不是昏睡，便是形如槁木，心如死灰了。”

## 【注释】

①黄宏纲（1492—1561），字正之，号洛村，江西雩县（今江西于都）人。官至刑部主事，为王守仁的高徒。见《明儒学案》卷十九。

②《中庸》说：“是故君子戒慎乎其所不睹，恐惧乎其所不闻，莫见乎隐，莫显乎微。故君子慎其独也。”朱熹注云：“独者，人所不知而己所独知之地也。言幽暗之中，细微之事，迹虽未形而几已动。人虽不知而己独知之。则是天下之事无有著见明显而过于此者。是以君子既常戒惧，而于此尤加谨焉。”

③语出《大学》：“小人闲居为不善，无所不至，见君子而后厌然，掩其不善而著其善。”

志道问：“荀子云‘养心莫善于诚’[①]，先儒非之，何也？”

先生曰：“此亦未可便以为非。诚字有以工夫说者。诚是心之本体，求复其本体，便是思诚的工夫。明道说‘以诚敬存之’[②]，亦是此意。《大学》‘欲正其心，先诚其意’。荀子之言固多病，然不可一例吹毛求疵。大凡看人言语，若先有个意见，便有过当处。‘为富不仁’之言，孟子有取于阳虎[③]，此便见圣贤大公之心。”

## 【译文】

志道问：“荀子说‘养心莫善于诚’，程子不以为然，为什么？”

先生说：“这句话也不能说不对。诚这个字有从功夫上说的。诚是心的本体，要恢复心的本体，便是求诚的功夫。明道说‘以诚敬存之’，也是这个意思。《大学》也认为‘欲正其心，先诚其意’。荀子的话固然有很多毛病，但也不能一概吹毛求疵。一般来说，评价别人的话，如果先入为主，自然不会公正允当。例如，

‘为富不仁’这句话，是孟子引用阳虎的。由此可见圣人的大公之心。”

## 【注释】

①见《荀子·不苟》。

②《河南程氏遗书》卷二：“仁者浑然与物同体，义礼知信，皆仁也。识得此理，以诚敬存之而已。”

③语见《孟子·滕文公上》：“阳虎曰：‘为富不仁矣，为仁不富矣。’”朱熹注云：“天理人欲，不容并立。虎之言此，恐为仁之害于富也。孟子引之恐为富之害于仁也。君子小人，每相反而已矣。”阳虎，又名阳货，春秋鲁人，为季孙氏家臣，曾在鲁专政，后叛鲁。

萧惠问：“己私难克，奈何？”

先生曰：“将汝己私来替汝克。”又曰：“人须有为己之心，方能克己，能克己，方能成己。”

萧惠曰：“惠亦颇有为己之心，不知缘何不能克己？”

先生曰：“且说汝有为己之心是如何。”

惠良久曰：“惠亦一心要做好人，便自谓颇有为己之心。今思之，看来亦只是为得个躯壳的己，不曾为个真己。”

先生曰：“真己何曾离着躯壳？恐汝连那躯壳的己也不曾为。且道汝所谓躯壳的己，岂不是耳、目、口、鼻、四肢？”

惠曰：“正是为此。目便要色，耳便要声，口便要味，四肢便要逸乐，所以不能克。”

先生曰：“美色令人目盲，美声令人耳聋，美味令人口爽，驰聘田猎令人发狂，这都是害汝耳、目、口、鼻、四肢的，岂得是为汝耳、目、口、鼻、四肢？若为着耳、目、口、鼻、四肢时，便须思量耳如何听，目如何视，口如何言，四肢如何动。必须非礼勿视、听、言、动[①]，方才成得个耳、目、口、鼻、四肢，这个才是为着耳、目、口、鼻、四肢。汝今终日向外驰求，为名、为利，这都是为着躯壳外面的物事。汝若为着耳、目、口、鼻、四肢，要非礼勿视、听、言、动时，岂是汝之耳、目、口、鼻、四肢自能勿视、听、言、动，须由汝心。这视、听、言、动皆是汝心。汝心之视，发窍于目；汝心之听，发窍于耳；汝心之言，发窍于口；汝心之动，发窍于四肢。若无汝心，便无耳、目、口、鼻、四肢。所谓汝心，亦不专是那一团血肉。若是那一团血肉，如今已死的人，那一团血肉还在，缘何不能视、听、言、动？所谓汝心，却是那能视、听、言、动的，这个便是性，便是天理。有这个性，才能生这性之生理，便谓之仁。这性之生理发在目便会视，发在耳便会听，发在口便会言，发在四肢便会动，都只是那天理发生。以其主宰一身，故谓之心。这心之本体，原只是个天理，原无非礼。这个便是汝之真己，这个真己是躯壳的主宰。若无真己，便无躯壳。真是有之即生，无之即死。汝若真为那个躯壳的己，必须用着这个真己，便须常常保守着这个真己的本体。戒慎不睹，恐惧不闻，惟恐亏损了他一些。才有一毫非礼萌动，便如刀割，如针刺，忍耐不过，必须去了刀，拔了针。这才是有为己之心，方能克己。汝今正是认贼作子②，缘何却说有为己之心不能克己？”

## 【译文】

萧惠问：“难以克去自私，该怎么办？”

先生说：“把你的自私拿来我替你克去。”又说：“人要有为自己的心才能克己，能克己才能成就自己。”

萧惠说：“我也颇有为自己的心，不知为什么不能克己？”

先生说：“且说说你为自己的心是怎样的。”

过了很久，萧惠说：“我也一心要做好人，便感到颇有为自己的心。现在想来，也只是为了一个外表的自我，而不曾为一个真实的自我。”

先生说：“真正的自我又怎能离开形体呢？恐怕你也不曾为那形体的自我。你所说的形体的自我，是不是指耳、目、口、鼻和四肢呢？”

萧惠说：“正是为了这些。眼爱看美色，耳爱听美音，口爱吃美味，四肢爱享受安逸，所以，才不能克己。”

先生说：“美色令人目盲，美音令人耳聋，美味令人口伤，驰骋游猎令人发狂，这些对你的耳、目、口、鼻与四肢都有害，哪里是为了你的耳、目、口、鼻和四肢呢？如果真的是为了你的耳、目、口、鼻和四肢，便要考虑耳应该听什么，眼应该看什么，口应该说什么，四肢应该做什么。只有做到非礼勿视，非礼勿听，非礼勿言，非礼勿动，才能实现耳、目、口、鼻和四肢的功用。这才是真正地为了你的耳、目、口、鼻和四肢。现在你整天只向外去求名求利，这都是为了你的外在形体。如果你要为了你的耳、目、口、鼻和四肢，就要非礼勿视，非礼勿听，非礼勿言，非礼勿动，此时，不是你的耳、目、口、鼻和四肢自动能够不听、不看、不言、不动，这必须由你的心起作用。这视、听、言、动都是你的心。你心的视、听、言、动通过你的眼、耳、口、鼻和四肢来实现。如果你的心不存在，便没有你的耳、目、口、鼻。所说的你的心，也不是专指那一团血肉。如果心专指那一团血肉，现在已经死了的人，那一团血肉仍在，为什么不能视听言动呢？所说的你的心，是那使你能够视听言动的，这个便是性，也就是天理。有了这个性，才有了这性的生生不息之理，这就叫作仁。这性的生生之理，显现在眼时就会看，显现在耳时就会听，显现在口时就会说，显现于四肢就会动，都只是那天理在起作用。因为天理主宰着人的身体，所以又叫作心。这心的本体，本来只是一个天理，原本没有非礼存在。这个便是你的真我。这个真我是人的肉体的主宰。如果没有真我，也就没有肉体。真是有了它就生，没有它就死。你如果真为了那个肉体的自我，必须依靠这个真我，便需要常存这个真我的本体。做到戒慎于不睹，恐惧于不闻，唯恐对于这个真我的本体有一点亏损。一有丝毫的非礼萌动，便如刀割针刺，难以忍受，必须去掉刀、拔掉针。这样才是有为己的心，才能克己。你现在正是认贼作子，为什么反而说你有为自己的心，但不能克己呢？”

## 【注释】

①语出《论语·颜渊》。

②这一比喻出自佛教《楞严经》卷一，意为：把人的好美色等看成是真心的喜好，有如把窃贼当成了自己的儿子。

有一学者病目，戚戚甚忧，先生曰："尔乃贵目贱心。"

## 【译文】

有一位学者眼睛有病，特别忧愁痛苦。先生说："你这是贵目贱心。"

萧惠好仙、释。

先生警之曰："吾亦自幼笃志二氏，自谓既有所得，谓儒者为不足学。其后居夷三载，见得圣人之学若是其简易广大，始自叹悔，错用了三十年气力[①]。大抵二氏之学，其妙与圣人只有毫厘之间。汝今所学，乃其土苴，辄自信自好若此，真鸱鸮窃腐鼠耳。[②]"

惠请问二氏之妙。

先生曰："向汝说圣人之学简易广大，汝却不问我悟的，只问我悔的。"

惠惭谢，请问圣人之学。

先生曰："汝今只是了人事问，待汝办个真要求为圣人的心，来与汝说。"

惠再三请。

先生曰："已与汝一句道尽，汝尚自不会！"

## 【译文】

萧惠喜好佛老。

先生警示他说："我也自幼笃信佛老，感到颇有所得，以为儒学不值得学。后来在贵州龙场待了三年，认识到圣人之学原来如此简易、广大，才后悔错用了三十年的气力。大致来看，佛老学问的精妙处与圣人并无多大的差别。现在你所学的也只是佛老的糟粕，而你如此狂热地信奉它，真像猫头鹰窃得腐鼠一样。"

萧惠请问什么是佛老之妙。

先生说："我跟你说圣人之学简易广大，你不问我所悟的，却问我所悔的。"

萧惠惭愧地道了歉，请教什么是圣人之学。

先生说："你现在只是为了敷衍了事而问，等你真有了一个为圣人的心以后，我再给你说。"

萧惠再三请教。

先生说："我已经用一句话给你说尽了，而你自己还不明白。"

## 【注释】

①王守仁于弘治元年（1488）始与道士论养生，到弘治十五年（1502）逐渐

认识到佛老的错误，再到正德五年（1510）的龙场之悟，前后二十二年。《年谱》说："警王嘉秀与萧惠，并谓悔错用工二十年。"拟《年谱》为是。

②源《庄子·秋水》："夫鹓鸰（鸾凤之类）发于南海而飞于北海，非梧桐不止，非练实（竹米）不食，非醴泉不饮。于是鸱得腐鼠，鹓鸰过之。仰而视之，曰：'吓'。"鸱以腐鼠为宝，怕鹓来争抢，故以"吓"声威吓鹓。

刘观时[1]问："未发之中是如何？"

先生曰："汝但戒慎不睹，恐惧不闻，养得此心纯是天理，便自然见。"

观时请略示气象。

先生曰："哑子吃苦瓜，与你说不得，你要知此苦，还须你自吃。"

时曰仁在旁，曰："如此才是真知，即是行矣。"

一时在座诸友皆有省。

## 【译文】

刘观时问："未发之中是什么？"

先生说："只要你戒慎不睹，恐惧不闻，把心养得纯是天理，便自然会知道。"

观时请先生大略谈一下其景象。

先生说："这是哑巴吃苦瓜，给你说不得，你要知晓这个苦，还需你自己吃。"

当时徐爱在旁边说："如此，才是真知，即是行了。"

一时间，在座的诸位都有省悟。

## 【注释】

①刘观时，武陵（湖南常德）人，余不详。

萧惠问死生之道。

先生曰："知昼夜即知死生。"

问昼夜之道。

曰："知昼则知夜。"

曰："昼亦有所不知乎？"

先生曰："汝能知昼？懵懵而兴，蠢蠢而食，行不著，习不察，终日昏昏，只是梦昼。惟息有养，瞬有存[①]，此心惺惺明明，天理无一息间断，才是能知昼。这便是天德，便是通乎昼夜之道而知，便有甚么死生？"

## 【译文】

萧惠请问生死之道。

先生说："知道了昼夜，也就知道了生死。"

萧惠再问昼夜之道。

先生说："知道了白天就知道了黑夜。"

萧惠说："难道有人不知道白昼吗？"

先生说："你所能知道的白昼，仅仅是迷迷糊糊地起床，胡嚼乱咽地吃饭，行为不自觉，不清醒，整天昏昏度日。你这些只是在想象白昼。只有'息有养、瞬有存'，让此心清醒明亮，天理无瞬间间断，这才是知道白昼。这便是天的品格。这便是通乎昼夜之道，而知晓昼夜之道，还再有什么生死呢？"

## 【注释】

①见《张子全书》卷三《正蒙·有德》。张载（1020—1077），宋凤翔郿县横渠镇人，字子厚，学者称横渠先生，关学的代表人物，特别重视气，为北宋重要的理学家。著作有《正蒙》《西铭》《易说》等。

马子莘问："'修道之教'，旧说谓圣人品节吾性之固有，以为法于天下，若礼、乐、刑、政之属[①]，此意如何？"

先生曰："道即性即命。本是完完全全，增减不得，不假修饰的。何须要圣人品节？却是不完全的物件。礼、乐、刑、政是治天下之法，固亦可谓之教，但不是子思本旨。若如先儒之说，下面由教入道的，缘何舍了圣人礼、乐、刑、政之教，别说出一段戒慎恐惧工夫？却是圣人之教为虚设矣。"

子莘请问。

先生曰："子思性、道、教皆从本原上说。天命于人，则命便谓之性；率性而行，则性便谓之道；修道而学，则道便谓之教。率性是'诚者'事，所谓'自诚明，谓之性'[②]也。修道是'诚之者'事，所谓'自明诚，谓之教'也。圣人率性而行即是道。圣人以下未能率性，于道未免有过不及，故须修道。修道则贤知者不得而过，愚不肖者不得而不及，都要循着这个道，则道便是个教。此'教'字与'天道至教''风雨霜露，无非教也'[③]之'教'同。'修道'字与'修道以仁'同。人能修道，然后能不违于道，以复其性之本体，则亦是圣人率性之道矣。下面'戒慎恐惧'便是修道的工夫，'中和'便是复其性之本体。如《易》所谓'穷理尽性以至于命'，'中和''位育'，便是尽性至命。"

## 【译文】

马子莘问："'修道之教'，朱子认为是说，圣人根据我性中固有的道加以品节，作为天下效法的标准，如礼、乐、刑、政之类，这种解释对吗？"

先生说："道就是性，就是命。道本来是完完全全，增减不得，也不用修饰，何须圣人去品节？那不就成了不完美的东西了吗？礼、乐、刑、政是治理天下的办法，当然也可叫作教，但这不是子思的本义。如果按照先儒的解释，中下资质的人通过教可以进达道，为何舍弃圣人的礼乐和刑政的教化，而再说出一种戒慎恐惧的功夫呢？难道圣人之教仅是一种摆设？"

子莘再请教。

先生说："子思的性、道、教都是从本原上说。天命在人，那么命便叫作性；率性而行，那么性便叫作道；修道而学，那么道便叫作教。率性是'诚者'的事，也就是《中庸》所说的'自诚明，谓之性'。修道是'诚之者'的事，也就是《中庸》所说的'自明诚，谓之教'。圣人率性而行就是道。圣人以下，不能率性而合于道，难免会有过与不及，所以需要修道。修道后，贤明智者不会过分，愚昧不肖者不会有不及。遵循这个道，道便成了教。这个'教'与'天道至教''风雨霜露，无非教也'的'教'相同。'修道'与《中庸》后面所讲的'修道以仁'相同。人能够修道，然后才能不违背道，以恢复性的本体。这也就是圣人率性的道了。《中庸》后面的'戒慎恐惧'便是修道的功夫。'中和'便是恢复性的本体，有如《易·说卦》所说的'穷理尽性，以至于命'，能够达致中和，天地正位，万物化育，便是由尽性而至命。"

## 【注释】

①语见《中庸》："天命之谓性，率性之谓道，修道之谓教。"朱熹在《中庸章句》中注："命，犹令也。性即理也。天以阴阳五行化生万物，气以成形，而理亦赋焉，犹命令也。于是，人物之生，因各得其所赋之理，以为健顺五常之德，所谓性也。率，循也。道，犹路也。人物各循其性之自然，则其日用事物之间，莫不各有当行之路，是则所谓道也。修，品节之也。性道虽同，而气禀或异，故不能无过不及之差，圣人因人物之所当行者而品节之，以为法于天下，则谓之教，若礼、乐、刑、政之属是也。"

②《中庸》："自诚明，谓之性。自明诚，谓之教。诚则明矣，明则诚矣。"朱熹注曰："自，由也。德无不实而明无不照者，圣人之德。所性而有者也，天道也。先明乎善，而后能实其善者，贤人之学。由教而入者，人道也。诚则无不明矣，明则可以至于诚矣。"

③见《礼记·孔子闲居》："天有四时，春夏秋冬，风雨霜露，无非教也。"即指大自然表现出来的规律要人们去遵循，不可违抗。

黄诚甫问："先儒以孔子告颜渊为邦之问[①]，是立万世常行之道[②]，如何？"

先生曰："颜子具体圣人，其于为邦的大本大原都已完备。夫子平日知之已深，到此都不必言，只就制度文为上说。此等处亦不可忽略，须要是如此方尽善。又不可因自己本领是当了，便于防范上疏阔，须是'放郑声，远佞人'。盖颜子是个克己向里、德上用心的人，孔子恐其外面末节或有疏略，故就他不足处帮补说。若在他人，须告以'为政在人，取人以身，修身以道，修道以仁''达道''九经'及'诚身'许多工夫[③]，方始做得。这个方是万世常行之道。不然只去行了夏时，乘了殷辂，服了周冕，作了韶舞，天下便治得？后人但见颜子是孔门第一人，又问个为邦，便把做天大事看了。"

## 【译文】

黄诚甫问："孔子回答颜渊有关治国的话，程朱认为它确立了万世常行之道，对吗？"

先生说："颜渊具有圣人的全体，所以，对于治国的根本问题，他已完全掌握了。平时孔子对他已很了解，在这里孔子没有必要再说，因而只从礼乐典章制度上说。这些也不可忽略。只有如孔子所说的那样才完善。也不能因自己的品行已中正，便在防微杜渐上放松了，应该'放郑声，远佞人'。因为颜回是个性格内向、注重内心修养的人，孔子怕他忽略了外在的细节，才针对他的不足加以提醒。如果面对别人，也许会告诉他'为政在人，取人以身，修身以道，修道以仁''达道''九经'及'诚身'等许多功夫，这样才能去治国，这个才是万世常行之道。否则，只去用夏时历，乘商代车，穿周代礼服，用舜的韶乐，天下就能大治吗？后人只知道颜子是孔子的第一高徒，而他又问了一个如何治国的问题，便把这看作了天大的事。"

## 【注释】

①见《论语·卫灵公》："颜渊问为邦。子曰：'行夏之时，乘殷之辂，服周之冕，乐则韶舞。放郑声，远佞人。郑声淫，佞人殆。'"

②见《论语集注》。朱熹注云："程子曰：'问政多矣，惟颜渊告之以此。盖三代之制，皆因时损益，及其久也，不能无弊。周衰，圣人不作，故孔子斟酌先王之礼，立万世常行之道，发此以为之兆尔。'"朱熹所引不见于《二程集》中，注者多疑为朱熹综述程意。

③见《中庸》第二十章："故为政在人，取人以身，修身以道，修道以仁……天下之达道五，所以行之者三。曰君臣也，父子也，夫妇也，昆弟也，朋友之交也。五者，天下之达道也……凡为天下国家有九经，曰：修身也，尊贤也，亲亲也，敬大臣也，体群臣也，子庶民也，来百工也，柔远人也，怀诸侯也……诚身有道，不明乎善，不诚乎身矣。"

蔡希渊问："文公《大学》新本，先格致而后诚意工夫[①]，似与首章次第相合。若如先生从旧本之说，即诚意反在格致之前，于此尚未释然。"

先生曰："《大学》工夫即是'明明德'，'明明德'只是个'诚意'，'诚意'的工夫只是'格物''致知'。若以'诚意'为主，去用'格物''致知'的工夫，即工夫始有下落。即为善去恶无非是'诚意'的事。如新本先去穷格事物之理，即茫茫荡荡，都无着落处，须用添个'敬'字，方才牵扯得向身心上来，然终是没根源。若须用添个‘敬’字，缘何孔门倒将一个最要紧的字落了，直等千余年后要人来补出？正谓以‘诚意’为主，即不须添‘敬’字。所以提出个‘诚意’来说，正是学问的大头脑处。于此不察，真所谓毫厘之差，千里之谬。大抵《中庸》工夫只是‘诚身’，‘诚身’之极，便是‘至诚’。《大学》工夫只是‘诚意’，‘诚意’之极，便是‘至善’。工夫总是一般。今说这里补个‘敬’字，那里补个‘诚’字，未免画蛇添足。”

## 【译文】

蔡希渊问：“文公（朱熹）的《大学章句》把格物致知放在诚意之前，似与第一章的次序相同。如果按照您的观点，仍然依据旧本，那么，诚意就在格物致知的前面了。对此，我还有疑问。”

先生说：“大学的功夫就是‘明明德’，‘明明德’只是一个‘诚意’，‘诚意’的功夫只是‘格物’‘致知’。如果以诚意为主，再去格物致知，功夫才有着落。如此，为善去恶无不是‘诚意’。如果像朱子所说的那样先去穷究事物的理，就会茫然飘浮，没有着落处。只有增添一个敬字，才能拉回到自己的身心上来，但终归没有根源。如果必须有一个敬字，为什么孔子及其弟子把如此关键的字给遗漏了，一直等到一千多年后才让人补出来呢？如果以诚意为主，就无须再添一个敬字。所以，特地说出一个诚意，这正是学问的主宰处。对此不明白，真是差之毫厘，谬以千里。总的说来，《中庸》的功夫只是‘诚身’，‘诚身’的极致便是‘至诚’。《大学》的功夫只是‘诚意’，‘诚意’的极致便是‘至善’，功夫只是一件。如今在这里添一个‘敬’字，在那里补一个‘诚’字，未免是画蛇添足。”

## 【注释】

①朱熹的《大学章句》称为大学新本。他改动了《礼记·大学》的次序。他把原本的第二章（知本）、第三章（诚意）改为第五章、第六章，并在第五章补上知本、知至章的传。如此，诚意便在格物致知之后。

# 中卷

# 钱德洪序

德洪[1]曰：昔南元善[2]刻《传习录》于越，凡二册。下册摘录先师手书，凡八篇。其答徐成之二书，吾师自谓“天下是朱非陆，论定既久，一旦反之为难”。二书姑为调停两可之说，使人自思得之[3]。故元善录为下册之首者，意亦以是欤！今朱、陆之辨明于天下久矣。洪刻先师《文录》，置二书于外集者，示未全也，故今不复录[4]。其余指知行之本体，莫详于答人论学与答周道通、陆清伯、欧阳崇一四书。而谓格物为学者用力日可见之地，莫详于答罗整庵一书。平生冒天下之非诋推陷，万死一生，遑遑然不忘讲学。惟恐吾人不闻斯道，流于功利机智以日堕于夷狄禽兽而不觉。其一体同物之心，譊譊终身，至于毙而后已。此孔孟以来贤圣苦心，虽门人子弟未足以慰其情也。是情也，莫见于答聂文蔚之第一书。此皆仍元善所录之旧。而揭“必有事焉”即“致良知”工夫[5]，明白简切，使人言下即得入手，此又莫详于答文蔚之第二书，故增录之。元善当时汹汹，乃能以身明斯道，卒至遭奸被斥[6]，油油然惟以此生得闻斯学为庆，而绝无有纤芥愤郁不平之气。斯录之刻，人见其有功于同志甚大，而不知其处时之甚艰也。今所去取，裁之时义则然，非忍有所加损于其间也。

**【译文】**

从前南元善在浙江绍兴刊刻了《传习录》，共上、下两册。下册收录了老师的八封信。其中有《答徐成之》的两封信，信中说：“以朱子为是，以陆九渊为非的观点，在天下已流行很久，时间一久，也很难改变。”这两封信就是为了调停朱陆的争端，使人们通过自己的思考而明白这一点。所以，南元善把这两封信放在下册的开头，用意也是好的。而如今，世人关于朱陆之争的看法明朗已久，我刊刻老师的《文录》时，把这两封信放在《外集》中，因为有些观点还不尽完善，所以，现在不再收录。有关知行本体方面的论述，在《答人论学书》《答周道通书》《答陆清伯书》《答欧阳崇一》四封信中最为详备。在《答罗整庵书》中，清楚地指出了格物是学者在平时应做的功夫。从《答聂文蔚》的第一封信中，可见先生一生的情怀。他面对天下人的非议与诋毁，在万死一生的艰难困苦中始终不忘讲学。唯恐我们不知道圣学而被功利和技巧所吸引，以至于不知不觉地与禽兽夷狄差不多。先生终身都在追求与天地万物为一体的境界，死而后已。这种孔孟以来的圣贤所具有的苦心，并不因学生和亲人的劝慰而有所减轻。以上几封信，南元善已收录。我又收录了《答聂文蔚》的第二封信，因为在信中他认为“必有事焉”即“致良知”功夫，讲得明白简洁，使人很容易找到功夫的入手处。南元善在当时处境很艰难，仍以讲授阳明的学说为己任，最终受到奸臣的排挤。但他仍然认为，他一生最大的幸运是接受了阳明学说。因而，他丝毫没有忧郁和悔恨。人们都知道南元善刊刻的《传习录》，对同习此学的人帮助很大，但不知他当时所处的艰难环境。我对他刻录的内容进行取舍是根据如今的需要，并非对南元善所刻的《传习录》有什么不满。

## 【注释】

①钱德洪（1496—1574），字洪甫，号绪山。浙江余姚人，是王守仁的大弟子之一，有“教授师”之称，在入京殿试途中，听说王守仁病逝，即不试而奔丧，三年后获进士，官至刑部郎中，后在野三十年，以讲学为生，见《明儒学案》卷十一。

②南元善（1487—1541），名大吉，字元善，号瑞泉，陕西渭南人。进士，官至郎中知府。王守仁的学生，看重致知慎独。见《明儒学案》卷二十九。

③见《阳明全书》卷二十一《答徐成之》。

④南刻《传习录》有小跋说，他曾就《答徐成之》请教，王守仁说：“此书于格致诚正及尊德性而道问学处，说得尚支离。盖当时亦就二君所见者，将就调停说过。细详文义，盖犹未免分为两项事也，观者宜知之。”

⑤见《孟子·公孙丑上》：“必有事焉而勿正。”朱熹注：“必有事焉，有所事也，如有事于颛臾之有事。正，预期也。”

⑥南元善官至郎中知府，后来当权者不喜阳明学说，在入朝拜见皇帝时被罢官，后归乡讲学。

# 答顾东桥书①

来书云："近时学者，务外遗内，博而寡要。故先生特倡'诚意'一义，针砭膏肓，诚大惠也！"

吾子洞见时弊如此矣，亦将何以救之乎？然则鄙人之心，吾子固已一句道尽，复何言哉？复何言哉？若诚意之说，自是圣门教人用功第一义，但近世学者乃作第二义看，故稍与提掇紧要出来，非鄙人所能特倡也。

## 【译文】

来信说："现在的学者，多看重外在的知识学问，而忽略了内在的道德修养，虽广博而不得要领。所以，您特地提倡'诚意'这一点，以针砭病入膏肓的学子。这的确很有意义！"

您对时弊有如此洞见，又将如何去救治呢？当然，我的想法您已一言道破，我还有什么好说的呢？至于诚意，本是圣学教人用功的头等大事，而近世学者却看成是次要的。所以我才把诚意突出出来，不是我独自一人就能倡明的。

## 【注释】

①钱德洪的序是《答人论学书》，而《阳明全书》则用《答顾东桥书》。日本有人解释说，当时顾东桥还健在，此书传播恐怕有损他的面子，故匿其姓号。顾东桥（1476—1545），名璘，字华玉，号东桥，上元（江苏江宁）人。进士，官至南京刑部尚书，善写诗，有人说他是王阳明少年嗜好辞章时的朋友。见《明史》卷二八六。

来书云："但恐立说太高，用功太捷，后生师传，影响谬误，未免坠于佛氏明心见性、定慧顿悟之机，无怪闻者见疑。"

区区格、致、诚、正之说，是就学者本心、日用事为间，体究践履，实地用功，是多少次第、多少积累在！正与空虚顿悟之说相反。闻者本无求为圣人之志，又未尝讲究其详，遂以见疑，亦无足怪。若吾子之高明，自当一语之下便了然矣，乃亦谓立说太高，用功太捷，何邪？

## 【译文】

来信说："只怕立论太高，用功太快，后学门生递相师传而产生谬误，不免堕入佛教的明心见性、定慧顿悟的陷阱，难怪有人对您的观点产生怀疑。"

我的格物、致知、诚意、正心的主张，是就学者的本心与日常处事中，去体会考究，躬身力行，实地用功。这需要经历多少阶段，多少积累啊！这正好与空虚、顿悟的主张相反。听到此说的人，有的本来就没有成圣人的志向，又没有考察其中的详细内容，所以才产生怀疑，这并不奇怪。像您这样高明的人，应该一说就能明了。而您也认为立论太高，用功太快，这是为什么呢？

来书云："所喻知行并进，不宜分别前后，即《中庸》'尊德性而道问学'之功，交养互发，内外本末，一以贯之之道。然工夫次第，不能无先后之差。如知食乃食，知汤乃饮，知衣乃服，知路乃行，未有不见是物，先有是事。此亦毫厘倏忽之间，非谓有等今日知之，而明日乃行也。"

既云"交养互发，内外本末，一以贯之"，则知行并进之说无复可疑矣。又云"工夫次第，不能无先后之差"。无乃自相矛盾已乎？知食乃食等说，此尤明白易见。但吾子为近闻障蔽，自不察耳。夫人必有欲食之心，然后知食，欲食之心即是意，即是行之始矣。食味之美恶，必待入口而后知，岂有不待入口而已先知食味之美恶者邪？必有欲行之心，然后知路，欲行之心即是意，即是行之始矣。路歧之险夷，必待身亲履历而后知，岂有不待身亲履历而已先知路歧之险夷者邪？知汤乃饮，知衣乃服，以此例之，皆无可疑。若如吾子之喻，是乃所谓不见是物而先有是事者矣。吾子又谓"此亦毫厘倏忽之间，非谓截然有等今日知之，而明日乃行也"，是亦察之尚有未精。然就如吾子之说，则知行之为合一并进，亦自断无可疑矣。

## 【译文】

来信说："所说知行并进，不宜分别先后，这也就是《中庸》所讲的'尊德性’与‘道问学’互相促进，内外本末一以贯之之道。但是功夫的次序，不能没有先后的差别。比如，知食才吃，知汤才饮，知衣才穿，知路才行。没有未看到这个物就先有这个事的情况。这也有毫厘倏忽之间的差别，并不是说，等今天知了，明天再去行。”

既然说“互相促进，内外本末一以贯之”，那么知行并进的观点也就毫无疑问了。又说“功夫次序不能没有先后的差别”。这不是自相矛盾吗？知食才吃等例子，更是明白易懂。但您被时下的观点蒙蔽了，才有困惑。人必有想吃的心，然后才能知食。想吃的心就是意，也就是行的开始。食味的好坏，只有吃了后才知道。哪有不等入口就已先知道食味的好坏呢？必有欲行的心，然后才知路，欲行的心就是意，也就是行的开始。路途的险夷与否，只有亲身经历后才能知，哪有不等亲身经历就预先知道路途险夷的呢？知汤才饮，知衣才穿，以此类推，皆无可疑。若像您所说的那样，则正是所说的“未看到这个物就先有这个事”了。您又说“这也有毫厘倏忽的差别，并不是说，等今天知了，明天再去行那样截然分明”，这也是省察尚欠精当。即使像您所说的那样，知行合一并进的观点，也自然断无可疑了。

来书云：“真知即所以为行，不行不足谓之知。此为学者吃紧立教，俾务躬行则可。若真谓行即是知，恐其专求本心，遂遗物理，必有暗而不达之处，抑岂圣门知行并进之成法哉？”

知之真切笃实处即是行，行之明觉精察处即是知。知行工夫，本不可离。只为后世学者分作两截用功，失却知行本体，故有合一并进之说。真知即所以为行，不行不足谓之知。即如来书所云知食乃食等说可见，前已略言之矣。此虽吃紧救弊而发，然知行之体本来如是，非以己意抑扬其间，姑为是说，以苟一时之效者也。专求本心，遂遗物理，此盖失其本心者也。夫物理不外于吾心，外吾心而求物理，无物理矣。遗物理而求吾心，吾心又何物邪？心之体，性也，性即理也。故有孝亲之心，即有孝之理；无孝亲之心，即无孝之理矣。有忠君之心，即有忠君之理；无忠君之心，即无忠君之理矣。理岂外于吾心邪？晦庵谓：“人之所以为学者，心与理而已。心虽主乎一身，而实管乎天下之理。理虽散在万事，而实不外乎一人之心。”[①]是其一分一合之间，而未免已启学者心理为二之弊。此后世所以有专求本心，遂遗物理之患。正由不知心即理耳。夫外心以求物理，是以有暗而不达之处。此告子义外之说，孟子所以谓之不知义也。[②]心一而已，以其全体恻怛而言谓之仁，以其得宜而言谓之义，以其条理而言谓之理。不可外心以求仁，不可外心以求义，独可外心以求理乎？外心以求理，此知行之所以二也。求理于吾心，此圣门知行合一之教，吾子又何疑乎？

**【译文】**

来信说：“真知即能够去行，不行的知不足以叫作知。这是给学者指出的切实方法。如果使学者务必躬行也可以这样说。如果真的认为行就是知，只怕学者专求本心，而遗忘了事物之理。如此肯定会有偏失而不达事理之处，怎会是圣门知行并进的一贯方法呢？”

知的真切笃实处就是行，行的明觉精察处就是知。知行的功夫，本来不可分离。只因为后世的学者把知行分成两截用功夫，才失去了知行的本来面貌，所以才有知行合一并进的主张。真知就是能够去行，不行的知不足以叫作知。诚如来信所讲，从知食才吃等例子中也可说明，这点前面已简略地谈到了。这虽然实在是为了救治时弊而提出的，然而知行的本体，本来就是如此，并非用己意来抑扬其间，杜撰出一套以求一时的效果。专求本心，而遗忘物理，这本身就是失去了本心。因为物理不在我心之外，在我心之外求物理，也就没有物理了。抛弃物理而求我心，我心又是什么呢？心的体，就是性，性就是理。所以有孝亲的心，就有孝的理；没有孝亲的心，也就没有孝的理。有忠君的心，就有忠的理；没有忠君的心，也就没有忠的理了。理难道在人心之外吗？晦庵（朱熹）说：“人之所以为学者，心与理而已。心虽主乎一身，而实管乎天下之理。理虽散在万事，而实不外乎一人之心。”朱子把理与心先分开而后又合起来，难免使学者把心与理看成两物。所以后世才有专求本心遗忘物理的弊病。正因为他们不知道心就是理。在心外去求物理，才有偏暗不达事理之处。告子认为义是外，而孟子认为告子并不知道义，其原因也就在这里。心，只有一个。从心的全体的恻怛来说叫作仁，从心的合理处来说叫作义，从心的有条理来说叫作理。不可在心之外求仁，也不可在心之外求义，难道可以在心之外求理吗？在心外求理，这样才把知行一分为二。在我心中求理，这才是圣学的知行合一的主张。对此您又有什么可怀疑的呢？

## 【注释】

①见朱熹《大学或问》。

②告子“以义为外”的观点见《孟子·告子上》：“告子曰：‘仁，内也，非外也。义，外也，非内也。’”孟子的评价见《公孙丑上》：“我故曰：告子未尝知义，以其外之也。”

来书云：“所释《大学》古本，谓致其本体之知[①]，此固孟子尽心之旨。朱子亦以虚灵知觉为此心之量[②]。然尽心由于知性，致知在于格物。”

尽心由于知性，致知在于格物，此语然矣。然而推本吾子之意，则其所以为是语者，尚有未明也。朱子以“尽心、知性、知天”为格物、知致，以“存心、养性、事天”为诚意、正心、修身，以“夭寿不贰，修身以俟”为知至、仁尽，圣人之事。若鄙人之见，则与朱子正相反矣[③]。夫“尽心、知性、知天”者，生知安行，圣人之事也；“存心、养性、事天”者，学知利行，贤人之事也；“夭寿不贰，修身以俟”者，困知勉行，学者之事也。岂可专以“尽心知性”为知，“存心养性”为行乎？吾子骤闻此言，必又以为大骇矣。然其间实无可疑者，一为吾子言之。夫心之体，性也；性之原，天也。能尽其心，是能尽其性矣。《中庸》云：“惟天下至诚为能尽其性。”又云：“知天地之化育，质诸鬼神而无疑，知天也。”此惟圣人而后能然。故曰：此生知安行，圣人之事也。存其心者，未能尽其心者也，故须加存之之功；必存之既久，不待于存而自无不存，然后可以进而言尽。盖“知天”之“知”，如“知州”“知县”之“知”，知州则一州之事皆己事也，知县则一县之事皆己事也，是与天为一者也。“事天”则如子之事父，臣之事君，犹与天为二也。天之所以命于我者，心也，性也，吾但存之而不敢失，养之而不敢害，如“父母全而生之，子全而归之”[④]者也。故曰：此学知利行，贤人之事也。至于“夭寿不贰”，则与存其心者又有间矣。存其心者虽未能尽其心，固已一心于为善，时有不存，则存之而已。今使之“夭寿不贰”，是犹以夭寿贰其心者也。犹以夭寿贰其心，是其为善之心犹未能一也，存之尚有所未可，而何尽之可云乎？

今且使之不以夭寿贰其为善之心，若曰死去夭寿皆有定命，吾但一心于为善，修吾之身以俟天命而已，是其平日尚未知有天命也。事天虽与天为二，然已真知天命之所在，但惟恭敬奉承之而已耳。若俟之云者，则尚未能真知天命之所在，犹有所俟者也，故曰“所以立命”⑤。立者“创立”之“立”，如“立德”“立言”“立功”“立名”之类。凡言立者，皆是昔未尝有而今始建立之谓，孔子所谓“不知命，无以为君子”⑥者也。故曰：此困知勉行，学者之事也。今以“尽心、知性、知天”为格物致知，使初学之士尚未能不贰其心者，而遽责之以圣人之生知安行之事，如捕风捉影，茫然莫知所措其心，几何而不至于“率天下而路”⑦也？今世致知格物之弊，亦居然可见矣。吾子所谓务外遗内，博而寡要者，无乃亦是过欤？此学问最紧要处，于此而差，将无往而不差矣。此鄙人之所以冒天下之非笑，忘其身之陷于罪戮，呶呶其言有不容已者也。

## 【译文】

来信说：“您在注释《大学》旧本时说，致知是获得本体的知。这固然与孟子‘尽心’的宗旨相符。朱子也用虚灵知觉来指人心的全体，而他认为尽心是因为知性，致知则有赖于格物。”

尽心是因为知性，致知有赖于格物，这话并不错。然而，推求您讲这话的用意，您之所以这么说，是因为对我所说的致知有疑问。朱子认为“尽心、知性、知天”是格物致知，“存心、养性、事天”是诚意、正心、修身，“夭寿不贰，修身以俟”是知的极致、仁的尽头，是圣人的事。我的看法正好与朱子相反。“尽心、知性、知天”，即生知安行，是圣人的事；“存心、养性、事天”，即学知利行，是贤人的事；“夭寿不贰，修身以俟”，即困知勉行，是学者的事。哪能只把“尽心知性”看作知，把“存心养性”看作行呢？您乍一听到这话，必定又会大为惊奇，然而这里实在没有什么可怀疑的。让我一一给您解释。心的体，就是性；性的本原，就是天。能尽自己的心，这就能尽自己的性。《中庸》说：“惟天下之至诚，为能尽其性。”又说：“知天地之化育，质诸鬼神而无疑，知天也。”这些只有圣人才能做到。所以说，这是生知安行，是圣人的事。要存养心，是因为不能尽心，所以才需要有存养的功夫。必须存养了很久，而无须再存养，就自然能无时不存，然后才可以进一步去说尽心。“知天”的“知”，犹如知县、知州的“知”。

知州，那么一州的事都是自己的事；知县，那么一县的事都是自己的事。所以，知天是与天为一。事天，就像子事父，臣事君一样，还是把人与天分而为二。天所赋予我的，是心，是性。我只能保存而不敢丧失，养护而不敢损害，就像“父母全而生之，子全而归之”一样。所以说，存心、养性、事天是学知利行，是贤人的事。至于“夭寿不贰”，与存养心的人又有差别。存养心的人，虽然不能穷尽自己的心，但已经在一心为善了。不过有时失去了本心，加以存养就行了。现在要求人不论寿夭都始终如一，这仍然是用寿夭把心分为二。用夭寿把心分成二，是因为他行善的心还不专一。这时，连存养也说不上，又何从说尽心呢？现在让人不要因为寿与夭而改变行善的心，这如同说，生死寿夭都是命，我只能一心为善，修养我自己，以等待天命而已。这是因为平时还不知道有天命。事天，虽然仍然与天分离为二，但已经真正知道了天命之所在，人只要恭敬地顺承天就行了。至于说等待天命，那就是还不能真正知道天命之所在，所以还在等待。所以说：“所以立命”。立是“创立”的“立”，犹如立德、立言、立功、立名的“立”。凡说“立”，都是原来没有，而如今才建立的意思，也就是孔子所说的“不知命，无以为君子”。所以说，这是困知勉行，是学者的事。现在把“尽心、知性、知天”看作格物致知，使初学者还不能不分散自己的心，就立刻督促他去做圣人才能做到的生知安行的事。这就好比捕风捉影，使人茫然不知所措。这样又怎能避免“率天下而路”的后果呢？如今，致知格物的弊病，已显而易见。您所说的那种重视外在学问而忽视内在修养，知识广博而不得要领的情况，难道不也是一种过失吗？这是学问的最紧要处，在这里有了差错，就会无处不出差错。这正是我甘冒天下的非笑，不顾自己是否遭罪被杀，仍喋喋不休，而不能停止的原因。

## 【注释】

①见《阳明全书》卷七《大学古本序》。

②《孟子·尽心上》：“尽其心者，知其性也。”朱熹注曰：“心者，人之神明，所以具众理而应万事者也。性则心之所具之理，而天又理之所从以出者也。人有是心，莫非全体，然不穷理，则有所蔽而无以尽乎此心之量。”《朱子文集》卷七十六《中庸章句序》：“心之虚灵明觉，一而已。”

③朱熹的观点见《孟子·尽心上》的注：“以大学之序言之，知性则格物之谓。

尽心则知至之谓也。……存，谓操而不舍。养，谓顺而不害。事，则奉承而不违也。……尽心知性而知天，所以造其理也。存心养性以事天，所以履其事也。……知天而不以夭寿贰其心，智之尽也。事天而能修身以俟死，仁之至也。”

④见《礼记·祭义》。

⑤见《孟子·尽心上》：“夭寿不贰，修身以俟之，所以立命也。”

⑥见《论语·尧曰》。

⑦见《孟子·滕文公上》：“有大人之事，有小人之事，且一人之身，而百工之所为备。如必自为而后用之，是率天下而路也。”朱熹注：“路，谓奔走道路，无时休息也。”

来书云：“闻语学者，乃谓即物穷理之说亦是玩物丧志[①]，又取其厌繁就约涵养本原数说标示学者，指为晚年定论[②]，此亦恐非。”

朱子所谓格物云者，在即物而穷其理也。即物穷理是就事事物物上求其所谓定理者也，是以吾心而求理于事事物物之中，析心与之理为二矣。夫求理于事事物物者，如求孝之理于其亲之谓也。求孝之理于其亲，则孝之理其果在于吾之心邪？抑果在于亲之身邪？假而果在于亲之身，则亲没之后，吾心遂无孝之理欤？见孺子之入井，必有恻隐之理[③]。是恻隐之理果在于孺子之身欤？抑在于吾心之良知欤？其或不可以从之于井欤？其或可以手而援之欤[④]？是皆所谓理也。是果在于孺子身欤？抑果出于吾心之良知欤？以是例之，万事万物之理莫不皆然，是可以知析心与理为二之非矣。夫析心与理而为二，此告子义外之说，孟子之所深辟也。务外遗内，博而寡要，吾子既已知之矣，是果何谓而然哉？谓之玩物丧志，尚犹以为不可欤？若鄙人所谓致知格物者，致吾心之良知于事事物物也。吾心之良知，即所谓天理也。致吾心良知之天理于事事物物，则事事物物皆得其理矣。致吾心之良知者，致知也。事事物物皆得其理者，格物也。是合心与理而为一者也。合心与理而为一，则凡区区前之所云，与朱子晚年之论，皆可以不言而喻矣。

## 【译文】

来信说：“听说您对学者说，即物穷理也是玩物丧志，又收录了朱子的厌繁从约、涵养本原等几封信来开示学者，说成是朱子的晚年定论，恐怕并非如此。”

朱子所说的格物，就是在事物中穷究事物的理。即物穷理，是从事事物物上探求事物固有的理。这是用我的心到事事物物中去求理，把心和理分成了二。在事事物物中求理，如同在父母那里求孝的理。在父母那里求孝的理，那么孝的理到底是在我的心中呢？还是在父母的身上呢？如果真正在父母身上，那么父母死了后，我心就没有孝的理了吗？看到小孩掉到井里，必然会有恻隐的理。这个恻隐的理，到底是在小孩身上呢？还是在我内心的良知上呢？也许不能跟着小孩掉进井去，也许可以用手来援救，这都是所谓的理。这理到底是在小孩身上呢？还是出于我心的良知呢？从这个例子可以看到，万事万物的理，莫不如此。从此可见把心与理分为二是错误的。把心与理分为二，是告子的以义为外的观点，这正是孟子所极力反对的。重视外在学问，忽视内在修养，学问广博而不得要领，您既然已经知道这些，到底应该怎样评价它才对呢？我称它是玩物丧志，难道还有什么不对吗？我所说的格物致知，就是把我心的良知推及事事物物上。我心的良知，也就是所谓的天理，把我心良知的天理推及事事物物，那么事事物物都能够得到理了。致我心的良知，就是致知；事事物物都能得到理，就是格物。这是把心与理合而为一。心与理合而为一，那么我前面所说的，还有《朱子晚年定论》，都可以不言而喻了。

## 【注释】

①朱子《大学章句》有“即物而穷其理”。

②王守仁作《朱子晚年定论》，认为朱子晚年改变了观点，与陆九渊的观点接近了，遂遭后世非议。厌繁就约，指《与刘子澄》（《朱子文集》卷三十五）。涵养本原指《答吕子约书》（《朱子文集》卷四十七）。

③见《孟子·公孙丑上》。

④语出《论语·雍也》：“宰我问曰：‘仁者，虽告之曰，井有仁焉，其从之也？’”朱子注：“盖身在井上，乃可以救井中之人，若从之于井，则不复能救矣。此理甚明，人所易晓，仁者虽切于救人而不私其身，然不应如此之愚也。”

来书云：“人之心体，本无不明，而气拘物蔽，鲜有不昏。非学、问、思、辨以明天下之理，则善恶之机，真妄之辨，不能自觉，任情恣意，其害有不可胜言者矣。”

此段大略似是而非，盖承沿旧说之弊，不可以不辨也。夫学问、思、辨、行皆所以为学[①]，未有学而不行者也。如言学孝，则必服劳奉养，躬身孝道，然后谓之学。岂徒悬空口耳讲说，而遂可以谓之学孝乎？学射则必张弓挟矢，引满中的。学书则必伸纸执笔，操觚染翰。尽天下之学，无有不行而可以言学者。则学之始，固已即是行矣。笃者，敦实笃厚之意。已行矣，而敦笃其行，不息其功之谓尔。盖学之不能以无疑，则有问，问即学也，即行也。又不能无疑，则有思，思即学也，即行也。又不能无疑，则有辨，辨即学也，即行也。辨既明矣，思既慎矣，问既审矣，学既能矣，又从而不息其功焉，斯之谓笃行。非谓学问思辨之后，而始措之于行也。是故以求能其事而言谓之学，以求解其惑而言谓之问，以求通其说而言谓之思，以求精其察而言谓之辨，以求履其实而言谓之行。盖析其功而言则有五，合其事而言则一而已。此区区心理合一之体，知行并进之功，所以异于后世之说者，正在于是。今吾子特举学、问、思、辨以穷天下之理，而不及笃行，是专以学、问、思、辨为知，而谓穷理为无行也已。天下岂有不行而学者邪？岂有不行而遂可谓之穷理者邪？明道云：“只穷理，便尽性至命。”[②]故必仁极仁而后谓之能穷仁之理，义极义而后谓之能穷义之理。仁极仁则尽仁之性矣，义极义则尽义之性矣。学至于穷理至矣，而尚未措之于行，天下宁有是邪？是故知不行之不可以为学，则知不行之不可以为穷理矣。知不行之不可以为穷理，则知知行之合一并进，而不可以分为两节事矣。夫万事万物之理，不外于吾心。而必曰穷天下之理，是殆以吾心之良知为未足，而必外求天下之广，以裨补增益之，是犹析心与理而为二也。夫学、问、思、辨、笃行之功，虽其困勉至于人一己百，而扩充之极，至于尽性知天，亦不过致吾心之良知而已。良知之外，岂复有加于毫末乎？今必曰穷天下之理，而不知反求诸其心，则凡所谓善恶之机，真妄之辨者，舍吾心之良知，亦将何所致其体察乎？吾子所谓气拘物蔽者，拘此蔽此而已。今欲去此之蔽，不知致力于此，而欲以外求，是犹目之不明者，不务服药调理以治其目，而徒依依然求明于其外。明岂可以自外而得哉？任情恣意之害，亦以不能精察天理于此心之良知而已。此诚毫厘千里之谬者，不容于不辨。吾子毋谓其论之太刻也。

**【译文】**

来信说："人心本体，本来无不明，但受气的约束和物的蒙蔽，很少有不昏暗的。如果不是通过学、问、思、辨来明晓天下的理，那么善恶的缘由，真假的区别，就不能知晓，于是就会任情恣意，所产生的危害将不可胜言。"

这段话似是而非，这是沿袭以前的错误说法，不能不辨个明白。学、问、思、辨、行，都是所说的学，没有谁是学而不行的。比如说学孝，就必须服侍奉养，亲自行孝道，然后才叫作学。哪能凭口说说就可以叫作学孝呢？学射，就必须操弓搭箭，拉满弓弦以击中目标。学写字，就必须备好纸张笔墨。天下所有的学，没有不去行就可以叫作学的。所以学的开始，本来就已是行了。笃，就是切切实实的意思。说的是虽然已经行了，但还要他行得切切实实，不间断他的功夫。学不能没有疑，所以有了问，问也就是学，就是行。问又不能没有疑，也就有了思。思也就是学，就是行。思也不能无疑，也就有了辨，辨也就是学，就是行。辨已明了，思已慎了，问已审了，学已能了，还坚持不断用功，这才叫作笃行。并非说在学、问、思、辨之后再着手去行。所以，从希望做成某事来说，叫作学；从希望解除困惑来说，叫作问；从希望通晓事物的道理来说，叫作思；从精细考察来说，叫作辨；从力图切切实实行来说，叫作行。分析它们的功用，有五个方面；综合它们所干的事，只是一件。我这一点心理合一为本体、知行并进是功夫的主张，不同于朱子的地方，正在这里。而您只举出学、问、思、辨，以穷究天下的理，而未说到笃行，这样只以学、问、思、辨为知，而穷理之中就没有行了。天下哪有不行而学的呢？哪有不行就可以叫作穷理的呢？程明道说："只穷理，便尽性至命。"所以，必须行仁达到极致，然后才能说穷尽了仁的理。行义到了极致，然后才能说穷尽了义的理。行仁达到至仁，就能尽仁的性。行义到了至义，就能尽义的性。学已经能穷理到了极点，但还没有实现在行动中，天下有这样的情况吗？由此可知，不行不能看作学，不行也不能看作穷理。不行不能看作穷理，可见知行是合一并进，而不能把知行看成两件事了。万事万物的理，不在我心外。而一定要说穷尽天下的理，这大概是认为我心良知有不足，所以一定要向外广求天下的众多事物，以弥补心的不足。这仍然是把心与理分为二。学、问、思、辨、笃行的功夫，虽然有的人因资质较差，要做出比别人多百倍的艰苦努力，但达到了尽性知天这一功夫的极致，也只不过是尽我心的良知而已。良知以外，还能再加上一丝一毫吗？现在一定要说穷天下的理，而不知道求之于内心，那么所说的善恶的缘由，真假的区别，离开了心的良知，又将到何处去体察呢？您所说的气的约束和物的蒙蔽，不是别的，正是受“穷天下之理”的约束和蒙蔽。如今想要除去这一弊病，不知在内心用力，而要向外求取。犹如眼睛有病看不清，不去服药调理来治眼病，却盲目地要到身外去找光明。光明怎么能在身外得到呢？任情恣意的害处，也是因为不能在人心良知中精细考察天理罢了。这样毫厘之差，千里之谬的情况，不得不辨别清楚。请您不要以为我讲得太苛刻了。

## 【注释】

①见《中庸》：“博学之，审问之，慎思之，明辨之，笃行之。”

②《河南程氏遗书》卷二上。

来书云：“教人以致知、明德，而戒其即物穷理，诚使昏暗之士，深居端坐，不闻教告，遂能至于知致而德明乎？纵令静而有觉，稍悟本性，则亦定慧无用之见。果能知古今，达事变而致用于天下国家之实否乎？其曰：‘知者意之体，物者意之用’，‘格物如格君心之非之格’。语虽超悟，独得不踵陈见，抑恐于道未相吻合。”

区区论致知格物，正所以穷理，未尝戒人穷理，使之深居端坐而一无所事也。若谓即物穷理，如前所云务外而遗内者，则有所不可耳。昏暗之士，果能随事随物精察此心之天理，以致其本然之良知，则虽愚必明，虽柔必强。大本立而达道行，九经之属，可一以贯之而无遗矣。尚何患其无致用之实乎？彼顽空虚静之徒，正惟不能随事随物精察此心之天理，以致其本然之良知，而遗弃伦理，寂灭虚无以为常，是以要之不可以治家国天下。孰谓圣人穷理尽性之学，而亦有是弊哉？心者，身之主也，而心之虚灵明觉，即所谓本然之良知也。其虚灵明觉之良知应感而动者，谓之意。有知而后有意，无知则无意矣。知非意之体乎？意之所用，必有其物，物即事也。如意用于事亲，即事亲为一物，意用于治民，即治民为一物，意用于读书，即读书为一物，意用于听讼，即听讼为一物。凡意之所用，无有无物者。有是意即有是物，无是意即无是物矣。物非意之用乎？“格”字之义，有以“至”字训者，如“格于文祖”[①]“有苗来格”[②]，是以“至”训者也。然“格于文祖”，必纯孝诚敬，幽明之间，无一不得其理，而后谓之“格”。有苗之顽，实以文德诞敷而后格，则亦兼有“正”字之义在其间，未可专以“至”字尽之也。如“格其非心”[③]“大臣格君心之非”[④]之类，是则一皆“正其不正以归于正”之义，而不可以“至”字为训矣。且《大学》“格物”之训，又安知其不以“正”字为训，而必以“至”字为义乎？如以“至”字为义者，必曰“穷至事物之理”，而后其说始通，是其用功之要，全在一“穷”字，用力之地，全在一“理’字也。若上去一“穷”，下去一“理”字，而直曰“致知在至物”，其可通乎？夫“穷理尽性”，圣人之成训，见于《系辞》者也。苟格物之说而果即穷理之义，则圣人何不直曰“致知在穷理”，而必为此转折不完之语，以启后世之弊邪？盖《大学》“格物”之说，自与《系辞》“穷理”大旨虽同，而微有分辨。穷理者，兼格、致、诚、正而为功也。故言穷理，则格、致、诚、正之功皆在其中。言格物，则必兼举致知、诚意、正心，而后其功始备而密。今偏举格物而遂谓之穷理，止所以专以穷理属知，而谓格物未常有行。非惟不得格物之旨，并穷理之义而失之矣。此后世之学所以析知行为先后两截，日以支离决裂，而圣学益以残晦者，其端实始于此。吾子盖亦未免承沿积习，则见以为于道未相吻合，不为过矣。

## 【译文】

来信说：“您要学生去致知、明德，却告诫他们不要即物穷理，假若让糊涂的人深居端坐，不听别人的教诲和告诫，就能够有知识，就能有德行吗？即使他静中有觉，对本性稍有省悟，那也是佛教定慧之类的无用之见，难道他真能知晓古今，通达事变，在治理天下国家时派上用场吗？您说：‘知是意的体，物是意的用，格物的‘格’就像格去君心之非的格，话虽说得超悟，有独到不落俗套之处，只是恐怕与道并不吻合。”

我讲致知格物，正是为了穷理，并不曾不让人去穷理，而要他深居端坐，一无所事。如果把即物穷理理解成前面所讲的重外在知识，轻内在修养的意思，的确是我所反对的。糊涂的人，果真能够在事物中精细省察人心的天理，发现固有的良知，那么，愚昧必能变得聪明，柔弱也必能变得刚强。他就能立大本，行大道，九经之类也都可以一以贯之而无遗。怎么还会担心没有实际用处呢？那些只讲空虚寂静的人，正因为不能在事物中精察人心的天理，以发现本有的良知，因而遗弃了伦理，并以寂灭虚无为正常。所以它不能治理好家庭、国家和天下。谁说圣人的穷理尽性也有这一弊病呢？心，是身的主宰，而心的虚灵明觉，也就是它本身具有的良知。虚明灵觉的良知，因感应而有动，叫作意。有知然后才有意，没有知也就没有意。知难道不是意的体吗？意的作用，必有相应的物。物，也就是事。比如意用于事亲，事亲就是一物。意用于治民，治民就是一物。意用于读书，读书就是一物。意用于断案，断案就是一物。凡是意作用的地方，总会有物存在。有这个意，就有了这个物。没有这个意，也就没有了这个物。物不是意的作用吗？

“格”的意思，有用“至”来解释的。如“格于文祖”“有苗来格”的“格”，是要用“至”来解释。但是，到文祖庙前祭告，必须纯孝诚敬，对世人鬼神的理，无一不知晓，然后才叫作格。苗人的顽钝，只有推行礼乐教化，然后才能“格”。可见，格也包含有“正”的意思，不能认为“至”就说完了“格”的全部含义。如“格其非心”“大臣格君心之非”的“格”，都是纠正不正以达到正的意思，就不能用“至”来解释了。对《大学》的“格物”，又怎么知道不能用“正”去解释而一定要用“至”来解释呢？如用“至”的意思，必说“穷至事物之理”，而后这种解释才可通。可是，这样一来，功夫的关键，全在一个“穷”字上。用功的对象，全在一个“理”字上。如果前面去掉了“穷”字，后面去掉了“理”字，而直接说致知在至物，这说得通吗？“穷理尽性”是圣人早已有的教导，已写在《易·系辞》中。假如格物果然就是穷理的意思，那么圣人为什么不直接说“致知在穷理”，而一定要多一个转折，使语意不完整，导致后来的弊病呢？《大学》的“格物”与《系辞》的“穷理”，大意虽同，而又有细小的差别。穷理，包括了格物、致知、诚意、正心等成就自己的功夫。所以一说穷理，那么格物、致知、诚意、正心的功夫都有了。说格物，那就必须再说致知、诚意、正心，然后格物的功夫才会完备而严密。现在片面地举出格物，并说它就是穷理。这就只把穷理看成知，而认为格物没有包括行。不仅不能明白格物的本义，连穷理的意思也误解了。后世的学问，之所以把知行分成前后两截，使知行日益支离决裂，圣学越来越残缺暗淡，其根源就在这里。大概您也难免承袭了这一观点，于是认为我的主张与道不相吻合。这也就不奇怪了。

## 【注释】

①见《尚书·舜典》："归，格于艺祖。"注曰："归，告至艺祖之庙，艺，文也。"意为归来到文祖庙前祭告。

②见《尚书·大禹谟》："七旬，有苗格。"注曰："讨而不服，不讨自来。"意为苗人到来。

③见《尚书·冏命》："绳愆纠谬，格其非心。"孔颖达疏曰："绳其愆过，纠其错谬，格其非妄之心，心有妄作则格正之。"

④见《孟子·离娄上》："惟大人为能格君心之非。"

来书云："谓致知之功，将如何为温凊，如何为奉养，即是诚意，非别有所谓格物，此亦恐非。"

此乃吾子自以己意揣度鄙见而为是说，非鄙人之所以告吾子者矣。若果如吾子之言，宁复有可通乎？盖鄙人之见，则谓意欲温凊，意欲奉养者，所谓意也，而未可谓之诚意。必实行其温凊奉养之意，务求自慊而无自欺，然后谓之诚意。知如何而为温凊之节，知如何而为奉养之宜者，所谓知也，而未可谓之致知。必致其知如何为温凊之节者之知，而实以之温凊；致其知如何为奉养之宜者之知，而实以之奉养，然后谓之致知。温凊之事，奉养之事，所谓物也，而未可谓之格物。必其于温凊之事也，一如其良知之所知当如何为温凊之节者而为之，无一毫之不尽；于奉养之事也，一如其良知之所知当如何为奉养之宜者而为之，无一毫之不尽，然后谓之格物。温凊之物格，然后知温凊之良知始致；奉养之物格，然后知奉养之良知始致。故曰"物格而后知至"。致其知温凊之良知，而后温凊之意始诚；致其知奉养之良知，而后奉养之意始诚。故曰"知至而后意诚"。此区区诚意、致知、格物之说盖如此。吾子更熟思之，将亦无可疑者矣。

## 【译文】

来信说："您认为致知的功夫，就是如何使父母冬温夏凉，奉养适宜，也就是诚意，并非此外还有所谓的格物。这恐怕也不对。"

这是用您自己的意思来揣度我的想法，并非我对您这样讲过。如果真像您所讲，怎么能讲通呢？我的看法是，让父母冬温夏凉，奉养适宜的想法，就是意，但不能叫作诚意。必须实际做到了冬温夏凉、奉养适宜，并且在做的时候感到愉快，没有欺骗自己，然后才叫作诚意。知道怎样才能够冬温夏凉，知道怎样才能恰到好处地奉养父母，这只是所谓的知，而不能叫致知。必须能够把有关冬温夏凉的知识加以贯彻，切实做到了冬温夏凉；把有关奉养适宜的知识加以贯彻，切实做到了奉养适宜，然后才是致知。冬温夏凉、奉养适宜这些事，就是所说的物，但不能叫作格物。对于冬温夏凉的事，必须按照良知所知道的具体方法去实行，没有一毫不足；对于奉养的事，也必须按照良知所知道的方法去实行，没有任何不足，然后才可以叫作格物。冬温夏凉这个“物”“格”了，而后冬温夏凉的“良知”才算是“致”了；奉养这个“物”“格”了，然后可知奉养的“良知”才算是“致”了。所以《大学》说“物格而后知至”。致那个知道冬温夏凉的良知，而后冬温夏凉的意才能诚。致那个知道奉养的良知，而后奉养的意才能诚。所以《大学》说“知至而后意诚”。我对诚意、致知、格物的解释就是如此。您再仔细想一想，就不会再有什么疑问了。

来书云：“道之大端，易于明白，所谓良知良能，愚夫愚妇可与及者。至于节目时变之详，毫厘千里之谬，必待学而后知。今语孝于温凊定省，孰不知之。至于舜之不告而娶①，武之不葬而兴师②，养志、养口③，小杖、大杖④，割股⑤，庐墓⑥等事，处常处变，过与不及之间，必须讨论是非，以为制事之本。然后心体无蔽，临事无失。”

道之大端易于明白，此语诚然。顾后之学者忽其易于明白者而弗由，而求其难于明白者以为学，此其所以“道在迩而求诸远，事在易而求诸难”⑦也。孟子云：“夫道若大路然，岂难知哉？人病不由耳。”⑧良知良能，愚夫愚妇与圣人同。但惟圣人能致其良知，而愚夫愚妇不能致，此圣愚之所由分也。节目时变，圣人夫岂不知，但不专以此为学。而其所谓学者，正惟致其良知，以精审此心之天理，而与后世之学不同耳。吾子未暇良知之致，而汲汲焉顾是之忧，此正求其难于明白者以为学之弊也。夫良知之于节目时变，犹规矩尺度之于方圆长短也。节目时变之不可预定，犹方圆长短之不可胜穷也。故规矩诚立，则不可欺以方圆，而天下之方圆不可胜用矣；尺度诚陈，则不可欺以长短，而天下之长短不可胜用矣；良知诚致，则不可欺以节目时变，而天下之节目时变不可胜应矣。毫厘千里之谬，不于吾心良知一念之微而察之，亦将何所用其学乎？是不以规矩而欲定天下之方圆，不以尺度而欲尽天下之长短，吾见其乖张谬戾，日劳而无成也已。吾子谓语孝于温清定省，孰不知之。然而能致其知者鲜矣。若谓粗知温清定省之仪节，而遂谓之能致其知，则凡知君之当仁者，皆可谓之能致其仁之知，知臣之当忠者，皆可谓之能致其忠之知，则天下孰非致知者邪？以是而言可以知致知之必在于行，而不行之不可以为致知也，明矣。知行合一之体，不益较然矣乎？夫舜之不告而娶，岂舜之前已有不告而娶者为之准则，故舜得以考之何典，问诸何人，而为此邪？抑亦求诸其心一念之良知，权轻重之宜，不得已而为此邪？武之不葬而兴师，岂武之前已有不葬而兴师者为之准则，故武得以考之何典，问诸何人，而为此邪？抑示求诸其心一念之良知，权轻重之宜，不得已而为此邪？使舜之心而非诚于为无后，武之心而非诚于为救民，则其不告而娶与不葬而兴师，乃不忠不孝之大者。而后之人不务致其良知，以精察义理于此心感应酬酢之间，顾欲悬空讨论此等变常之事，执之以为制事之本，以求临事之无失，其亦远矣。其余数端，皆可类推，则古人致知之学，从可知矣。

## 【译文】

来信说："道的大的方面容易明白。所说的良知良能，即使愚夫愚妇也能明白。至于那些细节条目的随时变化，差之毫厘、谬以千里的细微处，必须学了后才能知。现在要在温清定省上孝敬，哪一个人不知道呢？至于舜未禀告父亲而娶妻，武王未葬文王而伐纣，曾子养志而曾元养口，小杖就承受，大杖则逃避，割股肉去治父母的病，为亲人守墓三年等事情，在正常与不正常、太过与不及之间，必须讨论出一个是非标准，作为处理事情的根据。然后人的心体才能纯净无瑕，遇到事情时才能不出差错。"

道的大的方面容易明白，这话不错。只是后世学者忽略了容易明白的大道而不去遵守，而要把那难以明白的作为学问，这正是所谓的"道在迩而求诸远，事在易而求诸难"。孟子说："夫道若大路然，岂难知哉？人病不由耳。"在良知良能方面，常人与圣人是相同的。然而只有圣人能够致他的良知，而常人则不能。

这是圣人与常人的差别。细节条目的随时变化，圣人又何曾不知？但是，圣人不去把这些当作学问。圣人所说的学问，正是只去致其良知以精察心中的天理，这与后世所说的学问不同。您还没有去致良知，却在那里急切地担忧这些小问题，这正是染上了把不易明白的作为学问的毛病。良知与细节条目的随时变化的关系，就像规矩尺度与方圆长短的关系一样。细节条目的随时变化不可能前定，如方圆长短不可穷尽一样。所以，规矩一旦确定，方圆与否就隐瞒不了，而天下的方圆也就不可胜用了。尺度一旦制定，长短与否就隐瞒不了，而天下的长短也就不可胜用了，确实能够致良知，细节条目的随时变化也就隐瞒不了，而天下所有的细节条目的随时变化都能应付了。毫厘之差所产生的千里之谬，不在我心良知一念之差的细微处去研究它，又将在哪里用功夫呢？这就如同不用规矩却要定天下的方圆，不用尺度却要穷尽天下的长短一样。我只会看到错误百出，徒劳无功的结果。您说在温清定省上要孝，有谁不知道？但是能够致其知的人却很少。如果说一个人大概知道一些温清定省的礼仪，便说他能致知了。那么，凡是知道君王应当仁的人，都可以说他能致其仁的知；凡是知道臣子应当忠的人，都可以说他能致其忠的知。这样，天下又有什么人不是致知的呢？由此看来，就可以知道致知必须表现在行上，没有行就不能叫作致知，是一清二楚的了。知行合一的本体，在这里不是更加清楚了吗？舜不禀告父亲而娶妻，难道是在舜之前已经有了不告而娶的先例作为标准，因而使舜参考了什么典籍，请教了什么人才这样做的吗？还是舜根据心的一念良知，权衡轻重后，不得已才如此做呢？武王未葬文王伐纣，难道是武王之前已经有了不葬父就出兵的先例，因而使武王参考了什么典籍，请教了什么人才这样做的吗？还是武王根据心的一念良知，权衡轻重后，不得已才如此做呢？如果舜不是真的害怕没有后代，武王不是真心去拯救老百姓，那么舜不禀告父亲而娶妻，武王不葬文王而伐纣，就将是极大的不孝和不忠了。但是，后世的人不去全力致良知，不在处理事物时精细考察内心的义理，反而去悬空讨论这些不正常的事，一口咬定这些才是处理事情的根据，以求临事时没有差错，这就离题太远了吧！其余的几点，都可类推。那么古人有关致知的学问，从这里就可以知道了。

## 【注释】

①见《孟子·万章上》："万章问曰：'舜之不告而娶，何也？'孟子曰：'告则不得娶，男女居室，人之大伦也，如告，则废人之大伦，以怼父母，是以不告也。'"

②《史记·伯夷列传》卷六十一记载武王伐纣，尚未葬文王。

③见《孟子·离娄上》："曾子养曾皙，必有酒肉，将彻，必请所与，问有余，必曰有。曾皙死，曾元养曾子，必有酒肉，将彻，不请所与，问有余，曰亡矣，将以复进也，此所谓养口体者也。若曾子，则可谓养志也。"

④见《孔子家语·六本》："曾子耘瓜，误斩其根。曾皙怒，建大杖以击其背。曾子仆地。久之，退而就房援琴而歌。欲令曾皙闻之，知其体康也。孔子闻之而怒曰：舜之事瞽叟，小杖则待过，大杖则逃走，姑瞽叟不犯不父之罪，而舜不失烝烝之孝。今参事父委身以待暴怒，殪而不避，既身死而陷父于不义，不孝孰大焉？"

⑤见《庄子·盗跖》："介子推至忠也，自割其股以一食（晋）文公。"后来以割股治疗父母病为至孝。此风在唐宋特别盛行。《新唐书》卷一百九十五《孝友传》记载："唐时陈藏器著《本草拾遗》，谓人肉治羸疾，自是民间以父母疾，多刲股肉而进。"

⑥庐墓，按古礼，遇君父、尊长之丧，在墓旁筑小房居住，称庐墓。《孟子·滕文公上》记载："孔子没，三年之外，门人治任将归，入揖于子贡，相向而哭，皆失声，然后归。子贡反，筑室于场，独居三年，然后归。"这是学生为老师守丧三年。

⑦见《孟子·离娄上》。

⑧见《孟子·告子下》。

来书云："谓《大学》格物之说，专求本心，犹可牵合。至于《六经》《四书》所载多闻多见①，前言往行②，好古敏求③，博学审问④，温故知新⑤，博学详说⑥，好问好察⑦，是皆明白求于事为之际，资于论说之间者。用功节目固不容紊矣。"

格物之义，前已详悉，牵合之疑，想已不俟复解矣。至于多闻多见，乃孔子因子张之务外好高[8]，徒欲以多闻多见为学，而不能求诸其心，以阙疑殆，此其言行所以不免于尤悔，而所谓见闻者，适以资其务外好高而已。盖所以救子张多闻多见之病，而非以是教之为学也。夫子尝曰："盖有不知而作之者，我无是也。"[9]是犹孟子"是非之心，人皆有之"之义也。此言正所以明德性之良知非由于闻见耳。若曰"多闻择其善者而从之，多见而识之"，则是专求诸见闻之末，而已落在第二义矣，故曰"知之次也"。夫以见闻之知为次，则所谓知之上者果安所指乎？是可以窥圣门致知用力之地矣。夫子谓子贡曰："赐也，汝以予为多学而识之者欤？非也，予一以贯之。"[10]使诚在于多学而识，则夫子胡乃谬为是说，以欺子贡者邪？一以贯之，非致其良知而何？《易》曰："君子多识前言往行，以畜其德。"夫以畜其德为心，则凡多识前言往行者，孰非畜德之事。此正知行合一之功矣。好古敏求者，好古人之学，而敏求此之心理耳。心即理也。学者，学此心也。求者，求此心也。孟子云："学问之道无他，求其放心而已矣。"非若后世广记博诵古人之言词，以为好古，而汲汲然惟以求功名利达之具于外者也。博学审问，前言已尽。温故知新，朱子亦以温故属之尊德性矣[11]。德性岂可以外求哉？惟夫知新必由于温故，而温故乃所以知新，则亦可以验知行之非两节矣。"博学而详说之"者，将以反说约也。若无反约之云，则博学详说者，果何事邪？舜之好问好察，惟以用中而致其精一于道心耳。道心者，良知之谓也。君子之学，何尝离去事为而废论说。但其从事于事为论说者，要皆知行合一之功，正所以致其本心之良知，而非若世之徒事口耳谈说以为知者，分知行为两事，而果有节目先后之可言也。

## 【译文】

来信说："您认为《大学》的格物，只是求本心，还可牵强附会。至于《六经》《四书》所讲的多闻多见，多知前人言行，好古敏求，博学审问，温故知新，博学详说，好问好察，如此等等，都清楚地表明要在处事中求取，在论辩中获得。功夫的节目和次序，是不容紊乱的。"

格物的含义，前面已详细地说明了。"牵强附会"的指责，也不必再解释了。至于说到多闻多见，那是孔子针对子张而说的。子张好高务外，认为只有多闻多见才是学问，而不能返求内心以存疑，所以，他的言行难免有埋怨和悔恨。这样，见闻正好助长了他的好高务外的毛病。因此，孔子的话是为了救治子张的多闻多见的毛病，而并非把多闻多见作为子张的学习目标。孔子曾说："盖有不知而作之者，我无是也。"这与孟子的"是非之心人皆有之"的意思一样。这正说明人的德行的良知不依赖于见闻。至于说"多闻择其善者而从之，多见而识之"，就是只探求见闻上的细枝末节落到第二义了，所以孔子认为是"知之次也"。把见闻方面的知作为次要学问，那么，所说的首要的学问又是什么呢？从这里可以窥见圣人致知用力的地方了。孔子对子贡说："赐也，汝以予为多学而识之者欤？非也。予一以贯之。"如果知真的在于多学多记，那么，为什么孔子要用这一谬论来骗子贡呢？一以贯之，不是致良知又是什么呢？《易》说："君子多识前言往行，以畜其德。"如果以积累他的德行为目的，那么多知以前的言行，又怎么不是积累德行的事呢？这正是知行合一的功夫。好古敏求，就是爱好古人的学问而急切求我心的理。心就是理。学，就是学这个心。求，也是求这个心。孟子说："学问之道无他，求其放心而已矣。"并不像后世那样把广记博诵古人的言辞看成是好古，只是急切地去追求功名利禄等外在的东西。博学审问，前面已经说得很详尽了。温故知新，朱子也认为温故是尊德行的范围。德行哪能向外求呢？只是知新必须经由温故，而温故才可以知新，这又可以证明知行并非为二。至于"博学且详说"，是为了再返回到至约。如果没有返回至约这一点，那么"博学且详说"到底又是什么呢？舜的好问好观察，也只是用喜怒哀乐未发的中使道心精一。道心，也就是良知。君子的学问，又何曾离却物事、废弃讲论呢？但是，这物事与讲论，其核心都是知行合一的功夫，也正是要致其本心的良知，而不像常人那样，只以口耳谈说为知，把知行看成两回事，这样才真有节目先后可说。

## 【注释】

①《六经》指《诗》《书》《礼》《易》《春秋》《乐》，《乐经》在汉已佚。四书指《大学》《中庸》《论语》《孟子》。多闻多见语出《论语·为政》："多闻阙疑，慎言其余，则寡尤。多见阙疑，慎行其余，则寡悔。"

②见《易·大畜》："君子多识前行，以畜其德。"

③《论语·述而》："我非生而知之者，好古，敏以求之者也。"

④《中庸》："博学之，审问之，慎思之，明辨之，笃行之。"

⑤《论语·为政》："温故而知新，可以为师矣。"

⑥《孟子·离娄下》："博学而详说之，将以反说约也。"详说即指详加解释。

⑦见《中庸》："舜好问，而好察迩言。"

⑧子张，姓颛孙名师，字子张，鲁人，孔子弟子。

⑨《论语·述而》："子曰：'盖有不知而作之者，我无是也。多闻择其善者而从，多见而识之，知之次也。'"

⑩语出《论语·卫灵公》。子贡，姓端木，名赐。

⑪见《朱子语类》卷六十四："温故只是存得这道理在，便是尊德性。"

来书云："杨、墨之为仁义[①]，乡愿之辞忠信[②]，尧、舜、子之之禅让[③]，汤、武、楚项之放伐[④]，周公、莽、操之摄辅[⑤]，漫无印证，又焉适从？且于古今事变、礼乐名物，未尝考识，使国家欲兴明堂[⑥]，建辟雍[⑦]，制历律，草封禅[⑧]，又将何所致其用乎？故《论语》曰'生而知之者，义理耳。若夫礼乐名物、古今事变，亦必待学而后有以验其行事之实'。此则可谓定论矣。"

所喻杨、墨、乡愿、尧、舜、子之、汤、武、楚项、周公、莽、操之辨，与前舜、武之论，大略可以类推。古今事变之疑，前于良知之说，已有规矩尺度之喻，当亦无俟多赘矣。至于明堂、辟雍诸事，似尚未容于无言者。然其说甚长，姑就吾子之言而取正焉，则吾子之惑将亦可少释矣。夫明堂、辟雍之制，始见于吕氏之《月令》[⑨]，汉儒之训疏。《六经》《四书》之中，未尝详及也。岂吕氏、汉儒之知，乃贤于三代之贤圣乎[⑩]？齐宣之时，明堂尚有未毁，则幽、厉之世，周之明堂皆无恙也。

尧、舜茅茨土阶，明堂之制未必备，而不害其为治。幽、厉之明堂，固犹文、武、成、康之旧，而无救于其乱。何邪？岂能以不忍人之心，而行不忍人之政，则虽茅茨土阶，固亦明堂也；以幽、厉之心，而行幽、厉之政，则虽明堂，亦暴政所自出之地邪？武帝肇讲于汉，而武后盛用于唐，其治乱何如邪？[⑪]天子之学曰辟雍，诸侯之学曰泮宫[⑫]，皆象地形而为之名耳。然三代之学，其要皆所以明人伦，非以辟不辟、泮不泮为重轻也。孔子云："人而不仁，如礼何？人而不仁，如乐何？"制礼作乐，必具中和之德，声为律而身为度者，然后可以语此。若夫器数之末，乐工之事，祝史之守。故曾子曰："君子所贵乎道者三，笾豆之事则有司存也。"[⑬]

尧“命羲和，钦若昊天，历象日月星辰”[14]，其重在于“敬授人时”也。舜“在璇玑玉衡”，其重在于“以齐七政”[15]也。是皆汲汲然以仁民之心而行其养民之政。治历明时之本，固在于此也。羲和历数之学，皋、契未必能之也[16]，禹、稷未必能之也[17]，尧、舜之知而不偏物，虽尧、舜亦未必能之也。然至于今循羲和之法而世修之，虽曲知小慧之人，星术浅陋之士，亦能推步占候而无所忒。则是后世曲知小慧之人，反贤于禹、稷、尧、舜者邪？封禅之说尤为不经，是乃后世佞人谀士所以求媚于其上，倡为夸侈，以荡君心而靡国费。盖欺天罔人无耻之大者，君子之所不道，司马相如之所以见讥于天下后世也[18]。吾子乃以是为儒者所宜学，殆亦未之思邪？夫圣人之所以为圣者，以其生而知之也。而释《论语》者曰：“生而知之，义理耳。若夫礼乐名物，古今事变，亦必待学而后有以验其行事之实。”夫礼乐名物之类，果有关于作圣之功也，而圣人亦必待学而后能知焉，则是圣人亦不可以谓之生知矣。谓圣人为生知者，专指义理而言，而不以礼乐名物之类，则是礼乐名物之类无关于作圣之功矣。圣人之所以谓之生知者，专指义理而不以礼乐名物之类，则是学而知之者。亦惟当学知此义理而已。困而知之者，亦惟当困知此义理而已。今学者之学圣人，于圣人之所能知者，未能学而知之，而顾汲汲焉求知圣人之所不能知者以为学，无乃失其所以希圣之方欤？凡此皆就吾子之所惑者而稍为之分释，未及乎拔本塞源之论也[19]。

夫拔本塞源之论不明于天下，则天下之学圣人者，将日繁日难，斯人沦于禽兽夷狄，而犹自以为圣人之学。吾之说虽或暂明于一时，终将冻解于西而冰坚于东，雾释于前而云滃于后，呶呶焉危困以死，而卒无救于天下之分毫也已。夫圣人之心，以天地万物为一体，其视天下之人，无外内远近。凡有血气，皆其昆弟赤子之亲，莫不欲安全而教养之，以遂其万物一体之念。天下之人心，其始亦非有异于圣人也，特其间于有我之私，隔于物欲之蔽，大者以小，通者以塞。人各有心，至有视其父、子、兄、弟如仇雠者。圣人有忧之，是以推其天地万物一体之仁以教天下，使之皆有以克其私，去其蔽，以复其心体之同然。其教之大端，则尧、舜、禹之相授受，所谓“道心惟微，惟精惟一，允执厥中”。而其节目，则舜之命契，所谓“父子有亲，君臣有义，夫妇有别，长幼有序，朋友有信”五者而已。唐、虞、三代之世，教者惟以此为教，而学者惟以此为学。当是之时，人无异见，家无异习，安此者谓之圣，勉此者谓之贤，而背此者，虽其启明如朱，亦谓之不肖。下至闾井田野，农、工、商、贾之贱，莫不皆有是学，而惟以成其德行为务。何者？无有闻见之杂，记诵之烦，辞章之靡滥，功利之驰逐，而但使孝其亲，弟其长，信其朋友，以复其心体之同然。是盖性分之所固有，而非有假于外者，则人亦孰不能之乎？学校之中，惟以成德为事。而才能之异，或有长于礼乐，长于政教，长于水土播植者，则就其成德，而因使益精其能于学校之中。迨夫举德而任，则使之终身居其职而不易。用之者惟知同心一德，以共安天下之民，视才之称否，而不以崇卑为轻重，劳逸为美恶。效用者亦惟知同心一德，以共安天下之民，苟当其能，则终身处于烦剧而不以为劳，安于卑琐而不以为贱。当是之时，天下之人熙熙皞皞，皆相视如一家之亲。其才质之下者，则安其农、工、商、贾之分，各勤其业，以相生相养，而无有乎希高慕外之心。其才能之异，若皋、夔、稷、契者，则出而各效其能。若一家之务，或营其衣食，或通其有无，或备其器用，集谋并力，以求遂其仰事俯育之愿，惟恐当其事者之或怠而重己之累也。

故稷勤其稼，而不耻其不知教，视契之善教，即己之善教也；夔司其乐，而不耻于明礼，视夷之通礼，即己之通礼也。盖其心学纯明，而有以全其万物一体之仁。故其精神流贯，志气通达，而无有乎人己之分，物我之间。譬之一人之身，目视、耳听、手持、足行，以济一身之用。目不耻其无聪，而耳之所涉，目必营焉。足不耻其无执，而手之所探，足必前焉。盖其元气充周，血脉条畅，是以痒疴呼吸，感触神应，有不言而喻之妙。此圣人之学所以至易至简，易知易从，学易能而才易成者，正以大端惟在复心体之同然，而知识技能非所与论也。

三代之衰，王道熄而霸术昌。孔孟既没，圣学晦而邪说横，教者不复以此为教，而学者不复以此为学。霸者之徒，窃取先王之近似者，假之于外以内济其私己之欲，天下靡然而宗之，圣人之道遂以芜塞。相仿相效，日求所以富强之说，倾诈之谋，攻伐之计。一切欺天罔人，苟一时之得，以猎取声利之术，若管、商、苏、张之属者，至不可名数。既其久也，斗争劫夺，不胜其祸，斯人沦于禽兽夷狄，而霸术亦有所不能行矣。世之儒者慨然悲伤，蒐猎先圣王之典章法制，而掇拾修补于煨烬之余，盖其为心，良亦欲以挽回以先王之道。圣学既远，霸术之传，积渍已深，虽在贤知，皆不免于习染，其所以讲明修饰，以求宣畅光复于世者，仅足以增霸者之藩篱，而圣学之门墙，遂不复可睹。于是乎有训诂之学，而传之以为名；有记诵之学，而言之以为博；有词章之学，而侈之以为丽。若是者，纷纷籍籍，群起角立于天下，又不知其几家。万径千蹊，莫知所适。世之学者如入百戏之场，戏谑跳踉，骋奇斗巧，献笑争妍者，四面而竞出，前瞻后盼，应接不遑，而耳目眩瞀，精神恍惑，日夜遨游淹息其间，如病狂丧心之人，莫自知其家业之所归。时君世主亦皆昏迷颠倒于其说，而终身从事于无用之虚文，莫自知其所谓。间有觉其空疏谬妄，支离牵滞，而卓然自奋，欲以见诸行事之实者，极其所抵，亦不过为富强功利，五霸之事业而止。圣人之学日远日晦，而功利之习愈趋愈下。其间虽尝瞽惑于佛老，而佛老之说卒亦未能有以胜其功利之心。虽又尝折衷于群儒，而群儒之论终亦未能有以破其功利之见。盖至于今，功利之毒沦浃于人之心髓，而习以成性也，几千年矣。相矜以知，相轧以势，相争以利，相高以技能，相取以声誉。其出而仕也，理钱谷者则欲兼夫兵刑，典礼乐者又欲与于铨轴，处郡县则思藩臬之高[20]，居台谏则望宰执之要。故不能其事则不得以兼其官，不通其说则不可以要其誉。记诵之广，适以长其敖也；知识之多，适以行其恶也；闻见之博，适以肆其辩也；辞章之富，适以饰其伪也。是以皋、夔、稷、契所不能兼之事，而今之初学小生皆欲通其说，究其术。其称名僭号，未尝不曰吾欲以共成天下之务，而其诚心实意之所在，以为不如是则无以济其私而满其欲也。呜呼，以若是之积染，以若是之心志，而又讲之以若是之学术，宜其闻吾圣人之教，而视之以为赘疣枘凿；则其以良知为未足，而谓圣人之学为无所用，亦其势有所必至矣！呜呼！士生斯世，而尚何以求圣人之学乎？尚何以论圣人之学乎？士生斯世，而欲以为学者，不亦劳苦而繁难乎？不亦拘滞而险艰乎？呜呼，可悲也已！所幸天理之在人心，终有所不可泯，而良知之明，万古一日，则其闻吾拔本塞源之论，必有恻然而悲，戚然而痛，愤然而起。沛然若决江河，而有所不可御者矣。非夫豪杰之士，无所待而兴起者，吾谁与望乎？

## 【译文】

来信说："杨朱、墨翟的行仁义，乡愿的类似忠信，尧、舜、子之的禅让，汤、武、项羽的攻伐，周公、王莽、曹操的摄政，若笼而统之没有印证，又将何去何从呢？并且，对于古今事变、礼乐名物都未曾考察鉴别，假使国家要造明堂、建辟雍、制历律、行封禅，又将有什么用处呢？所以《论语集注》说：‘生而知之者，义理耳，若夫礼乐名物，古今事变，亦必待学，而后有以验其行事之实也。’这可以看作是定论。”

您所说的杨朱、墨子、乡愿、尧舜、商汤、周武王、项羽、周公、王莽、曹操的区别，与前面所说的舜不禀告父亲而娶妻、周武王未葬文王而伐纣的情况大致相似而可类推。您对古今事变的疑问，前面我在讨论良知时已有规矩尺度与方圆长短的比喻，这里也不用多讲了。至于造明堂、建辟雍等事，不能不再说几句。然而这些事说来话长，仅就您所说的来讨论一下，您的困惑也许能解除一些。明堂、辟雍的记载，最早见于《吕氏春秋》的《月令》，汉代儒者的训释和注疏中。在《六经》《四书》中，还没有详细论述，难道吕不韦和郑玄的知识，比三代的圣贤还高明吗？齐宣王时明堂有的还没有毁掉，则知道周幽王、周厉王时，周的明堂还完好无损。

尧舜时用茅茨盖屋，垒土做台阶，明堂制度未必具备，并不妨碍他们治理天下。周幽王、周厉王的明堂，仍然是周文王、武王、成王和康王时的旧模样，但并不能挽救幽王、厉王时的大乱，为什么呢？这正好说明，用不忍人的仁心来行不忍人的仁政，即使是茅茨土阶，也如同明堂。用幽王、厉王的心来行幽王、厉王的暴政，即使拥有明堂，也是暴政得以施行的场所。汉武帝又重新讨论明堂的事，唐朝武则天才毁殿大建明堂，他们的治乱又怎样呢？天子建的学校叫辟雍，诸侯建的学校叫泮宫，都是根据地形来命名的。然而夏商周三代的学问，其核心都是讲明人伦，至于是否类似璧环，是否建在泮水边，都无关紧要。孔子说：“人而不仁，如礼何？人而不仁，如乐何？”制礼作乐，必须有中和的德行。以声为律吕、以身为尺度的人，而后才可以制礼作乐。至于礼仪乐器的细节与技巧，那是乐工和祝史们的事情。所以曾子说：“君子所贵乎道者三，笾豆之事则有司存也。”尧“命羲和，钦若昊天，历象日月星辰”，是为了让人们掌握时间。舜“在璇玑玉衡”，是为了“以齐七政”。这些都是为了尽快地用仁爱百姓的心来施行养民的政治。制定历法、掌握时令的根本，正是在这些问题上。羲氏与和氏在历法数学方面的才能，皋陶和契不一定有。禹和稷也未必能有这一才能。尧、舜的智能也不是事事都知道。即使是尧、舜也未必能做羲氏与和氏所做的事，然而到如今，按照羲氏与和氏的方法，世代修习，即使曲知小慧之人，浅陋的占星之士，也能够制定历法，占验天象，而不出什么差错。这难道是后世的曲知小慧之人反而比禹、稷、尧、舜更贤明吗？封禅的说法尤其不可信。这是后世的阿谀奉承之徒为了讨好献媚，张大其词，以迷惑君心而浪费国力。这是欺天骗人、无耻之尤的行径，君子所不屑道的。这也是司马相如被后人讥笑的原因所在。您认为这是儒者应该学的，大概是没有仔细思考吧！圣人之所以为圣人，因为他是生而知之的，而解释《论语》的人说：“生而知之者，义理耳。若夫礼乐名物，古今事变，亦必待学而后有以验其行事之实。”如果说礼乐名物果然与成圣的功夫有关，而圣人也必须等学了以后才能知，那么圣人也就不能说是生而知之了。说圣人生而知之，只是从义理上说，而不是从礼乐名物上说。那么，礼乐名物之类，就与做圣人没有关系了。圣人之所以说是生而知之，只是指义理，而并非指有关礼乐名物之类的知识。那么，学而知之的人，也应当只是学这个义理而已。困而知之的人，也应当是在困境中学这个义理而已。现在学者们学圣人，圣人所能知的，他们不去学而知之，反而急切地把圣人所不能知的来作为学问，这不是失却了学圣人的方向了吗？这一切都是仅就您感到迷惑之处而稍加分释，还没有涉及拔本塞源这一根本问题。

拔本塞源的观点不能让天下知晓，那么天下学圣人的人，将会越来越繁杂，越来越困难，以至于为学的人已沦为禽兽夷狄，还自以为是在从事圣人的学问。不知拔本塞源，即或暂时了解了我的主张，终究将会是这里的问题解决了，而别处的问题又出现了。一个疑惑刚解除，又会有新的疑惑产生。我即使喋喋不休，甘冒一死，也丝毫不能救治天下。至于圣人的心则是与天地万物为一体。圣人对待天下的人没有内外远近的差别。凡是有血气的，都是他的兄弟儿女，他都想让他们安全并去教养他们，以实现他的万物一体之心。普通人的心，起初与圣人并无不同。只是被自我的私心所离间，受到物欲的蒙蔽而分隔，公天下的大心变成了为我的小心，通达的心变成了有阻塞的心。每个人都有自己的打算，甚至把父子兄弟也看成仇人。圣人对此很担忧，于是推广他天地万物一体的仁心来教化天下，使天下人都能克去私心，除去蒙蔽，以恢复本来所共同的心体。圣人教化的主要内容，也就是尧、舜、禹一脉相传下来的“道心惟微，惟精惟一，允执厥中”。其中的细节条目也就是舜命令契教化天下的五个方面：“父子有亲，君臣有义，夫妇有别，长幼有序，朋友有信。”尧、舜和夏商周三代，教只是教这些，学也只是学这些。那时候人们没有不同的看法，家家也没有不同的习惯。自然就能做到这些的叫作圣，努力后才能做到的叫作贤。对于不能做到这一点的，即使像丹朱那样聪明，也叫作不肖。即使在街巷田野之中从事农工商的人，没有不学习这些的，只以完善自己的德行为事。为什么呢？因为他们没有繁杂的见闻，没有烦琐的记诵，也没有靡滥的辞章，更没有对功利的追逐。而只让他们孝敬父母，尊敬兄长，诚实交友，以恢复心体中所共同的，而这些都是人性中本来就有的，不是从外面借来的。那么，又有哪个人不能做到呢？在学校中所做的事，只是培养德行。至于才能方面的差异，有的擅长礼乐，有的擅长政治教化，有的善于治理水土和种植，这就需要根据他已有的德行，进一步在学校培养他的特殊才能。根据德行让他任职，就让他终身担任这个职务而不再改变。任用别人的人，只希望大家同心同德，以让天下太平久安，看他的才能是否称职，而不以地位的尊卑分轻重，也不以职业的门类分高低。被任用的人也只知同心同德，让天下太平，如果适合自己的才能，即使终身从事繁重劳累的工作，也不会感到辛劳，从事低下琐碎的工作也不会感到卑贱。这时候，天下的人都高高兴兴，彼此亲如一家。其中才能差的人，就安心从事农工商的本分，勤奋工作，以互相提供必需品，而没有好高务外的想法。才能卓异的人，如皋、夔、稷、契等人，就各自出任某一职务，以发挥自己的才能。天下的事就像一家人的事，有的生产衣食，有的互通有无，有的制造器物，大家齐心协力，献计献策，以了却赡养父母、养育子女的心愿。只怕自己在做某一事时不够勤奋，因而特别重视自己应尽的职责。

所以稷不辞辛劳地种庄稼，并不为自己不知教化而感到可耻。他把契的善于教化，看作他自己善于教化。夔主管音乐，并不因为自己不懂礼而感到耻辱，把伯夷能通晓礼看得如同自己通晓礼一样。因为他们的心纯净明亮，而能够完全实现万物一体的仁。所以，他们的精神博大、志气通达，没有你我的差别和物我的区分。比如人的一身，眼睛看，耳朵听，手拿东西，脚走路，都是为了满足一身的需要。眼睛不会因为没有耳朵的聪灵而感到耻辱，但在耳朵听时，眼睛一定会帮助耳朵。脚也不会因为它没有把持的功能而感到可耻，但在手拿东西时，脚也必定向前。因为人身元气周流充沛，血脉畅通，即使小病和呼吸，人的感官也能感觉到，并有神妙的反应，其中有不言而喻之妙。圣人的学问，至易至简，易知易从，容易学会，也容易成才。其原因正在于圣学抓住了恢复心体所共同的义理这一根本问题，而并不关心知识技能方面的问题。

夏、商、周三代之后，王道衰落而霸道兴盛。孔孟死后，圣学无闻而邪说横行。教的人不再教圣学，学的人也不再学圣学。行霸道的人，窃取与先王近似的东西，借助外在的学问来满足他的自私自利的欲望。天下的人无不效仿他们，圣人的道于是被丛生的荆棘阻塞了。人与人之间互相仿效，每天所关心的是富强的办法，倾诈的谋略和攻伐的技巧。凡是可以欺天骗人得到一时好处，可以获取声名利益的方法，人们都去追求。像管仲、商鞅、苏秦、张仪这样的人，多到不可胜数。长此以往，人与人之间争斗劫夺，产生了无穷的祸患。这样，人变得与禽兽夷狄没有两样，连霸术也行不通了。于是，儒士感慨悲伤，搜寻以前圣王的典章法制，从焚书的煨烬中收集修补。他们的意图也是要恢复先王的道。然而，距离圣学的时代已很遥远，霸术的广泛流传已造成很深的影响，即使贤明聪慧的人也难免不受到霸术的影响。这样，他们所讲明润饰并希望在现实中重新发扬光大的，也仅仅是壮大霸道的势力。至于圣学，连一点痕迹也看不到了。于是，有了训诂学，为了名而去传播它；有了记诵学，为了博学而去推崇它；有了辞章学，为求华丽而去夸大它。如此纷纷扬扬，竞相在天下争斗打闹，不知有多少人啊！面对万径千蹊，人们无所适从。世上的学者，就像进了一个百戏同演的剧场，到处都是嬉笑跳跃、争奇斗巧、献笑争妍的人，观者前顾后盼应接不暇，致使耳聋眼花，精神恍惚，白天黑夜地在那里胡乱转悠，流连忘返。如同精神失常的人，不知道他的家在哪里。当时的君主，也都被这些主张弄得神魂颠倒，终身从事无用的虚文，却不知道自己要说什么。偶尔有认识到这些学问的空疏荒诞和支离愚蠢而卓然奋发，想在现实中有所作为的人，他所能做到的最多也只不过达到五霸的富强功利而已。圣人的学问，越来越黯淡；功利的习气，越来越盛行。这期间虽然也曾崇信佛老，但佛老的主张最终也不能战胜人们的功利之心。虽然也有人把儒生的主张加以综合调整，但这些儒生的观点最终也不能破除人们的功利之见。功利的毒害，已经浸透到人的心底骨髓，积习成性，相沿至今已近千年了。人们在知识上夸耀，在权势上倾轧，在利害上争斗，在技能上攀比，在声名上竞取。那些做官的人，掌管钱粮的官还想兼管军事刑法；掌管礼乐的官，又想兼管官吏选拔；郡县的官，则想升到藩司和臬司；在御史职位的，又觊觎着宰相这一要职。

所以，不能做那样的事，就不能兼任那方面的官；不通晓某一方面的知识，也就不能谋求某种名誉。记诵的广博，正好助长了这种人的傲慢；知识的增多，正好帮助他们去作恶；见闻的广博，正好使他能骋其诡辩；文辞的华丽，正好掩盖了他的虚伪。于是，皋、夔、稷、契所不能兼做的事，而现在初学的小孩，都想通晓他们的主张，穷究他们的技巧。他们的名义招牌，未尝不说是为了促成天下共同的事业，而他们的真实用意之所在，则是认为若不这样说，就不能实现他们的私心，满足他们的欲望。唉！依靠这样的积习，依靠这样的心思志向，而又讲如此的学术，难怪他们听到圣人的教诲，就把它看成是赘疣，格格不入。那么，他们认为良知并不完美，认为圣人的学问是无用之学，也就是势所必然的了。唉！士生此世，又怎么能够求得圣人的学问呢？又怎么能够讲明圣人的学问呢？士生此世，以学为志，不也是太辛苦、太拘泥、太困难了吗？唉！可悲啊可悲！幸运的是，人心中的天理终不会泯灭。而良知的光明，万古如一日。那么，听了我所讲的拔本塞源的主张，必然会恻然而悲，戚然而痛，愤然而起，奔腾如决口的江河，势不可当！若不是那些豪杰之士，自觉地感奋而起，我又寄希望于谁呢？

## 【注释】

①杨朱（约前450—前370），战国时魏人，字子居，主张为我、贵己、贵生。墨翟（约前468—前376），春秋战国鲁人，他主张兼爱、非攻、尚贤、尚同，是墨家的创始人。程颢说："杨氏为我，疑（似）于仁，墨氏兼爱，疑于义。"（《河南程氏遗书》卷十三）

②《论语·阳货》："乡愿，德之贼也。"《孟子·尽心下》："同乎流俗，合乎污世，居之似忠信，行之似廉洁，故曰德之贼也。"

③尧之子丹不肖，让帝位给贤臣舜。舜之子商均不肖，舜让位给禹。子之是战国燕王哙的相，哙昏庸让权给子之，国事皆由子之决定，三年而燕国大乱（参看《史记》卷三十四《燕召公世家》）。

④夏桀无道，商汤放桀到南巢，商纣无道，周武王在牧野战胜了他（见《孟子·梁惠王》）。项籍（前232—前202），字羽。秦末下相人。领兵与秦军九战皆捷，秦亡后自立为西楚霸王，与刘邦争天下，后被刘邦围困于垓下，败走乌江，自刎而死（见《史记·项羽本纪》）。

⑤周成王（前1055—前1021），幼继位，周公摄政，纳贤制礼，而国大治（《史记·周本纪》）。王莽（前45—公元23年），在西汉平帝时为大司马，专权后杀平帝，立孺子婴，摄政后篡位，国号新（见《前汉书·王莽传》）。曹操（155—220），起兵讨董卓，击黄巾迎立汉献帝，任丞相，封魏王，其子曹丕篡权，国号魏（见《魏志》）。

⑥周天子于各地设明政教之堂，礼上帝，祭祖先，朝诸侯等大典在此举行（见《礼记·明堂位》）。

⑦辟雍指周王朝为贵族弟子所设的大学，取四周有水，形如璧环为名（见《礼记·王制》）。

⑧帝王祭天地的典礼为封禅，在泰山上筑土为坛祭天称封，在泰山下梁父山上辟场祭地称禅。

⑨吕不韦（前292—前235），集诸儒之说著十二月纪，取名《吕氏春秋》，每篇开头都有月令（这个月的政令），如仲夏这月，天子居明堂太庙。这十二月令合为《礼记·月令》。

⑩齐宣王（约前350—前301），事见《孟子·梁惠王下》："齐宣王问曰：'人皆谓我毁明堂，毁诸？已乎？'孟子对曰：'夫明堂者，王者之堂也，王欲行王政，则勿毁之矣。'"

⑪据朱熹的《通鉴纲目》记载：汉武帝建元元年，赵绾请立明堂，荐其师申公，帝使使者迎之，始议改历服色等事。武则天皇后嗣圣五年毁乾元殿作明堂。

⑫泮宫，指为贵族弟子所设的大学，因学宫在泮水之旁，泮宫的东西南方有池，形如半璧，故名。

⑬见《论语·泰伯》："君子所贵乎道者三：动容貌，斯远暴慢矣；正颜色，斯近信矣；出辞气，斯远鄙倍矣。笾豆之事，则有司存。"笾豆是祭祀的礼器。

⑭见《尚书·尧典》："乃命羲和，钦若昊天，历象日月星辰，敬授人时。"意为：尧命令羲氏、和氏，敬顺广大无际的天，去考察日月星辰的运行，让人们掌握时间。

⑮见《尚书·舜典》，日月与金木水火土五星为七政，古人认为七政的运行如国家的行政，通过观察用玉装饰的天体观测仪器来治理国家。

⑯皋陶又称皋繇，舜的臣，为士师，即执法官。契也是舜的臣，为司徒，掌管教育。

⑰禹，姒姓，鲧的儿子，相传禹继鲧治水，用疏道的方法，三过家门而不入，历时十三年，水患乃除，继舜而为部落首领。稷，舜的臣，掌管农业，见《尚书·舜典》。

⑱司马相如（前179—前118），汉成都人，字长卿，有文章大才，以讽喻为名，受用于汉武帝。元鼎六年撰封禅文，迎合武帝好大喜功的心意，为后世所不取（参见《汉书》）。

⑲拔本塞源即拔去木的根，充塞水的源，比喻毁弃根本。《左传·昭公九年》："伯父若裂冠毁冕，拔本塞源，专弃谋主，虽戎狄其何有余一人。"

⑳藩司主管民政，臬司是各省主管司法的官吏。

# 答周道通[1]书

吴、曾两生至，备道道通恳切为道之意，殊慰相念。若道通真可谓笃信好学者矣。忧病中会，不能与两生细论，然两生亦自有志向肯用功者，每见辄觉有进，在区区诚不能无负于两生之远来，在两生则亦庶几无负其远来之意矣。临别以此册致道通意，请书数语。荒愦无可言者，辄以道通来书中所问数节，略下转语。奉酬草草，殊不详细。两生当亦自能口悉也。

来信云："日用工夫只是立志，近来于先生诲言，时时体验，愈益明白。然于朋友不能一时相离。若得朋友讲习，则此志才精健阔大，才有生意。若三五日不得朋友相讲，便觉微弱，遇事便会困，亦时会忘。乃今无朋友相讲之日，还只静坐，或看书，或游衍经行。凡寓目措身，悉取以培养此志，颇觉意思和适。然终不如朋友讲聚，精神流动，生意更多也。离群索居之人，当更有何法以处之？"

此段足验道通日用工夫所得。工夫大略亦只是如此用，只要无间断，到得纯熟后，意思又自不同矣。大抵吾人为学，紧要大头脑，只是立志。所谓困、忘之病，亦只是志欠真切。今好色之人，未尝病于困忘，只是一真切耳。自家痛痒，自家须会知得，自家须会搔摩得。既自知得痛痒，自家须不能不搔摩得。佛家谓之"方便法门"，须是自家调停斟酌，他人总难与力，亦更无别法可设也。

## 【译文】

吴、曾二位后生到这里后详细地介绍了你恳切为道的意向，我深感欣慰，也十分想念你。你真可算得上笃志好学的人了。只是我正在守父丧，不能与他们二位细说。然而，他们两人也很有志向，肯下功夫。每次见面，我都感到他们有所进步。对我来说，确实不能无负于他们二位的远道来访；对他们来说，也可说是无负于他们远来的心意。在他们临走前，我写了这封信以转达对你的问候。在荒顿昏乱中我也没有什么可言说的，仅根据你在信中所问的几个问题略加说明。匆忙奉答，很不详细。想必二位后生会详细地告诉你。

来信说："日用功夫只是立志。近来我对先生的教诲，时时体验，也更加明白了这一点。然而，我一时也不能离开朋友的帮助。如果能与朋友在一起讨论，那么这个志才精健广大，才富有生气。如果在三五天内不能与朋友在一起讨论，便感到这个志微弱无力，遇到事时便会困乏，甚至有时还会忘了这个志。现在，在朋友不能相聚时，我或静坐、或看书，有时也到处走走。凡是举目投足之间，都是为了培养这个志，颇感心意舒适。但终究不像朋友相聚时那样精神抖擞，富有生气。那些离群独居的人，又有什么更好的方法来立志呢？"

这一段足以说明道通在日用功夫中的收获。功夫大概也只能如此，只要没有间断，到纯熟后，感觉自然又不同了。一般来说，我们为学的紧要主宰处就是立志。所说的困乏、遗忘等毛病，只因为立志还不够真切。好色的人，未曾有困乏遗忘的毛病，就是因为心意真切。自己的痛痒，自己应该能够知道，自己也应该会搔摩。既然自己知道了痛痒，自己也就不可能不会搔摩。佛教称此为方便法门。必须自己去调停斟酌，别人总是很难帮上忙，也想不出别的方法。

## 【注释】

①周道通，名衡，号静庵。常州宜兴人。多次担任知县。王守仁在浙江讲学时，曾从学。后又跟湛甘泉学，合会王、湛两家。见《明儒学案》卷二十五。

来书云："上蔡尝问天下何思何虑[①]。伊川云：'有此理，只是发得太早。'[②]在学者工夫，固是'必有事焉而勿忘'，然亦须识得'何思何虑'的气象，一并看为是。若不识得这气象，便有正与助长之病；若认得'何思何虑'，而忘'必有事焉'工夫，恐又堕于无也。须是不滞有，不堕于无。然乎否也？"

所论亦相去不远矣，只是契悟未尽。上蔡之问，与伊川之答，亦只是上蔡、伊川之意，与孔子《系辞》原旨稍有不同。《系》言"何思何虑"，是言所思所虑只是一个天理，更无别思别虑耳，非谓无思无虑也。故曰："同归而殊途，一致而百虑，天下何思何虑。"云殊途，云百虑，则岂谓无思无虑邪？心之本体即是天理。天理只是一个，更有何可思虑得？天理原自寂然不动，原自感而遂通。

学者用功，虽千思万虑，只是要复他本来体用而已，不是以私意去安排思索出来。故明道云："君子之学，莫若廓然而大公，物来而顺应。"③若以私意去安排思索便是用智自私矣。"何思何虑"正是工夫。在圣人分上，便是自然的；在学者分上，便是勉然的。伊川却是把作效验看了，所以有"发得太早"之说。既而云："却好用功"④，则已自觉其前言之有未尽矣。濂溪主静之论亦是此意⑤。今道通之言，虽已不为无见，然亦未免尚有两事也。

## 【译文】

来信说："谢上蔡曾问'天下何思何虑'，伊川说：'有此理，只是发得太早。'从学者的功夫上说，固然是'必有事焉而勿忘'，但也应该看到何思何虑的气象，合起来看才对。如果不识得这气象，就会有了期望过高与助长的毛病。如果识得'何思何虑'，但又忘了'必有事焉'的功夫，恐怕又会堕入虚无。是不是应该既不执着于有，也不执着于无呢？"

你所说的也相差不远，只是你领悟得还不完全。上蔡的问与伊川的答，也只是上蔡与伊川的看法，与孔子《系辞》的原义稍有不同。《系辞》说"何思何虑"，是说所思所虑的只是一个天理，此外再也没有别的思虑了，并不是说没有思虑。所以说："同归而殊途，一致而百虑。天下何思何虑。"讲殊途，说百虑，怎么能说是无思无虑呢？心的本体就是天理。天理只是一个，还有什么可思虑的呢？天理本来就是寂然不动，本来就是感而遂通的，学者用功，虽然千思万虑，也只是要恢复他的本来的体用而已，不是要用私意去安排思索出来。所以，程明道说："君子之学，莫若廓然而大公，物来而顺应。"如果用私意去安排思索，那便是自私弄智了。"何思何虑"就正是功夫。对圣人来说是自然就能如此的，学者便要勉力而行才能如此。而程伊川却把它看作功夫的效验了，所以他才说"发得太早"。接着他又说"却好用功"，就是他已觉察到，前面的话还不完全。周濂溪所说的主静也是这个意思。道通你这些话，说明你略有所见，但也难免把功夫看成了两回事。

## 【注释】

①谢良佐（1050—1103），河南上蔡人，字显道。进士。召对忤旨，任监场又坐口语下狱，废为民。称引前史，至不差一字。与游酢、吕大临和杨时同为程门四大弟子。参见《宋元学案》卷二十四。“天下何思何虑”见《易传·系辞下》。

②见《河南程氏外书》卷十二《上蔡语录》：“是则是有此理，贤却发得太早。”

③见《河南程氏文集》卷二《答横渠张子厚先生书》：“君子之学，莫若廓然而大公，物来而顺应。”“人之情各有所蔽，故不能适道，大率患在于自私而用智。自私则不能以有为为应迹，用智则不能以明觉为自然。”

④《河南程氏外书》卷十二《上蔡语录》：“恰好著工夫也。”

⑤《周子全书》卷一《太极图说》：“圣人定之以中正仁义而主静。”

来书云：“凡学者才晓得做工夫，便要识得圣人气象。盖认得圣人气象，把做准的，乃就实地做工夫去，才不会差，才是作圣工夫。未知是否？”

先认圣人气象，昔人尝有是言矣[①]，然亦欠有头脑，圣人气象自是圣人的，我从何处识认？若不就自己良知上真切体认，如以无星之秤而权轻重[②]，未开之镜而照妍媸[③]，真所谓以小人之腹，而度君子之心矣。圣人气象，何由认得？自己良知，原与圣人一般。若体认得自己良知明白，即圣人气象不在圣人而在我矣。程子尝云：“觑著尧，学他行事，无他许多聪明睿智，安能如彼之动容周旋中礼？”[④]又云：“心通于道，然后能辨是非。”[⑤]今且说通于道在何处？聪明睿智从何处出来？

## 【译文】

来信说：“学者一知道做功夫时就要认识到圣人的气象。因为，只有把圣人的气象当作标准去实地做功夫，才不会有差错，才是成为圣人的功夫。不知是不是如此？”

首先去认识圣人的气象，从前也有人说过，但它缺少一个主宰处。圣人的气象自然是圣人的，我从哪里可以认识到呢？如果不从自己良知上真切体认，有如用没有准星的秤去权衡轻重，用还未磨开的镜子去照美丑，真是所谓以小人之腹度君子之心了。圣人的气象怎么能够认识呢？自己的良知本来与圣人是一样的。如果能够把自己的良知体认明白，那么，圣人的气象就不在圣人那里，而在我身上了。程伊川曾说："觑著尧，学他行事，无他许多聪明睿智，安能如彼之动容周旋中礼？"又说："心通于道，然后能辨是非。"你能说出与道相通处在哪里？聪明睿智又是由何处来的？

## 【注释】

①见《河南程氏遗书》卷二十二上。

②星，以前秤杆上的刻度。

③古代的铜镜，铸成后还要打磨光净，才能明亮照人。

④见《河南程氏遗书》卷十八，意即：偷看模仿着尧去学他如何做事，但没有他那么多的聪明智慧，又如何能够做到处事应物无不符合礼呢？

⑤见《河南程氏文集》卷九。

来书云："事上磨炼，一日之内，不管有事无事，只一意培养本原。若遇事来感，或自己有感，心上既有觉，安可谓无事？但因事凝心一会，大段觉得事理当如此，只如无事处之，尽吾心而已。然仍有处得善与未善，何也？又或事来得多，须要次第与处，每因才力不足，辄为所困，虽极力扶起而精神已觉衰弱。遇此未免要十分退省。宁不了事，不可不加培养。如何？"

所说工夫，就道通分上也只是如此用，然未免有出入在。凡人为学，终身只为这一事。自少至老，自朝至暮，不论有事无事，只是做得这一件，所谓"必有事焉"者也。若说宁不了事，不可不加培养，却是尚为两事也。"必有事焉而勿忘勿助"，事物之来，但尽吾心之良知以应之，所谓"忠恕违道不远"矣。凡处得有善有未善，及有困顿失次之患者，皆是牵于毁誉得丧，不能实致其良知耳。若能实致其良知，然后见得平日所谓善者未必是善，所谓未善者，却恐正是牵于毁誉得丧，自贼其良知者也。

【译文】

来信说："在事上磨炼，就是在一天之内，不管有事无事，只一心一意去培养本原。如果有事来找到我，或者自己起了念头，这样心中就有了想法，怎么能说是无事呢？然而，如果顺着这些事情仔细思考一下，就会觉得事理应当如此。只当作无事时一样对待，尽我的心而已。但是为什么又有处理得好与不好的情况呢？有时事情特别多，需要依次处理。往往因为才力不够，被事情困扰。虽然想尽力坚持，但精神已感到疲惫了。遇到这种情况，难免要冷静下来反省自己，宁可不去处理完事情，也不能不去培养本原。是这样吗？"

所说的功夫，就你而言，也只能如此。但也难免有点出入。人的为学终身也只是这一件事。自少至老，从早到晚，不论有事无事，也只是在从事这一件所谓的"必有事焉"。如果说宁可不去处理事情也不能不去培养本原，这样就是两件事了。"必有事焉而勿忘勿助"，事物来了，只是尽我心的良知去应付，这就是所说的"忠恕违道不远"。凡是处事时好时坏，有困顿失序等毛病产生，都是因为被毁誉得失的心牵累，不能切实地推致他的良知。如果能够切实地推致他的良知，然后可以看到，平时所说的善未必就是善，所说的不善，恐怕正是因为计较毁誉得失而残害其良知的东西。

来书云："致知之说，春间再承诲益，已颇知用力，觉得比旧尤为简易。但鄙心则谓与初学言之，还须带格物意思，使之知下手处。本来致知格物一并下，但在初学未知下手用功，还说与格物，方晓得致知"云云。

格物是致知工夫，知得致知便已知得格物。若是未知格物，则是致知工夫亦未尝知也。近有一书与友人论此颇悉，今往一通细观之，当自见矣。

【译文】

来信说："有关致知，春天再次承蒙您的教诲，已深知用力处。我感到比以前简易多了。然而，我以为，在与初学者讲致知时，还是要与格物联系起来，使他们知道入手处。致知格物本来是一起的，然而初学者不知功夫的入手处，还是要先说格物，才能晓得致知……"

格物是致知的功夫，知道了致知，也就知道了格物。如果不知道格物，那么，致知的功夫也就没有知道。最近写给朋友的一封信中，详细地谈到了这一点。现在寄给你，您仔细看后就能明白。

来书云：“今之为朱、陆之辩者尚未已。每对朋友言，正学不明已久，且不须枉费心力为朱、陆争是非。只依先生‘立志’二字点化人，若其人果能辨得此志来，决意要知此学，已是大段明白了。朱、陆虽不辨，彼自能觉得。又尝见朋友中见有人议先生之言者，辄为动气。昔在朱、陆二先生所以遗后世纷纷之议者，亦见二先生工夫有未纯熟，分明亦有动气之病。若明道则无此矣。观其与吴涉礼论介甫之学云：‘为我尽达诸介甫，不有益于他，必有益于我也。’[①]气象何等从容！尝见先生与人书中亦引此言，愿朋友皆如此，如何？”

此节议论得极是极是。愿道通遍以告于同志，各自且论自己是非，莫论朱、陆是非也。以言语谤人，其谤浅。若自己不能身体实践，而徒入耳出口，呶呶度日，是以身谤也，其谤深矣。凡今天下之论议我者，苟能取以为善，皆是砥砺切磋我也，则在我无非警惕修省进德之地矣。昔人谓“攻吾之短者是吾师”[②]，师又可恶乎？

## 【译文】

来信说：“现在，为朱陆争辩的情况还存在。我常对朋友说，圣学已很久不能光明于天下，更不应该枉费心力为朱陆争是非。只需按照您的‘立志’二字去开导教化人。如果这个人真能辨明这个志，决意要知道圣学，那已经是大体明白了。即使他不去为朱陆争辩，他自己也能感觉出是非。我曾看到，有些朋友一听到别人批评您的言论就特别生气。朱熹和陆九渊二位先生之所以招致后世的众多议论，也可见二位先生的功夫还未纯熟分明，也有感情用事的毛病。而程明道就没有这个毛病。程明道与吴涉礼论王安石的学问时说：‘为我尽达诸介甫，不有益于他，必有益于我也。’这是何等从容的气象啊！我曾看到您在给别人的信中也引用了这段话。我希望朋友都能如此。您认为如何？”

你的这一段议论讲得非常好。希望你能让同志们都知道，各自只管自己的是非，不要去讨论朱陆的是非。用言语来毁谤人，这种毁谤还比较浅。如果自己不能身体力行，只是高谈阔论，荒废时日，这就是自己在毁谤自己了，这种毁谤就深了。如今天下议论我的人，如果能因此而为善，那么都是在与我砥砺切磋，对我而言，无非是为了警惕反省，增进道德。前人说“攻吾之短者是吾师”，对老师又有什么可厌恶的呢？

## 【注释】

①据陈荣捷考证，吴涉礼为吴师礼之误，字安仲，杭州人，工翰墨。见《宋元学案》卷六。王安石（1021—1086），字介甫，号半山，江西临川人，进士，有上宋仁宗万言书，主张变法。神宗时为相，全面变法。封为荆国公，卒谥文。著有《周官新义》等，“唐宋八大家”之一。见《宋元学案》卷九十八。引文见《河南程氏遗书》卷一。

②见《荀子·修身篇》。

来书云：“有引程子‘人生而静以上不容说，才说性便已不是性’[①]，何故不容说？何故不是性？晦庵答云：‘不容说者，未有性之可言。不是性者，已不能无气质之杂矣。’二先生之言皆未能晓，每看书至此，辄为一惑，请问。”

“生之谓性”，“生”字即是“气”字，犹言气即是性也。气即是性。人生而静以上不容说，才说“气即是性”，即已落在一边，不是性之本原矣。孟子性善，是从本原上说。然性善之端，须在气上始见得，若无气亦无可见矣。恻隐、羞恶、辞让、是非即是气。程子谓“论性不论气，不备；论气不论性，不明”[②]，亦是为学者各认一边，只得如此说。若见得自性明白时，气即是性，性即是气，原无性气之可分也。

## 【译文】

来信说：“有人引用二程的‘人生而静以上不容说，才说性便已不是性’，问朱熹为什么不容说，又为什么不是性。晦庵（朱熹）回答说：‘不容说者，未有性之可言。不是性者，已不能无气质之杂矣。’对二程和朱子的话我都不明白，每次看到这里就有疑惑。请您解释。”

“生之谓性”，“生”字也就是“气”字，好比说“气即是性”。气即是性。人生而静以上是不容说的，才说“气即是性”，那么性就偏在一边，不是性的本原了。孟子说性善，是从本原上说。然而性善的端倪只有在气上才能看到。如果没有气也就无法看到性。恻隐、羞恶、辞让、是非，就是气。二程说“论性不论气，不备；论气不论性，不明”，也是因为学者各自看到了一面，所以他只得如此说。如果明白地看到了自己的性，气即性，性即气，本来就没有性与气的分别。

【注释】

①见《河南程氏遗书》卷一。

②见《河南程氏遗书》卷六。

## 答陆原静书

来书云："下手工夫，觉此心无时宁静，妄心固动也，照心亦动也。心既恒动，则无刻暂停也。"

是有意于求宁静，是以愈不宁静耳。夫妄心则动也，照心非动也。恒照则恒动恒静，天地之所以恒久而不久也。照心固照也，妄心亦照也。"其为物不贰，则其生物不息。"有刻暂停，则息矣，非至诚无息之学矣。①

### 【译文】

来信说："在下手做功夫时，感到心没有片刻宁静。妄心固然在动，照心也在动。心既然常动，那么也就没有片刻宁静了。"

这是有意去求宁静，所以才愈加不能宁静。妄心是动的，照心是不动的。恒照就能恒动恒静，这是天地恒久不停的原因。照心固然是明亮的，妄心也是明亮的。"其为物不贰，则其生物不息。"有片刻的停息，那么就会灭亡，就不是"至诚无息"的学问了。

### 【注释】

①引文见《中庸》。

来信云："良知亦有起处"云云。

此或听之未审。良知者，心之本体，即前所谓恒照者也。心之本体，无起无不起。虽妄念之发，而良知未尝不在。但人不知存，则有时而或放耳。虽昏塞之极，而良知未尝不明，但人不知察，则有时而或蔽耳。虽有时而或放，其体实未尝不在也，存之而已耳。虽有时而或蔽，其体实未尝不明也，察之而已耳。若谓良知亦有起处，则是有时而不在也，非其本体之谓矣。

【译文】

来信说："良知也有开端处……"

这也许是你听得不仔细。良知是心的本体，也就是前面所说的恒照。心的本体是无所谓开端不开端的。虽然妄念产生了，但良知是未尝不在的。然而，人不知道存养，才会有时放失了。即使糊涂闭塞到了极点，良知也未尝不明。然而，人不知道省察，才会有时被蒙蔽了。虽然有时放失了，良知的本体未曾消失，这时只要存养它就行了。虽然有时受到蒙蔽，良知的本体未曾不明，这时只要明察到就行了。如果说良知也有开端，那么良知就会有时不存在了，这样良知就不是心的本体了。

来书云："前日精一之论，即作圣之功否？"

"精一"之"精"以理言，"精神"之"精"以气言。理者，气之条理；气者，理之运用。无条理则不能运用；无运用则亦无以见其所谓条理者矣。精则精，精则明，精则一，精则神，精则诚。一则精，一则明，一则神，一则诚，原非有二事也。但后世儒者之说与养生之说各滞于一偏，是以不相为用。前日"精一"之论，虽为原静爱养精神而发，然而作圣之功，实亦不外是矣。

【译文】

来信写道："前些天先生说的'精一'的论点，就是做圣人的功夫吗？"

"精一"的"精"是从理上说，"精神"的"精"是从气上说。理是气的条理，气是理的运用。没有条理就不能运用，没有运用也就无法看见所谓的条理。精就能精，就能明，就能一，就能神，就能诚。一就能精，就能明，就能神，就能诚。精与一本来并不是两件事。然而，后世儒家的主张与养生的观点，各自固执一边，所以不能互相吸取长处。以前我对"精一"的看法，虽然是为了你能爱护保养精神才说的，然而，做圣人的功夫实际上也不外如此。

来书云："元神、元气、元精，必各有寄藏发生之处，又有真阴之精，真阳之气"云云。

夫良知一也，以其妙用而言谓之神，以其流行而言谓之气，以其凝聚而言谓之精，安可形象方所求哉？真阴之精，即真阳之气之母。真阳之气，即真阴之精之父。阴根阳，阳根阴，亦非有二也。苟吾良知之说明，即凡若此类，皆可以不言而喻。不然，则如来书所云三关、七返、九还之属[①]，尚有无穷可疑者也。

## 【译文】

来信说："元神、元气、元精，必然各自都有寄藏发生的地方，又有真阴之精，真阳之气……"

良知就是一个。从它的妙用而言叫作神，从它的流行而言叫作气，从它的凝聚而言叫作精。怎么能从形象、方位处所上来求良知呢？真阴之精，也就是真阳之气的母。真阳之气，也就是真阴之精的父。阴根于阳，阳根于阴，也并非有阴阳二体。如果明白了我的良知说，那么，与此类似的，都可以不言而喻了。不然，就像你的来信中所说的三关、七返、九还之类，还会有无穷的可疑点。

## 【注释】

①三关，《淮南子·主术训》认为耳、目、口为三关，黄庭坚认为口为天关，手为人关，足为地关。道家又以头为天关，足为地关，手为人关。七返九还依道教外丹，本有七遍、九遍之说，按内丹派的说法，七返，七是火的成数，心属火，降心火于丹田下，养得肾中真气，复返于心田，即为七返之功。九为金的成数，情属金，摄情归性，养得性光圆明，以还先天真性，即为九还之功。

## 另一封

来书云："良知，心之本体，即所谓性善也，未发之中也，寂然不动之体也，廓然大公也，何常人皆不能而必待于学邪？中也，寂也，公也，既以属心之体，则良知是矣。今验之于心，知无不良，而中、寂、大公实未有也，岂良知复超然于体用之外乎？"

性无不善，故知无不良。良知即是未发之中，即是廓然大公、寂然不动之本体，人人之所同具者也。但不能不昏蔽于物欲，故须学以去其昏蔽。然于良知之本体，初不能有加损于毫末也。知无不良，而中、寂、大公未能全者，是昏蔽之未尽去，而存之未纯耳。体即良知之体，用即良知之用，宁复有超然于体用之外者乎？

### 【译文】

来信说："良知是心的本体，也就是所说的性善、未发之中、寂然不动之体、廓然大公等。为什么一般人都不能做到而必须经过学习呢？中、寂、公既然是心的本体，那也就是良知。现在到心中去考察，可见知无不良，而中、寂和大公其实是没有的。难道良知是超然于体用之外的吗？"

性无不善，所以知无不良。良知就是未发之中，就是廓然大公、寂然不动的本体。它是人人都有的。但良知不能不受物欲的遮蔽。所以需要通过学来消除其遮蔽。但是，这对于良知本体不会有丝毫的增损。知无不良，但中、寂和大公不能完全呈露是因为没有完全消除遮蔽，存养得还不纯净。体就是良知的体，用就是良知的用，哪有超然于体用之外的良知呢？

来书云："周子曰'主静'[①]，程子曰'动亦定，静亦定'，先生曰'定者，心之本体'，是静定也，决非不睹不闻、无思无为之谓。必常知、常存、常主于理之谓也。夫常知、常存、常主于理，明是动也，已发也，何以谓之静？何以谓之本体？岂是静定也，又有以贯乎心之动静者邪？"

理无动者也。常知、常存、常主于理，即不睹不闻、无思无为之谓也。不睹不闻、无思无为，非槁木死灰之谓也。睹闻思为一于理，而未尝有所睹闻思为，即是动而未尝动也。所谓“动亦定，静亦定”，体用一源者也。

## 【译文】

来信说：“周敦颐说‘主静’，程颢说‘动亦定，静亦定’，先生说‘定者，心之本体’。这个静定，绝不是指的不睹不闻、无思无为。它是指常知、常存、常主于理。然而，常知、常存、常主于理，显然是动的，属于已发，又为什么叫作静呢？为什么又称之为本体呢？难道这个静定是贯通心的动静的吗？”

理是不动的。常知、常存、常主于理，也就是指的不睹不闻，无思无为。不睹不闻，无思无为，不是如同槁木死灰一样。而是说，睹、闻、思、为都根据理，而未曾有别的睹、闻、思、为。这也就是动而未尝动，也就是所谓的动也定，静也定，体用一源。

## 【注释】

①见《周子全书》卷一《太极图说》。

来书云：“此心未发之体，其在已发之前乎？其在已发之中而为之主乎？其无前后、内外而浑然之体者乎？今谓心之动静者，其主有事无事而言乎？其主寂然、感通而言乎？其主循理、从欲而言乎？若以循理为静，从欲为动，则于所谓‘动中有静，静中有动’‘动极而静，静极而动’者，不可通矣[①]。若以有事而感通为动，无事而寂然为静，则于所谓‘动而无动，静而无静’者，不可通矣[②]。若谓未发在已发之先，静而生动，是至诚有息也[③]，圣人有复也[④]，又不可矣。若谓未发在已发之中，则不知未发、已发俱当主静乎？抑未发为静而已发为动乎？抑未发、已发俱无动无静乎？俱有动有静乎？幸教。”

未发之中，即良知也，无前后内外，而浑然一体者也。有事、无事可以言动、静，而良知无分于有事、无事也。寂然、感通可以言动、静，而良知无分于寂然、感通也。动静者，所遇之时。心之本体，固无分于动静也。理无动者也，动即为欲。循理则虽酬酢万变，而未尝动也；从欲则虽槁心一念，而未尝静也。“动中有静，静中有动”，又何疑乎？有事而感通，固可以言动，然而寂然者未尝有增也；无事而寂然，固可以言静，然而感通者未尝有减也。“动而无动，静而无静”，又何疑乎？

无前后内外而浑然一体，则至诚有息之疑，不待解矣。未发在已发之中，而已发之中未尝别有未发者在，已发在未发之中，而未发之中未尝别有已发者存。是未尝无动、静，而不可以动、静分者也。凡观古人言语，在以意逆志而得其大旨。若必拘滞于文义，则“靡有孑遗”者，是周果无遗民也⑤。周子“静极而动”之说，苟不善观，亦未免有病。盖其意从太极“动而生阳，静而生阴”说来。太极生生之理，妙用无息，而常体不易。太极之生生，即阴阳之生生。就其生生之中，指其妙用无息者而谓之动，谓之阳之生，非谓动而后生阳也。就其生生之中，指其常体不易者而谓之静，谓之阴之生，非谓静而后生阴也。若果静而后生阴，动而后生阳，则是阴阳、动静，截然各自为一物矣。阴阳一气也，一气屈伸而为阴阳。动静一理也，一理隐显而为动静。春夏可以为阳为动，而未尝无阴与静也；秋冬可以为阴为静，而未尝无阳与动也。春夏此不息，秋冬此不息，皆可谓之阳、谓之动也。春夏此常体，秋冬此常体，皆可谓之阴、谓之静也。自元、会、运、世、岁、月、日、时以至刻、杪、忽、微，莫不皆然。所谓动静无端，阴阳无始，在知道者默而识之，非可以言语穷也。若只牵文泥句，比拟仿像，则所谓心从《法华》转，非是转《法华》矣⑥。

## 【译文】

来信说：“此心未发之体，是在已发之前呢？还是在已发之中并主宰着已发呢？还是不分前后内外而浑然一体呢？现在所说的心的动静，主要是从有事无事上说呢？还是从寂然不动与感而遂通上说呢？还是从循理从欲上来说呢？如果以为循理为静、从欲为动，那么‘动中有静，静中有动’‘动极而静，静极而动’就讲不通了。如果认为有事时的感通是动，无事时的寂然是静，那么，‘动而无动，静而无静’就说不通了。如果说未发在已发之前，静而生动，那么，至诚就有了停息，圣人也需要复性了。但这是不对的。如果说未发在已发之中，我不知道是未发已发都应主宰静呢？还是未发是静，而已发是动呢？还是未发已发都没有动与静，或者都有动与静呢？请指教。”

未发之中就是良知，它没有前后内外的分别，浑然一体。从有事与无事上可以分动静，但良知不能分成有事与无事。从寂然与感通上可以分动静，但良知在寂然与感通时是没有区别的。动静是指因时而异。心的本体当然没有动与静的区分，理是不动的，动就变成了欲。只要依循理，即使酬酢万变也未曾动。如果顺从欲，即使死心无念也未尝静。“动中有静，静中有动”，这又有什么可怀疑的呢？遇事时的感通固然可以说是动，但是，那寂然不动者并未增加什么。无事时的寂然固然可以说是静，然而，那感而遂通者并未减少什么。“动而无动，静而无静”，又有什么可怀疑的呢？

良知浑然一体，没有前后内外的区分，那么，有关至诚有停息的疑问就不解自明了。未发在已发之中，但已发之中，未尝另有一个未发存在。已发在未发之中，而未发之中未尝另有一个已发存在。这里未尝无动、静，只是不能以动、静来区分未发已发。凡是看古人的话，应该用心去推敲其中的意思，从而明白其宗旨。如果一定要局限在文字上，那么，“靡有孑遗”难道果真是说周朝没有遗民吗？周敦颐的“静极而动”，如果不能正确理解，也难免有问题。因为，他的意思是从太极“动而生阳，静而生阴”上说来的。太极生生之理，既是妙用不停的，又是常体不易的。太极生生也就是阴阳的生生。在生生之中，指其妙用不息的方面叫作动，这就是阳的产生，并非说在动之后才产生阳。在生生之中，指其常体不变的方面叫作静，也就是阴的产生，并非说在静之后产生阴。如果真是静之后生阴，动之后生阳，那么，阴阳动静又截然不同，各为一物了。阴阳，是一个气，一气的屈伸而产生了阴阳。动静同指一个理，理的隐伏与显露而产生动静。春夏可以说是阳是动，但也不能没有阴与静。秋冬可以说是阴是静，但也不能说没有阳与动。春夏是这样生生不息的，秋冬也是这样生生不息的，都可以叫作阳与动。春夏有这个不变的常体，秋冬也有这个不变的常体，都可以叫作阴与静。从元、会、运、世、岁、月、日、时到刻、分、秒、忽、微，无不如此。程伊川所说的“动静无端，阴阳无始”，需要知晓道的人默然体认，不是可以用言语来说清楚的。如果只拘泥于文句，比拟仿效，那么，正是所谓的心随《法华》转，并非心转《法华》了。

## 【注释】

①见《河南程氏遗书》卷七及《太极图说》。

②见周敦颐的《通书》。

③《中庸》："故至诚无息。"

④《通书》第三章："性焉安焉之谓圣，复焉执焉之谓贤。"

⑤见《孟子·万章上》："故说诗者，不以文害辞，不以辞害志。以意逆志，是为得之。如以辞而已矣，云汉之诗曰：'周余黎民，靡有孑遗。'信斯言也，是周无遗民也。"

⑥见《坛经》法海本（四二）："心行转《法华》，不行《法华》转。心正转《法华》，心邪《法华》转。开佛智见转《法华》，开众生智见《法华》转。"

来书云："尝试于心，喜、怒、忧、惧之感发也，虽动气之极，而吾心良知一觉，即罔然消阻，或遏于初，或制于中，或悔于后。然则良知常若居优闲无事之地而为之主，于喜、怒、忧、惧若不与焉者，何欤？"

知此，则知未发之中、寂然不动之体，而有发而中节之和、感而遂通之妙矣。然谓良知常若居于优闲无事之地，语尚有病。盖良知虽不滞于喜、怒、忧、惧，而喜、怒、忧、惧亦不外于良知也。

## 【译文】

来信说："曾在心中验证，喜、怒、忧、惧等情感出现了，即使特别生气时，只要我心的良知觉悟了，也能缓解或消失。有时在一开始就被制止，有时在发作过程中才被制止，有时在事后才悔悟。然而，良知好像经常是在悠闲无事的地方主宰着情感，与喜怒忧惧似乎不相干，这是为什么呢？"

知道了这一点也就明白了：未发之中、寂然不动之体已有发而中节之和与感而遂通的妙用。但是，说良知好像常处悠闲无事之地，这话还有缺点。因为，良知虽然不滞留在喜怒忧惧上，但喜怒忧惧也不在良知之外。

来书云："夫子昨以良知为照心。窃谓良知，心之本体也。照心，人所用功，乃戒慎恐惧之心也，犹思也。而遂以戒慎恐惧为良知，何欤？"

能戒慎恐惧者，是良知也。

## 【译文】

来信说："先生您以前认为良知是照心。我以为良知是心的本体。照心是人所用的功夫，就是戒慎恐惧之心，与思相类似。而您直接认为戒慎恐惧就是良知，这是为什么呢？"

能使人戒慎恐惧的，就是良知。

来书云："先生又曰：'照心非动也。'岂以其循理而谓之静欤？'妄心亦照也。'岂以其良知未尝不在于其中，未尝不明于其中，而视听言动之不过则者皆天理欤？且既曰妄心，则在妄心可谓之照，而在照心则谓之妄矣。妄与息何异？今假妄之照以续至诚之无息，窃所未明，幸再启蒙。"

"照心非动"者，以其发于本体明觉之自然，而未尝有所动也。有所动即妄矣。"妄心亦照"者，以其本体明觉之自然者，未尝不在于其中，但有所动耳。无所动即照矣。无妄、无照，非以妄为照，以照为妄也。照心为照，妄心为妄，是犹有妄、有照也。有妄、有照，则犹贰也，贰则息矣。无妄、无照则不贰，不贰则不息矣。

## 【译文】

来信说："先生认为'照心非动也'，难道是因为照心循理才是静的吗？'妄心亦照也'，是不是因为良知未尝不在妄心中，又未尝不在妄心中明察，而人的视听言动符合标准的都是天理呢？既然说是妄心，那么，良知在妄心上可叫作照，但在照心上则可以叫作妄了。妄与息有什么区别？现在把妄心有照与至诚无息联系起来，我还不明白，请您开导为盼。"

"照心非动"，因为它来源于本体天然所具有的明觉，所以未尝有所动。有所动就是妄了。"妄心亦照"，因为本体天然的明觉未尝不在妄心之中，只是有所动而已，无所动就是照心了。无妄无照，并非把妄心看成照心，把照心看成妄心。如果认为照心为照，妄心为妄，这仍然是有妄有照。有妄有照，那么仍然是两个心。心分为二，那么就有了停息。无妄无照就不是两个心，心为一，那么就能不息了。

来书云："养生以清心寡欲为要。夫清心寡欲，作圣之功毕矣。然欲寡则心自清，清心非舍弃人事而独居求静之谓也。盖欲使此心纯乎天理，而无一毫人欲之私耳。今欲为此之功，而随人欲生而克之，则病根常在，未免灭于东而生于西。若欲刊剥洗荡于众欲未萌之先，则又无所用其力，徒使此心之不清。且欲未萌而搜剔以求去之，是犹引犬上堂而遂之也，愈不可矣。"

必欲此心纯乎天理，而无一毫人欲之私，此作圣之功也。必欲此心纯乎天理，而无一毫人欲之私，非防于未萌之先而克于方萌之际不能也。防于未萌之先而克于方萌之际，此正《中庸》"戒慎恐惧"、《大学》"致知格物"之功。舍此之外，无别功矣。夫谓灭于东而生于西、引犬上堂而逐之者，是自私自利、将迎意必之为累[①]，而非克治洗荡之为患也。今曰养生以清心寡欲为要，只"养生"二字，便是自私自利、将迎意必之根。有此病根潜伏于中，宜其有灭于东而生于西、引犬上堂而逐之之患也。

## 【译文】

来信说："养生最重要的是清心寡欲。人能清心寡欲，做圣人的功夫也就完成了。然而，欲望少了，心自然会清明，清心并非要舍弃人事而独处以求静定。而是要使这心纯是天理，没有丝毫人欲之私。现在想要清心寡欲，但如果就人欲产生处去克制，那么病根既然存在，难免会有灭于东而生于西的情况。如果说想在私欲还未萌生之前就铲除灭尽，又没有什么可用力的地方，反而使这心不清明。而且，人欲未萌发就去搜索找寻以求剔除它，这就好像引狗进屋而后再去赶走它，这更说不通了。"

一定要此心纯是天理而没有丝毫私欲，这是做圣人的功夫。一定要这心纯是天理而没有丝毫私欲，就必须在私欲未萌发之前加以防止，在私欲刚萌发时加以克制。在私欲未萌生之前就要防止，在私欲刚萌发时加以克制，这正是《中庸》的"戒慎恐惧"的功夫，也是《大学》的"格物致知"的功夫。除此之外，再没有别的功夫。你所说的私欲灭于东却生于西、引狗进屋而后赶走它等情况，是由自私自利、将迎意必造成的，而并不是由克制洗荡而引起的。现在说养生最重要的是清心寡欲，这"养生"二字便是自私自利与将迎意必的根源。有这个病根潜伏在心中，难怪会有你所说的私欲灭于东而生于西、引狗进屋而后赶走的弊病了。

## 【注释】

①《庄子·知北游》："无有所将，无有所迎。"将，意为送，即不要迎送、任其自然。《论语·子罕》："子绝四：毋意，毋必，毋固，毋我。"意为私意，必为一定如此。

来书云："佛氏于'不思善不思恶时，认本来面目'[①]，于吾儒随物而格之功不同。吾若于不思善、不思恶时用致知之功，则已涉于思善矣。欲善恶不思，而心之良知清静自在，惟有寐而方醒之时耳。斯正孟子'夜气'之说。但于斯光景不能久，倏忽之际，思虑已生。不知用功久者，其常寐初醒而思未起之时否乎？今澄欲求宁静，愈不宁静，欲念无生，则念愈生。如之何而能使此心前念易灭，后念不生，良知独显，而与造物者游乎？[②]"

不思善不思恶时认本来面目。此佛氏为未识本来面目者设此方便。本来面目即吾圣门所谓良知。今既认得良知明白，即已不消如此说矣。随物而格，是致知之功，即佛氏之"常惺惺"，亦是常存他本来面目耳。体段工夫大略相似。但佛氏有个自私自利之心，所以便有不同耳。今欲善恶不思，而心之良知清静自在，此便有自私自利、将迎意必之心，所以有"不思善、不思恶时，用致知之功，则已涉于思善"之患。孟子说"夜气"，亦只是为失其良心之人，指出个良心萌动处，使他从此培养将去。今已知得良知明白，常用致知之功，即已不消说"夜气"。却是得兔后不知守兔，而仍去守株，兔将复失之矣。欲求宁静，欲念无生，此正是自私自利、将迎意必之病，是以念愈生而愈不宁静。良知只是一个良知，而善恶自辨，更有何善何恶可思？良知之体本自宁静，今却又添一个求宁静，本自生生，今却又添一个欲无生　非独圣门致知之功不如此，虽佛氏之学亦未如此将迎意必也。只是一念良知，彻头彻尾，无始无终，即是前念不灭，后念不生。今却欲前念易灭，而后念不生，是佛氏所谓"断灭种性"，入于槁木死灰之谓矣。

## 【译文】

来信说："佛教主张'不思善不思恶时，认本来面目'，这与我们儒家所说的在物上格物的功夫不同。我如果在不思善不思恶时用致知的功夫，那么就已想到了善。如果要想善恶都不去想，使我心的良知清静自在，只有在睡觉刚醒来的时候。这正是孟子所说的‘夜气’。但是这样的光景不能持久。倏忽之间，思虑又产生了。我不知道用功很久的人，能不能经常如同在睡觉刚醒来，思虑未产生时那样呢？如今，我想求得宁静却更加不宁静，想没有思虑而思虑越多。怎样才能使这心前念易灭而后念不生，使良知独自显现，而与造物者同游呢？”

在不想善不想恶时认识本来面目，这是佛教针对不识本来面目的人所讲的简便方法。本来面目，就是我们儒家所说的良知。现在既然能够把良知认识明白也就不用这样说了。在物上去格物，这是致知的功夫。佛教所说的“常惺惺”，也是佛教要常存他的本来面目。儒佛的格局与功夫大致相似。只是佛教有个自私自利的心，所以才有了不同。现在你又要不想善恶而使人心良知清静自在，这便有了自私自利、将迎意必的心。所以才有在不想善也不想恶时用致知的功夫，就已有想善的毛病。孟子说“夜气”，也只是为那些失去了良心的人指出一个良心萌动的地方，使他能从这里入手去加以培养。现在已经明白地认识了良知，再经常用致知的功夫，也就不用说“夜气”了。否则，将会是得到兔子后不知去守兔子却仍然去守着树株，这样兔子就会再失去。希望求得宁静，希望没有私念产生，这正是自私自利、将迎意必的毛病。所以，你才会念虑越多而越不能宁静。良知只有一个，有了良知就自然能辨别善恶，还有什么必要再去思虑善恶呢？良知本体本来宁静，现在却又要添一个去求宁静。良知原本生生不息，现在却又要添一个心要无生。不仅圣学致知的功夫不是这样，即使佛教也不是如此将迎意必。只要一心在良知上，彻头彻尾，无始无终，也就是前念不灭，后念不生了。现在你却要前念易灭，后念不生，这是佛教的“断灭种性”，与槁木死灰差不多了。

## 【注释】

①《坛经》行由品第一：“惠能云：不思善、不思恶，正与么时，那个是明上座本来面目。”

②《庄子·天下篇》：“上与造物者游，而下与外死生、无始终者为友。”

来书云：“佛氏又有常提念头之说，其犹孟子所谓‘必有事’，夫子所谓致良知之说乎？其即‘常惺惺’、常记得、常知得、常存得者乎？于此念头提在之时，而事至物来，应之必有其道。但恐此念头提起时少，放下时多，则工夫间断耳。且念头放失，多因私欲客气之动而始，忽然惊醒而后提，其放而未提之间，心之昏杂多不自觉。今欲日精日明，常提不放，以何道乎？只此常提不放，即全功乎？抑于常提不放之中，更宜加省克之功乎？虽曰常提不放，而不加戒惧克治之功，恐私欲不去；若加戒惧克治之功焉，又为'思善'之事，而于本来面目又未达一间也。如之何则可？"

戒惧克治即是常提不放之功，即是"必有事焉"，岂有两事邪？此节所问，前一段已自说得分晓，末后却是自生迷惑，说得支离。及有本来面目未达一间之疑，都是自私自利、将迎意必之为病，去此病自无此疑矣。

## 【译文】

来信说："佛教还有常提念头的主张，这与孟子所讲'必有事'，您所讲的致良知相似吗？这就是'常惺惺'、常记得、常知得、常存得吗？在提起这个念头时，应付众多事物一定会有条不紊。只是恐怕这念头提起的时候少而放失的时候多，那么功夫就有间断了。况且这念头的放失，多是由人心私欲和气的萌动引起的。突然惊醒之后又可提起。但在放失而未提起时，由于心的昏暗与杂乱往往不能自觉到。现在要想念头日益光明精进，常提而不放，又有什么方法呢？只要这念头常提不放就是全部功夫了吗？还是在这常提不放中更要有省察克治的功夫呢？虽然说是常提不放，然而不再有戒惧克治的功夫，恐怕不能除去私欲。如果再有戒惧克治的功夫，又变成了'思念'，而这与本来面目又不相契合了。怎样做才行呢？"

戒惧克治就是常提不放的功夫，也就是"必有事焉"，怎么会是两回事呢？你这一段所问的问题，前一部分已经说得清楚明白，而后来你却自己迷惑自己，说得支离。还有与本来面目不相契合的疑问，都是由自私自利、将迎意必的毛病引起的。除去这个毛病，自然就没有这些疑惑了。

来书云："'质美者明得尽，渣滓便浑化'[①]。如何谓明得尽？如何而能便浑化？"

良知本来自明。气质不美者，渣滓多，障蔽厚，不易开明。质美者，渣滓原少，无多障蔽，略加致知之功，此良知便自莹彻，些少渣滓，如汤中浮雪，如何能作障蔽。此本不甚难晓，原静所以致疑于此，想是因一“明”字不明白，亦是稍有欲速之心。向曾面论明善之义，“明则诚矣”[②]，非若后儒所谓明善之浅也。

## 【译文】

来信说：“‘质美者明得尽，渣滓便浑化’，怎么叫作明得尽？怎样才能浑化呢？”

良知本来就是明净的，气质不好的人渣滓就多，遮蔽也就厚，不容易使良知光明呈现。气质好的人，渣滓本来就少，也没有多少遮蔽，稍加致知的功夫，这良知就能莹彻无瑕，些许渣滓，有如热汤中的浮雪，怎么能成为障蔽呢？这本来并不难懂。原静你之所以对此有疑问，想必是因为对“明”字不明白，这也是因为你略有欲速之心。从前我曾当面与你讨论过明善的意思，“明则诚矣”，并不像后儒所讲的明善那样简单。

## 【注释】

①见《河南程氏遗书》卷十一。

②语见《中庸》。

来书云：“聪明睿知，果质乎？仁义礼智，果性乎？喜怒哀乐，果情乎？私欲客气，果一物乎？二物乎？古之英才，若子房、仲舒、叔度、孔明、文中、韩、范诸公，德业表著，皆良知中所发也，而不得谓之闻道者，果何在乎？苟曰此特生质之美耳，则生知安行者，不愈于学知、困勉者乎？愚者窍云，谓诸公见道偏则可，谓全无闻，则恐后儒崇尚记诵训诂之过也。然乎否乎？”

性一而已。仁、义、礼、知，性之性也。聪、明、睿、知，性之质也。喜、怒、哀、乐，性之情也。私欲、客气，性之蔽也。质有清浊，故情有过不及，而蔽有浅深也。私欲、客气，一病两痛，非二物也。张、黄、诸葛及韩、范诸公，皆天质之美，自多暗合道妙，虽未可尽谓之知学，尽谓之闻道，然亦自有其学违道不远者也。使其闻学知道，即伊、傅、周、召矣。若文中子则又不可谓之不知学者，其书虽多出于其徒，亦多有未是处，然其大略，则亦居然可见。但今相去辽远，无有的然凭证，不可悬断其所至矣。夫良知即是道，良知之在人心，不但圣贤，虽常人亦无不如此。若无有物欲牵蔽，但循著良知发用流行将去，即无不是道。但在常人多为物欲牵蔽，不能循得良知。如数公者，天质既自清明，自少物欲为之牵蔽，则其良知之发用流行处，自然是多，自然违道不远。学者学循此良知而已。谓之知学，只是知得专在学循良知。数公虽未知专在良知上用功，而或泛滥于多歧，疑迷于影响，是以或离或合而未纯。若知得时，便是圣人矣。后儒尝以数子者尚皆是气质用事，未免于行不著，习不察。此亦未为过论。但后儒之所谓著察者，亦是狃于闻见之狭，蔽于沿习之非，而依拟仿像于影响形迹之间，尚非圣门之所谓著察者也。则亦安得以己之昏昏，而求人之昭昭也乎？所谓生知安行，“知行”二字亦是就用功上说。若是知行本体，即是良知良能。虽在困勉之人，亦皆可谓之生知安行矣。“知行”二字更宜精察。

## 【译文】

来信说：“人的聪明睿智果然是天生的资质吗？仁义礼智果然是人的本性吗？喜怒哀乐果然是人的情吗？私欲与虚伪，到底是一回事呢还是两件事呢？古代许多杰出的人物，如张良、董仲舒、黄宪、诸葛亮、王通、韩琦、范仲淹等人，他们德业卓著，都是他们的良知在起作用。但是，又为什么不能说他们是知晓道的人呢？如果说这只是因为他们的天生资质好，那么，生知安行的人难道不比学知利行、困知勉行的人更好吗？我认为，说他们所见的道不全面还可通。而认为他们完全不知晓道，恐怕是后儒因崇尚记诵训诂才对他们有了错误的看法。我的这种理解对吗？”

性只有一个。仁义礼智是性的本质，聪明睿智是性的资质，喜怒哀乐是性的情感，私欲虚伪是性的障蔽。资质有清浊之分，所以，情有过与不及，而蒙蔽也有了深浅之别。私欲与动气是同一病的两处痛，并不是两回事。张、黄、诸葛及韩、范诸公，都是天资极好的人，自然与神妙的道多有符合。虽然不能说他们是完全知学闻道的人，但他们也自有其学与道相离不远的地方，假若他们能够闻学知道，那么就是伊尹、傅说、周公、召公了。至于王通又不能认为他是不知学的人，他的书虽然多半是他的门人写的，也有很多不正确的地方，但也能看出其大概。但是，如今相隔已久了，没有确实的凭证，也不能断定他的学与道达到了何种地步。良知就是道，良知就在人的心中，不仅圣贤，就是普通人也无不如此。

如果没有物欲的引诱与蒙蔽，全凭良知去发挥作用，那么将会无不是道。然而，普通人往往受物欲引诱，不能够依循良知。至于所说的这数位杰出人物，资质已经清明，自然很少受物欲的引诱，那么，他们的良知起作用的地方也就多一些，自然能够离道不远。学也就是要学会依循这良知而已。所谓的知学，也只是能知道专一地去学习如何依循良知。前面的几位杰出人物不知道只在良知上用功，有的爱好兴趣太多，受其他事物的影响和迷惑。所以，他们有时偏离道有时又与道合，没有达到纯正的地步。如果知道只在良知上下功夫，那他们便是圣人了。后儒认为他们都是凭天资才有所作为，难免会有行不著、习不察的情况。这种看法也不过分。只是后儒所说的著与察，仅局限于狭小的见闻之内，受到不良风俗的影响，把似是而非的现象加以比拟模仿，并不是圣人所说的著与察。那么，这又怎么能以己之昏昏而使人昭昭呢？所谓生知安行，这“知行”二字也是从用功上说的。至于知行的本体，就是良知良能，即使那些困知勉行的人也都可以说是生知安行的。“知行”这两个字，应该精心考察。

来书云：“昔周茂叔每令伯淳寻仲尼、颜子乐处①。敢问是乐也，与七情之乐同乎？否乎？若同，则常人之一遂所欲，皆能乐矣，何必圣贤？若别有真乐，则圣贤之遇大忧、大怒、大惊、大惧之事，此乐亦在否乎？且君子之心常存戒惧，是盖终身之忧也，恶得乐？澄平生多闷，未尝见真乐之趣，今切愿寻之。”

乐是心之本体，虽不同于七情之乐，而亦不外于七情之乐。虽则圣贤别有真乐，而亦常人之所同有，但常人有之而不自知，反自求许多忧苦，自加迷弃。虽在忧苦迷弃之中，而此乐又未尝不存，但一念开明，反身而诚，则即此而在矣。每与原静论，无非此意，而原静尚有何道可得之问，是犹未免于骑驴觅驴之蔽也。

## 【译文】

来信说：“从前周敦颐常要程明道寻找仲尼与颜回的乐处。试问，这种乐与七情的乐是否相同呢？如果相同，常人只要满足了欲求也都能快乐，又何必成圣贤呢？如果是另外有一个真正的乐，那么，圣贤遇到了大忧、大怒、大惊、大惧的事，这个乐也还存在吗？况且，君子的心是常有戒惧的，这是相伴终身的忧患，又怎么能乐呢？我平时多有烦恼，还未曾见到真正的乐趣。现在我真切地希望能找到。”

乐是心的本体，虽然与七情的乐不同，但又不在七情的乐之外。虽然圣贤另有一个真乐，但也是常人都有的，只是常人有这种乐而自己却不知道，反而去找许多忧苦，自己糊里糊涂地放弃了这种乐。即使在忧苦迷悟之中，这真乐也未曾消失。只要一念顿悟，反求自身，与本体同一，那么，这种乐也就能感觉到了。每次与你讲的，都是这个意思，而你还要问怎样才能获得真乐，这难免有骑驴寻驴的毛病。

## 【注释】

①《河南程氏遗书》卷二上："昔受学于周茂叔，每令寻颜子仲尼乐处，所乐何事。”未注明是程颢还是程颐受学，朱熹《近思录》认为是程颢的话。孔颜乐处，多数注家认为是出于《论语·雍也》："子曰：贤哉回也，一箪食，一瓢饮，在陋巷，人不堪其忧，回也不改其乐，贤哉，回也。”还有《论语·述而》："子曰：饭疏食饮水，曲肱而枕之，乐亦在其中矣。”

来书云："《大学》以心有好乐、忿懥、忧患、恐惧为不得其正，而程子亦谓‘圣人情顺万事而无情’①。所谓有者，《传习录》中以病疟譬之，极精切矣。若程子之言，则是圣人之情不生于心而生于物也。何谓耶？且事感而情应，则是是非非可以就格。事或未感时，谓之有则未形也，谓之无则病根在有无之间，何以致吾知乎？学务无情，累虽轻，而出儒入佛矣，可乎？”

圣人致知之功，至诚无息。其良知之体，皎如明镜，略无纤翳，妍媸之来，随物见形，而明镜曾无留染，所谓情顺万事而无情也。“无所住而生其心”②，佛氏曾有是言，未为非也。明镜之应物，妍者妍，媸者媸，一照而皆真，即是生其心处。妍者妍，媸者媸，一过而不留，即是无所住处。病疟之喻，既已见其精切，则此节所问可以释然。病疟之人，疟虽未发，而病根自在，则亦安可以其疟之未发，而遂忘其服药调理之功乎？若必待疟发而服药调理，则既晚矣。致知之功，无间于有事无事，而岂论于病之已发未发邪？大抵原静所疑，前后虽若不一，然皆起于自私自利、将迎意必之为祟。此根一去，则前后所疑，自将冰消雾释，有不待于问辨者矣。

**【译文】**

来信说："《大学》认为心有所好乐、愤怒、忧患和恐惧，心就不能平正。程明道也认为圣人顺适万物的情而自己无情。所说的有情，在《传习录》中曾以痁疾作比喻，特别精当贴切。如果按程明道的说法，圣人的情不是产生于心，而是产生于物。为什么这样说呢？如果事情临到头上时而有了相应的情，那么，其中的是与非可以去格。然而，在事情未来的时候，说有情，但它又未显现；说无情，可情就像病根一样地存在着，似有似无。怎样来致知呢？学要务求无情，这样，烦恼虽然少了，但又是出儒入佛了。无情能行吗？"

圣人致知的功夫是至诚无息的，圣人的良知本体，亮如明镜，没有纤尘留存。在镜前美丑总是呈现出它的原貌，但在明镜上什么也没留下。这就是所说的情顺适万物而无情。"无所住而生其心"，佛教曾这样说过，这话并不错。明镜照物，美的就显现为美，丑的就显现为丑。一照就能还它的真实面目，这就是"生其心"。美者为美，丑者为丑，照过以后什么也未留下，这就是"无所住"。有关痁疾的比喻，你既然认为精当贴切，那么，这一段的问题自然也能解决了。患痁疾的人，病虽然未发作，但病根还在，怎么能因为他的痁疾未发作就不去服药调理呢？如果一定要等到痁疾发作后再去服药调理，那就为时已晚了。致知的功夫是不分有事无事的，又怎么能与病是否发作相比呢？你的主要疑问，前后虽然不一样，但都是自私自利、将迎意必在作祟，这个病根一去，那么，你的诸多疑问自然会冰消雾散，也不用再去疑问辨解了。

**【注释】**

①见《河南程氏文集》卷二《答横渠张子厚先生书》。

②见《金刚经》第十品。

答原静书出，读者皆喜澄善问，师善答，皆得闻所未闻。师曰："原静所问只是知解上转，不得已与之逐节分疏。若信得良知，只在良知上用功，虽千经万典无不吻合，异端曲学一勘尽破矣，何必如此节节分解？佛家有扑人逐块之喻[①]，见块扑人，则得人矣，见块逐块，于块奚得哉？"在座诸友闻之，惕然皆有惺悟。

此学贵反求，非知解可入也。②

## 【译文】

答陆原静的信公开后，读者都很高兴，认为陆澄问得好，老师也回答得精彩，这些都是前所未闻的内容。老师曾说："原静所问的问题，都只是从知解上发问，我不得已给他逐节解释。如果真能相信良知，只在良知上用功。即使面对千万经典，也会无不与之吻合。对于异端邪学，就可以一击即溃了，又何必如此逐一解释呢？佛教有狗不咬人而追石块的比喻。看见石块而扑向人才能咬到人，见到石块而去追逐石块，从石块那里又能得到什么呢？"在座的诸位朋友听说后，都心怀警惧，略有省悟。致良知这一学问贵在反身自求，不是从知解上可以获得的。

## 【注释】

①《涅槃经》第二十六品："凡一切凡夫，虽观于果，不观因缘，如犬逐块不逐人，亦复如是。"《续藏经》的《祖庭事苑》："不掷块于犬，犬逐块也。块终不止。有掷于狮子，狮子逐人，其块自止。"

②这一段疑为钱德洪的附注，是在他编订《传习录》三卷时所增。

# 答欧阳崇一

崇一来书云："师云：'德性之良知，非由于闻见，若曰多闻择其善者而从之，多见而识之，则是专求之见闻之末，而已落在第二义。'[①]窃意良知虽不由见闻而有，然学者之知，未尝不由见闻而发。滞于见闻固非，而见闻亦良知之用也。今日落在第二义，恐为专以见闻为学者而言，若致其良知而求之见闻，似亦知行合一之功矣。如何？"

良知不由见闻而有，而见闻莫非良知之用。故良知不滞于见闻，而亦不离于见闻。孔子云："吾有知乎哉？无知也。"[②]良知之外，别无知矣。故致良知是学问大头脑，是圣人教人第一义。今云专求之见闻之末，则是失却头脑，而已落在第二义矣。近时同志中，盖已莫不知有致良知之说，然其工夫尚多鹘突者，正是欠此一问。大抵学问工夫只要主意头脑是当。若主意头脑专以致良知为事，则凡多闻多见，莫非致良知之功。盖日用之间，见闻酬酢，虽千头万绪，莫非良知之发用流行。除却见闻酬酢，亦无良知可致矣。故只是一事。若曰致其良知而求之见闻，则语意之间未免为二。此与专求之见闻之末者虽稍不同，其为未得精一之旨，则一而已。"多闻，择其善者而从之，多见而识之。"既云"择"，又云"识"，其良知亦未尝不行于其间。但其用意乃专在多闻多见上去择识，则已失却头脑矣。崇一于此等语见得当已分晓，今日之问，正为发明此学，于同志中极有益。但处意未莹，则毫厘千里，亦不容不精察之也。

## 【译文】

崇一来信说："老师认为：'人的德行良知不依赖于见闻，如果要多闻择其善者而从之，多见而识之，那是只在见闻等末节上探求，这已经是次要的问题。'我以为，良知虽然不是来自见闻，但是，人的知识也未尝不是由见闻引发的。局限于见闻固然不对，但见闻也是良知的作用。现在说见闻是次要的，恐怕是针对那些只把见闻当作学问的人而言的。如果能够致良知，又从见闻上探求，似乎也是知行合一的功夫，这对吗？”

良知不是从见闻上产生的，然而见闻无非良知的作用。因此，良知既不局限在见闻上，却也不离开见闻。孔子说：“我有知乎哉？无知也。”良知之外没有别的知。所以，致良知是学问的关键所在，是圣人教导人的第一要义。现在说只在见闻等末节上探求，那就失去了主宰处，关注的只是次要的问题。近来，同志们没有不知道致良知的，但他们的功夫仍然有很多的糊涂之处，正是没有你的这一疑问造成的。一般来说，学问的功夫必须抓住最关键的问题。如果把致良知看成最关键的事，那么，即使多闻多见，也无不是致良知的功夫。随着岁月的流逝，见闻增多，酬酢万变，即使千头万绪，也无非良知的发用流行。离开了见闻酬酢也无法致良知了。所以，良知与见闻就是一件事。如果说致其良知并从见闻上求之，那么，在语义上难免把良知见闻看成了两件事。这虽然与只在见闻末节上求良知的人稍有不同，但他们都不知道“惟精惟一”的宗旨，则是一样的。“多闻，择其善者而从之。多见而识之。”既然说了“择”与“识”，可见良知也未尝不在其中起作用。然而，其用意还是只在多闻多见上去选择、记住，已经失却了最关键的东西。在这些地方想必你已清楚了。现在你的问题，正是为了阐明良知学，对同志很有帮助。只是意思不太明白，为了避免出现差之毫厘、失之千里的情况，也不能不详细考察。

## 【注释】

①见《答顾东桥书》。

②见《论语·子罕》第七章。

来书云：“师云：‘《系》言何思何虑，是言所思所虑只是天理，更无别思别虑耳，非谓无思无虑也。心之本体即是天理，有何可思虑得？学者用功，虽千思万虑，只是要复他本体，不是以私意去安排思索出来。若安排思索，便是自私用智矣。’[1]学者之蔽，大率非沈空守寂，则安排思索。德辛壬之岁[2]著前一病，近又著后一病。但思索亦是良知发用，并与私意安排者何所取别？恐认贼作子，惑而不知也。”

“思曰睿，睿作圣。”[3]“心之官则思，思则得之。”[4]思其可少乎？沈空守寂，与安排思索，正是自私用智，其为丧失良知一也。良知是天理之昭明灵觉处，故良知即是天理，思是良知之发用。若是良知发用之思，则所思莫非天理矣。良知发用之思，自然明白简易，良知亦自能知得。若是私意安排之思，自是纷纭劳扰，良知亦自会分别得。盖思之是非邪正，良知无有不自知者。所以认贼作子，正为致知之学不明，不知在良知上体认之耳。

## 【译文】

来信说："老师认为：'《易传·系辞》的何思何虑，是说所思虑的只是一个天理，此外再没有别的思虑了，并非说无思无虑。''心的本体就是天理，有什么可以思虑的呢？学者的功夫，虽然千思万虑，也只是要恢复他的本体。而不是用私意去安排思索出个什么来，如果要去安排思索，那便是自私弄巧了。'学者的弊病，大多不是死守空寂，就是去安排思索。我在辛巳到壬午期间有前一种毛病，近来又有了后一种毛病。然而，思索也是良知的作用，它与凭私意安排的情况又有什么区别呢？我担心自己认贼作子，因糊涂而不知道其间的区别。"

"思曰睿，睿作圣。""心之官则思，思则得之。"怎么能够没有思呢？死守空寂与安排思索正是自私弄巧，它们都同样丧失了良知。良知是天理的昭明灵觉所在，所以，良知就是天理。思是良知的作用。如果是从良知上产生的思，那么，所思的无非天理而已。从良知上产生的思，自然是明白简易。良知也自然能够知。如果是凭私意安排的思，自然是纷纭劳扰。良知也自然能分辨清楚。因而思的是非邪正，良知没有不知道的。所以会认贼作子，正因为还不明白致良知学，不知道在良知上去体认。

## 【注释】

①见《答周道通书》。

②指正德十六年（1521）到嘉靖元年（1522）。

③见《尚书·洪范》。

④见《孟子·告子上》。

来书又云："师云：'为学终身只是一事，不论有事无事，只是这一件。若说宁不了事，不可不加培养，却是分为两事也。’[①]窃意觉精力衰弱，不足以终事者，良知也。宁不了事，且加休养，致知也。如何却为两事？若事变之来，有事势不容不了，而精力虽衰，稍鼓舞亦能支持。则持志以帅气可矣[②]。然言动终无气力，毕事则困惫已甚，不几于暴其气已乎？此其轻重缓急，良知固未尝不知，然或迫于事势，安能顾精力？或困于精力，安能顾事势？如之何则可？”

宁不了事，不可不加培养之意，且与初学如此说亦不为无益。但作两事看了，便有病痛。在孟子言“必有事焉”，则君子之学终身只是“集义”一事[③]。义者，宜也，心得其宜之谓义。能致良知则心得其宜矣，故集义亦只是致良知，君子之酬酢万变，当行则行，当止则止，当生则生，当死则死，斟酌调停，无非是致其良知，以求自慊而已。故“君子素其位而行”[④]，“思不出其位”[⑤]。凡谋其力之所不及，而强其知之所不能者，皆不得为致良知。而凡“劳其筋骨，饿其体肤，空乏其身，行拂乱其所为，动心忍性以增益其所不能”[⑥]者，皆所以致其良知也。若云宁不了事，不可不加培养者，亦是先有功利之心，计较成败利钝而爱憎取舍于其间，是以将了事自作一事，而培养又别作一事，此便有是内非外之意，便是自私用智，便是义外，便有“不得于心，勿求于气”[⑦]之病，便不是致良知以求自慊之功矣。所云鼓舞支持，毕事则困惫已甚，又云迫于事势，困于精力，皆是把作两事做了，所以有此。凡学问之功，一则诚，二则伪。凡此皆是致良知之意，欠诚一真切之故。《大学》言“诚其意者，如恶恶臭，如好好色，此之谓自慊”。曾见有恶恶臭，好好色，而须鼓舞支持者乎？曾见毕事则困惫已甚者乎？曾有迫于事势，困于精力者乎？此可以知其受病之所从来矣。

## 【译文】

来信又说：“老师说：‘为学终身只是一件事，不论有事无事也只是这一件事。如果说宁可不去处理事情，也不能不去培养本原，这样就是两件事了。’我以为，感觉到精力衰弱而不能处理完事情的，是良知。宁可不去处理事情也要培养好本原，这就是致知。怎么会是两件事呢？有时遇到了不能不处理的事情，即使精力衰弱了，只要稍加鼓励，也能支撑下来。可见，让意志去统率气力还是可行的。但是，这时的举止言行总是气弱无力，处理完事情后也就会困乏疲惫到极点，这与‘暴其气’不是差不多吗？其中的轻重缓急，良知固然不会不知道。但是，有时为事势所迫，又怎么能够顾及精力的衰弱呢？有时精力的确不行了，又怎么能够兼顾到事势呢？到底该怎么办才行呢？”

宁可不去处理事情，也不能不去培养本原，对初学者这样说，也有其好处。但是，把这当成两件事看就有了问题。孟子说“必有事焉”，那么，君子之学终身也只有“集义”这一件事。义就是宜，心做到它应该做的叫作义。能够致良知，那么心就能做它应做的事。所以，集义也只是致良知。君子酬酢万变，应当做的就去做，不应当做的就不做，应该生存下去就求生，应该死去就去死。如此斟酌调停，无不是致良知以求得自我满足而已。所以，“君子素其位而行”，“思不出其位”。凡是谋求力所不能及的事，勉强做智力不能完成的事，都不能看成致良知。但是，所有“劳其筋骨，饿其体肤，空乏其身，行拂乱其所为，动心忍性，以增益其所不能”的情况，都是为了致其良知。如果说宁可不去处理事情也不能不去培养本原，这也是因为先有一个功利心，去计较其中的成败利弊，而后再做出爱憎取舍的选择。所以把处理事情当作一件事，又把培养本原当作另外一件事。这样就有了看重培养本原而轻视处理事情的倾向，这就是自私弄智，把义看成外在的，便有了“不得于心，勿求于气”的弊病，便不是致良知以求自我满足的功夫。你所说的稍有鼓励也能坚持下来，处理完事后就会极度困乏疲惫，还有你所讲的为事势所迫、受精力的限制，这些都是由于你把处理事情与培养本原看成两件事造成的。一切做学问的功夫，只有一，才能实在可靠；假若二，就会变得虚假不可靠。你所讲的这些情况都是因为致良知的心意还不够诚信、精一、真切。《大学》说：“诚其意者，如恶恶臭，如好好色，此之谓自慊。”你曾见过在恶恶臭、好好色时还要鼓励才能坚持的人吗？会有事情过后而人极度困乏疲惫的情况吗？还会出现为事势所迫而精力不够用的情况吗？从此可知病根是在何处了。

## 【注释】

①见《答周道通书》，略有不同。

②见《孟子·公孙丑上》：“夫志，气之帅也；气，体之充也。夫志至焉，气次焉。故曰：持其志，无暴其气。”

③见《孟子·公孙丑上》。

④语出《中庸》。

⑤见《论语·宪问》。

⑥见《孟子·告子下》第十五章。

⑦见《孟子·告子上》。朱熹注曰："彼谓不得于心而勿求诸气者，急于本而缓其末，犹之可也。……然凡可者，亦仅可而有所未尽之辞耳。"

来书又有云："人情机诈百出，御之以不疑，往往为所欺。觉则自入于逆、亿[①]。夫逆诈，即诈也。亿不信，即非信也。为人欺，又非觉也。不逆不亿，而常先觉，其惟良知莹彻乎。然而出入毫忽之间，背觉合诈者多矣。"

不逆不亿而先觉，此孔子因当时人专以逆诈、亿不信为心，而自陷于诈与不信。又有不逆、不亿者，然不知致良知之功，而往往又为人所欺诈，故有是言。非教人以是存心，而专欲先觉人之诈与不信也。以是存心，即是后世猜忌险薄者之事。而只此一念，已不可与入尧、舜之道矣。不逆、不亿而为人所欺者，尚亦不失为善。但不如能致其良知，而自然先觉者之尤为贤耳。崇一谓其惟良知莹彻者，盖已得其旨矣。然亦颖悟所及，恐未实际也。盖良知之在人心，亘万古、塞宇宙而无不同。"不虑而知"，"恒易以知险"，"不学而能"，"恒简以知阻"[②]，"先天而天不违，天且不违，而况于人乎？况于鬼神乎？"[③]夫谓背觉合诈者，是虽不逆人，而或未能无自欺也。虽不亿人，而或未能果自信也。是或常有先觉之心，而未能常自觉也。常有求先觉之心，即已流于逆、亿，而足以自蔽其良知矣。此背觉合诈之所以未免也。君子学以为己，未尝虞人之欺己也，恒不自欺其良知而已。是故不欺则良知无所伪而诚，诚则明矣。自信则良知无所惑而明，明则诚矣。明、诚相生，是故良知常觉、常照。常觉、常照则如明镜之悬，而物之来者自不能遁其妍媸矣。何者？不欺而诚，则无所容其欺，苟有欺焉而觉矣。自信而明，则无所容其不信，苟不信焉而觉矣。是谓"易以知险"，"简以知阻"，子思所谓"至诚如神"，"可以前知"者也。然子思谓"如神"，谓"可以前知"[④]，犹二而言之，是盖推言思诚者之功效，是犹为不能先觉者说也。若就至诚而言，则至诚之妙用，即谓之"神"，不必言"如神"。至诚则无知而无不知，不必言"可以前知"矣。

## 【译文】

来信又说：“人情的巧诈层出不穷，如果用诚信来防止它，往往会受它的欺骗。要想发觉人情的巧诈就自会陷入逆诈与亿不信。逆诈也就是欺诈，亿不信也就是不诚信。被别人欺骗了，自然又不是明觉了。能够不逆诈、不亿不信，而经常能预先觉知一切的，只有光明洁净的良知才能做到。然而，这之间的差别很微细，往往是远离明觉而暗合欺诈。

不逆诈、不亿不信，而能先觉，这是孔子针对当时情况而说的。当时，许多人一心想着去逆诈，去亿不信，这样自己反而陷入了欺诈与不信任。也有一些人能够不逆诈，不亿不信，但是不知道致良知的功夫，往往又被别人欺骗了。因而，孔子的话并非要人们只去关心怎样才能发现别人的欺骗与不信任。存心去发现别人的欺骗与不信任，这正是后世猜忌险薄的人所干的事。只要一有这个念头，也就不可能见到尧舜的道。不逆诈、不亿不信，但被别人欺骗了的人，尚且还不失为善。但不如那些能致其良知、自然能先觉的人更加高明。你认为只有良知光明净洁的人才能如此，可见你已理解了孔子的宗旨。然而，恐怕这也只是你的颖悟所及，而在实际生活中还未落实。人心中的良知，恒通万古，充满宇宙，无不相同。这也就是古人所说的“不虑而知”，“恒易以知险”，“不学而能”，“恒简以知阻”，“先天而天不违，天且不违，而况于人乎？况于鬼神乎？”所说的远离明觉而暗合欺诈的人，他虽然能够不逆诈，但他也许不能没有自我欺骗。虽然他能不亿不信，但他也许并不能十分自信。他也许常常希望能有先觉，但他并不能常有自觉。经常希望能够先觉，这样就已陷入了逆诈与亿不信，这已足够蒙蔽他的良知了。这也是他难免远离明觉而暗合欺诈的原因。对君子来说，学是为了自己，不去料度别人会欺骗自己，只是永远不欺骗自己的良知而已。君子不去想别人不信任自己，只是永远自信自己的良知而已。君子不求去预先发现别人的欺骗与不信任，只是永远去追求良如的自觉而已。因此，君子不欺，良知没有虚假而能诚，这样良知就能光明朗现。君子自信，良知没有疑惑而能光明朗现，这样，良知也就能诚。明与诚互相促进，所以良知能常觉常照。良知能常觉常照，就像高悬的明镜，任何来到镜前的事物，美丑不能有丝毫隐瞒。为什么呢？因为良知没有欺骗而诚实，那么也就无法容纳别人的欺骗，即使有了欺骗也能发现它。良知自信而又明亮，那么也就无法容纳别人的不信任，如果有不信任存在，也能发现它。这就叫作“易以知险”，“简以知阻”，也就是子思所说的“至诚如神”，“可以前知”。但是，子思说“如神”“可以前知”，仍然是说成了两件事。因为这是从思诚的功效上来说，也仍然是给那些不能先觉的人说的。如果就至诚来说，那么，至诚的妙用就叫作神，也就不必说“如神”了。至诚就能无知但无所不知，也就不必说“可以前知”了。

**【注释】**

①语出《论语·宪问》：“子曰：‘不逆诈，不亿不信。抑亦先觉者，是贤乎。’”朱熹注曰：“逆，未至而迎之也。亿，未见而意之也。诈，谓人欺己。不信，谓人疑己。抑，反语辞。言虽不逆不亿，而于人之情伪，自然先觉，乃为贤也。”不逆诈即不要料度别人会欺骗自己，不亿不信即不要猜想别人不相信自己。

②《孟子·尽心上》：“人之所不学而能者，其良能也。所不虑而知者，其良知也。”《易·系辞下》：“夫乾……德行恒易以知险。夫坤……德行恒简以知阻。”

③见《易·文言》。

④《中庸》：“至诚之道，可以前知。……善，必先知之，不善，必先知之。故至诚如神。”

# 答罗整庵少宰书[1]

某顿首启：昨承教及《大学》，发舟匆匆，未能奉答。晓来江行稍暇，复取手教而读之。恐至赣后人事复纷沓，先具其略以请。

来教云："见道固难，而体道尤难。道诚未易明，而学诚不可不讲。恐未可安于听见而遂以为极则也。"

幸甚幸甚！何以得闻斯言乎？其敢自以为极则而安之乎？正思就天下之道以讲明之耳。而数年以来，闻其说而非笑之者有矣，诟訾之者有矣，置之不足较量辨议之者有矣，其肯遂以教我乎？其肯遂以教我，而反复晓喻，恻然惟恐不及救正之乎？然则天下之爱我者，固莫有如执事之心深且至矣，感激当何如哉！夫"德之不修，学之不讲"[2]，孔子以为忧。而世之学者稍能传习训诂，即皆自以为知学，不复有所谓讲学之求，可悲矣！夫道必体而后见，非已见道而后加体道之功也。道必学而后明，非外讲学而复有所谓明道之事也。然世之讲学者有二，有讲之以身心者，有讲之以口耳者。讲之以口耳，揣摸测度，求之影响者也。讲之以身心，行著习察，实有诸己者也。知此，则知孔门之学矣。

## 【译文】

顿首谨启：前日承蒙教诲了《大学》，乘船匆忙，未能答复。清晨，在船上稍有空闲，又把您的信看了一遍。恐怕到江西后事情繁多，先在这里简单做一答复，并请求指正。

您的来信说："见道固然很难，但要体道就更难。道的确不容易明白，但学也确实不能不讲。恐怕不能把自己的主张看成学问的最高标准了。"

真是荣幸得很！我能听到这番话！我怎敢自以为达到了学问的最高标准而心安理得呢？我正想讲明天下之道。数年以来，对我的学说，非笑者有之，谩骂者有之，不屑一顾者有之。这些人愿意教导我吗？愿意反复开导我，唯恐不能救正我吗？可见，在天下爱我的人中，没有人像您这样深切周到的了。该怎样感激您呢？对于“德之不修，学之不讲”，孔子深以为忧。而现在的学者只要读了一点书，稍懂一点训诂，都自以为能够知道学问了，也就不再去讲究探求了。这真可悲啊！道，只有深切体会才能有所见，并不是在见道之后再去体会道的功夫。道，只有通过学习才能明白，不是在讲学之外还有所谓明道的事。但是现在讲学的两种人，有用身心来讲学的，有用口耳来讲学的。用口耳讲学的人，揣摸测度，讲的是捕风捉影的内容。用身心讲学的人，所言所行，都是自身确实已经具有的东西。知此，就能知道孔子的学问了。

## 【注释】

①罗钦顺（1465—1547），字允升，号整庵，明泰和（江西）人。进士，官至吏部尚书，主张理得于天而具于心，理气本为一物，著有《困知记》。参见《明儒学案》卷四十七。这封回信写于正德十五年（1520），罗的信见《困知记》附录卷五。

②见《论语·述而》。

来教谓某《大学》古本之复，以人之为学但当求之于内，而程、朱格物之说不免求之于外，遂去朱子之分章，而削其所补之传。

非敢然也。学岂有内外乎？《大学》古本乃孔门相传旧本耳，朱子疑其有所脱误而改正补缉之，在某则谓其本无脱误，悉从其旧而已矣。失在于过信孔子则有之，非故去朱子之分章而削其传也。夫学贵得之心，求之于心而非也，虽其言之出于孔子，不敢以为是也，而况其未及孔子者乎？求之于心而是也，虽其言之出于庸常，不敢以为非也，而况其出于孔子者乎？且旧本之传数千载矣，今读其文词，既明白而可通，论其工夫，又易简而可入。亦何所按据而断其此段之必在于彼，彼段之必在于此，与此之如何而缺，彼之如何而补？而遂改正补缉之，无乃重于背朱而轻于叛孔已乎？

## 【译文】

您的来信认为，我之所以要恢复《大学》的古本，是因为我认为人的学问只应当向内心去求，而程朱格物的主张，不免是要到心外去求。于是，否定了朱子重分章节的工作，删去了他所补的传。

我不敢如此。学怎么会有内外之分呢？《大学》的古本也就是孔门相传的旧本。朱子怀疑它有所遗误而加以改正和补充。我则认为旧本没有遗漏与错误，全部按照旧本而已。我的过失，也许是过分相信孔子，而不在于否定朱子的分章，并删去他补的传。学问贵在心中有所得。自己心中认为是错误的，即使是孔子说的话，我也不敢认为是对的，更何况那些不如孔子的人呢？在心中认为是正确的，即使是普通人讲的话，我也不敢认为是错的，更何况还是孔子所说的话呢？况且，旧本的传承已有数千年了，现在读来，在文辞上既明白又可通，就功夫上来说，简单而又可行。又有什么根据来断定这段必在那里，那段必在这里，这里缺了什么，那里又有什么错误，从而加以改正补充的呢？您是不是对背离朱子十分看重，而对违背孔子却不重视呢？

来教谓："如必以学不资于外求，但当反观内省以为务，则正心诚意四字亦何不尽之有，何必于入门之际，便困以格物一段工夫也？"

诚然诚然！若语其要，则"修身"二字亦足矣，何必又言"正心"？"正心"二字亦足矣，何必又言"诚意"？"诚意"二字亦足矣，何必又言"致知"，又言"格物"？惟其工夫之详密，而要之只是一事，此所以为"精一"之学，此正不可不思者也。夫理无内外，性无内外，故学无内外。讲习讨论，未尝非内也；反观内省，未尝遗外也。夫谓学必资于外求，是以己性为有外也，是"义外"也，"用智"者也。谓反观内省为求之于内，是以己性为有内也，是有我也，自私者也。是皆不知性之无内外也。故曰："精义入神，以致用也；利用安身，以崇德也"①，"性之德也，合内外之道也。"②此可以知格物之学矣。"格物"者，《大学》之实下手处，彻首彻尾，自始学至圣人，只此功夫而已，非但入门之际有此一段也。夫正心、诚意、致知、格物，皆所以修身。而格物者，其所用力，日可见之地。故格物者，格其心之物也，格其意之物也，格其知之物也。正心者，正其物之心也。诚意者，诚其物之意也。致知者，致其物之知也。此岂有内外彼此之分哉？理一而已。以其理之凝聚而言则谓之性，以其凝聚之主宰而言则谓之心，以其主宰之发动而言则谓之意，以其发动之明觉而言则谓之知，以其明觉之感而言则谓之物。故就物而言谓之格，就知而言谓之致，就意而言谓之诚，就心而言谓之正。正者，正此也；诚者，诚此也；致者，致此也；格者，格此也。皆所谓穷理以尽性也。天下无性外之理，无性外之物。学之不明，皆由世之儒者认理为外，认物为外，而不知义外之说，孟子盖尝辟之。乃至袭陷其内而不觉，岂非亦有似是而难明者欤？不可以不察也。

## 【译文】

来信说："如果认定学问无须求助于心外，只应当专心去反观内省，那么，正心诚意四个字不是全都包括了吗？又何必在学问的入手处用格物这一功夫而使人困惑呢？"

是的！是的！如果说学问的关键，"修身"这两个字也足够了，又何必言"正心"呢？"正心"这两个字也足够了，又何必说"诚意"呢？"诚意"这两个字也足够了，又何必说"致知""格物"呢？只因为学问功夫很详密。但是，概括起来也只是一件事，这样才是"精一"的学问，这里正是不可不深思的。理无内外之分，性也没有内外，所以学也没有内外。讲习讨论，未尝不是内；反观内省，未尝就遗弃了外。如果认为学一定要依赖于讲学，那就是认为自己的性还有外在的部分，这正是"义外""用智"。如果认为反观内省是求之于内，那么这就是认为自己的性还有内在的部分，这正是"有我""自私"。这两种观点都不知道性无内外。所以说："精义入神，以致用也；利用安身，以崇德也"，"性之德也，合内外之道也。"从这里可以知道格物之学了。"格物"是《大学》切实的下手处，彻头彻尾，从开始学到成圣人，也只是这一功夫而已，并非只在入门的时候才有这一功夫。正心、诚意、致知、格物，都是为了修身。格物，使人所用的功夫有可以看见的地方。所以，格物是格其心中的物，格其意中的物，格其知中的物。正心，也就是正其物的心。诚意，也就是诚其物的意。致知，也就是致其物的知。这里哪有内外彼此的区分呢？理只有一个，从理的凝聚而言叫作性，从凝聚的主宰处而言叫作心，从主宰的发动而言叫作意，从发动的明觉而言叫作知，从明觉的感应而言叫作物。所以，就物而言叫作格，就知而言叫作致，就意而言叫作诚，就心而言叫作正。正是正的这个东西，诚是诚的这个东西，致是致的这个东西，格是格的这个东西，都是所说的穷理以尽性。天下无性外之理，无性外之物。圣学不明，就是因为后世儒家把理看成外在的，把物看成外在的。而他们不知道以义为外的观点正是孟子曾经驳斥了的，以至于老调重弹而不自觉。这里难道不是也有似是而难明之处吗？这是不可不明察的。

## 【注释】

①见《易·系辞上》。

②见《中庸》。

凡执事所以致疑于格物之说者，必谓其是内而非外也；必谓其专事于反观内省之为，而遗弃其讲习讨论之功也；必谓其一意于纲领本原之约，而脱略于支条节目之详也；必谓其沉溺于枯槁虚寂之偏，而不尽于物理人事之变也。审如是，岂但获罪于圣门，获罪于朱子？是邪说诬民，叛道乱正，人得而诛之也。而况于执事之正直哉？审如是，世之稍明训诂，闻先哲之绪论者，皆知其非也。而况执事之高明哉？凡事之所谓格物，其于朱子九条之说，皆包罗统括于其中。但为之有要，作用不同，正所谓毫厘之差耳。无毫厘之差，而千里之谬，实起于此，不可不辨。

## 【译文】

总的来说，您之所以怀疑我的格物主张，因为您认定它是内而非外；认定它只肯定反观内省而遗弃了讲学讨论的功夫；认定它只去一心重视简约的纲领本原，而忽略了详细的条目细节；认定它沉溺在枯槁虚寂之中，而不能穷通物理人事的变化。如果真是这样，哪里只是圣学的罪人，朱子的罪人呢？简直是用邪说欺骗百姓，背离并坏乱了正道，人人都可以诛伐，更何况像您这样正直的人呢？如果真是如此，世上稍微懂一点训诂、知道一点先哲言论的人，也都能知道它是错误的，更何况像您这样高明的人呢？我所说的格物，把朱子所说的九条都包罗统括起来了。但是，我的格物有要领，其作用也与朱子不同。这正是所说的有毫厘之差。但是，正是这毫厘之差，可以引起千里之谬。这是不可不辨明的。

孟子辟杨、墨至于无父、无君。二子亦当时之贤者，使与孟子并世而生，未必不以之为贤。墨子兼爱，行仁而过耳。杨子为我，行义而过耳。此其为说，亦岂灭理乱常之甚而足以眩天下哉？而其流之弊，孟子则比于禽兽、夷狄，所谓以学术杀天下后世也。今世学术之弊，其谓之学仁而过者乎？谓之学义而过者乎？抑谓之学不仁、不义而过者乎？吾不知其于洪水、猛兽何如也。孟子云："予岂好辩哉？予不得已也。"[①]杨、墨之道塞天下。孟子之时，天下尊信杨、墨，当不下于今日之崇尚朱说。而孟子独以一人呶呶于其间。噫。可哀矣！韩氏云："佛、老之害，甚于杨墨。韩愈之贤，不及孟子。孟子不能救之于未坏之先，而韩愈乃欲全之于已坏之后。其亦不量其力，果见其身之危，莫之救以死也。"[②]呜呼！若某者，其尤不量其力，果见其身之危，莫之救以死也矣！夫众方嘻嘻之中，而独出涕嗟若；举世恬然以趋，而独疾首蹙额以为忧。此其非病狂丧心，殆必诚有大苦者隐于其中，而非天下之至仁，其孰能察之。某为《朱子晚年定论》，盖亦不得已而然。中间年岁早晚，诚有所未考，虽不必尽出于晚年，固多出于晚年者矣。然大意在委曲调停，以明此学为重。平生于朱子之说，如神明蓍龟，一旦与之背驰，心诚有所未忍，故不得已而为此。"知我者谓我心忧，不知我者谓我何求。"[③]盖不忍抵牾朱子者，其本心也。不得已而与之抵牾者，道固如是，不直则道不见也[④]。执事所谓决与朱子异者，仆敢自欺其心哉？夫道，天下之公道也；学，天下之公学也。非朱子可得而私也，非孔子可得而私也。天下之公也，公言之而已矣。故言之而是，虽异于己，乃益于己也；言之而非，虽同于己，适损于己也。益于己者，己必喜之；损于己者，己必恶之。然则某今日之论，虽或于朱子异，未必非其所喜也。"君子之过，如日月之食。其更也，人皆仰之"[⑤]。而"小人之过也必文"[⑥]。某虽不肖，固不敢以小人之心事朱子也。

## 【译文】

孟子批评杨朱和墨子是无父无君。杨、墨也是当时的贤明之士，假使与孟子同时，也未必不被视为贤明之士。墨子主张兼爱，这是行仁太过分罢了。杨朱主张为我，这是行义太过分罢了。他们的学说也并非要灭理乱常而眩惑天下，但是，它所产生的流弊，孟子甚至比喻为禽兽夷狄。这也就是所说的用学术来毁坏天下后世。现在的学术弊病，能说是学仁太过分了吗？能说是学义太过分了吗？还是学不仁、不义太过分了呢？我真不知道它与洪水猛兽相比又会怎么样。孟子说："予岂好辩哉？予不得已也。"孟子所处的时代，杨墨的观点盛行天下，天下尊信杨墨的情况不下于现在人们对朱子的尊信。但孟子独自一人与他们争辩。唉，真可哀啊！韩愈说：“佛、老之害，甚于杨墨。韩愈之贤，不及孟子。孟子不能救之于未坏之先，而韩愈乃欲全之于已坏之后。其亦不量其力，果见其身之危，莫之救以死也。”唉！至于我，更是自不量力。的确看到了自己面临的危险，到死也无法挽救这种情况！正当众人欣喜欢悦时，我却独自流泪叹息；正当世人恬然自得地合流同污时，我却独自痛心疾首地深感忧虑。这如果不是我精神错乱而失去了理智，那么一定是有极大的痛苦深藏在其中。如果不是天下至仁的人，谁人又能明察到这一点呢？我写《朱子晚年定论》，也是不得已而为之。其中年代的早晚，的确有些没有考证。虽然不一定全部出自晚年，但大部分还是写于晚年。我的主要意图是为了婉转地调停朱陆的论争，以讲明圣学为重。我平生一直把朱子的思想看作神圣不可侵犯。一旦要与它背道而驰，心里的确也很难受，所以，我不得已作了《朱子晚年定论》。“知我者谓我心忧，不知我者谓我何求”。不忍心与朱子相抵触，这是我的本心啊！然而，不得已与朱子相抵触，因为道本来就是如此。“不直则道不见”啊！您认为我是决意要与朱子不同，我岂敢自己欺骗自己呢？道，是天下公有的道，学，是天下公有的学，不是朱子可以独自私有的，也不是孔子可以独自私有的。对天下公有的东西，只能秉公而论。所以，讲得对的，即使与自己不同，仍然是有助于我；讲得错的，即使与自己相同，也正是在损害自己。对自己有益的，必然会喜欢它；对自己有害的，必然会厌恶它。这样，我现在所说的即使与朱子不同，未必不是他所喜欢的。“君子之过，如日月之食。其更也，人皆仰之”，但是“小人之过也必文”。我虽然不肖，但也不敢用小人的心来对待朱子。

## 【注释】

①见《孟子·滕文公下》。

②《韩昌黎全集》卷十八《与孟简尚书书》。

③见《诗经·王风·黍离》。

④见《孟子·滕文公上》。

⑤见《论语·子张》。

⑥见《论语·子张》。文，即文过饰非。

执事所以教，反复数百言，皆以未悉鄙人格物之说。若鄙说一明，则此数百言皆可以不待辨说而释然无滞，故今不敢缕缕，以滋琐屑之渎。然鄙说非面陈口析，断亦未能了了于纸笔间也。嗟乎！执事所以开导启迪于我者，可谓恳到详切矣。人之爱我，宁有如执事者乎？仆虽甚愚下，宁不知所感刻佩服？然而不敢遽舍其中心之诚，然而姑以听受云者，正不敢有负于深爱，亦思有以报之耳。秋尽东还，必求一面，以卒所请，千万终教。

**【译文】**

您的教诲反复数百言，都是因为不了解我的格物主张。如果明白了我的观点，那么，您所讲的一切，不用辩论也能毫无疑问。所以，现在不敢再费口舌，以免琐碎。然而，我的主张如果不是当面陈述也很难用纸笔一下子说清楚。唉！您对我的开导启发，可说是诚恳详尽。爱护我的人中，谁又能与您相比呢？虽然我很愚笨，怎么能不对您感佩呢？然而，我不敢断然舍弃心中真实的想法，以听从您的教诲，正因为我不敢辜负您的厚爱，也想以此来报答您。秋后回家时，我一定去见您，以当面请教，万望不吝赐教。

# 答聂文蔚[1]

春间远劳迂途枉顾，问证惓惓，此情何可当也？已期二三同志，更处静地，扳留旬日，少效其鄙见，以求切靡之益。而公期俗绊，势有不能，别去极怏怏如有所失。忽承笺惠，反复千余言，读之无甚浣慰。中间推许太过，盖亦奖掖之盛心。而规砺真切，思欲纳之于贤圣之域。又托诸崇一以致其勤勤恳恳之怀，此非深交笃爱何以及是？知感知愧，且惧其无以堪之也。虽然，仆亦何敢不自鞭勉，而徒以感愧辞让为乎哉？其谓“思、孟、周、程无意相遭于千载之下，与其尽信于天下，不若真信于一人。道固自在，学亦自在，天下信之不为多，一人信之不为少”者，斯固君子“不见是而无闷”[2]之心。岂世之谫谫屑屑者知足以及之乎？乃仆之情，则有大不得已者存乎其间，而非以计人之信与不信也。

夫人者，天地之心。天地万物本吾一体者也。生民之困苦荼毒，孰非疾痛之切于吾身者乎？不知吾身之疾痛，无是非之心者也。是非之心，不虑而知，不学而能，所谓良知也。良知之在人心，无间于圣愚，天下古今之所同也。世之君子惟务致其良知，则自能公是非，同好恶，视人犹己，视国犹家，而以天地万物为一体。求天下无治，不可得矣。古之人所以能见善不啻若己出，见恶不啻若己入，视民之饥溺犹己之饥溺，而一夫不获若己推而纳诸沟中者。非故为是而以蕲天下之信己也，务致其良知求自慊而已矣。尧、舜、三王之圣，言而民莫不信者，致其良知而言之也。行而民莫不说者，致其良知而行之也。是以其民熙熙皞皞，杀之不怨，利之不庸，施及蛮貊，而凡有血气者莫不尊亲，为其良知之同也。呜呼！圣人之治天下，何其简且易哉！

## 【译文】

春天有劳您绕道光临，又不知疲倦地问辩求证，这种深情我真不敢承担。本来已与几位同志相约再找一个安静的地方，住上十天半月，讨论我的观点，以便在相互切磋中有所帮助。但您因公务缠身，不能久留。别离后，我怏怏不乐，如有所失。忽然收到您的来信，反复数千言，读后深感快慰。信中过奖之处，不过是鼓励提掖之情。其中的规劝砥砺，真切感人，想促我进达圣贤之地。此外又托崇一，转达您的恳切关怀之心。如果不是交往深切，爱心笃厚，怎会如此？我感激愧疚，又怕会辜负您的一片心意。即使如此，我又怎敢不鞭策鼓励自己，而只在那里感愧辞让呢？您认为：“子思、孟子、周敦颐和二程，他们无意于千载以后相遇知音，与其要让天下人全相信，还不如让一个人真相信。道仍然存在，学问也仍然存在，天下所有人都去信奉它也不为多，天下只有一个人去信奉它也不为少。”这固然是君子“不见是而无闷”。世上浅薄烦琐的人又怎么知道这一点呢？对我来说，则是因为其中有很多不得已的情况，并不去计较别人是否信奉它。

人，是天地的心。天地万物，本来与我是一体。老百姓遭受的困苦荼毒，有哪一件不是自己的切肤之痛呢？不知道我自身的痛，那是没有是非之心的人。人的是非之心，是不用思虑就可知，不用学习就能有的，这就是所说的良知。良知存在于人心，无论圣贤与愚笨都没有区别，天下古今都是相同的。世上的君子，只要专心致其良知，就自然能够明辨是非，好善而恶恶，对待他人就如同对待自己，把国就看成如同自己的家，从而与天地万物为一体。在这种情况下，想让天下治理不好，也办不到。古人看见善就像自己做了好事，看见恶就像自己做了坏事，把百姓的饥饿困苦看成如同自己饥饿困苦，有一个人没有安顿好就像是自己把他推入了沟中。并非想以此来获取天下人的信任，而是专心致其良知以求自己心安罢了。尧、舜、禹、汤和文王等圣人的话，老百姓没有不相信的，这是因为他们所说的也只是推致了自己的良知而已。老百姓无不喜欢他们的作为，这是因为他们所做的也只是推致了自己的良知而已。所以，他们的百姓和乐而满意，即使被杀了也没有怨恨。百姓获利，圣人不引以为功。推广到未开化的地区，凡是有血气的人也无不尊敬父母，因为人的良知是相同的。唉！圣人治理天下是多么简单易行啊！

## 【注释】

①聂文蔚即聂豹（1487—1563），字文蔚，号双江。永丰（江西）人。官至兵部尚书、太子少傅，卒谥贞襄。王守仁在浙江时曾相见，王死后设位北面再拜，

始称门生。其学主张归寂以通天下之感。见《明儒学案》卷十七。

②语出《易传·文言》，意为不被认可而无烦懑。

后世良知之学不明，天下之人用其私智以相比轧，是以人各有心，而偏琐僻陋之见，狡伪阴邪之术，至于不可胜说。外假仁义之名，而内以行其自私自利之实，诡辞以阿俗，矫行以干誉。损人之善而袭以为己长，讦人之私而窃以为己直。忿以相胜而犹谓之徇义。险以相倾而犹谓之疾恶，妒贤忌能而犹自以为公是非，恣情纵欲而犹自以为同好恶。相陵相贼，自其一家骨肉之亲，已不能无尔我胜负之意，彼此藩篱之形，而况于天下之大，民物之众，又何能一体而视之？则无怪于纷纷籍籍而祸乱相寻于无穷矣。

## 【译文】

后来良知的学问不明，天下人各自用一己的巧智来相互倾轧。于是，每个人都有了自己的打算，而那些偏激孤陋的主张、狡猾阴险的手段，就多得不可胜数。以仁义为招牌来干自私自利的事，用诡辩来迎合世俗，用虚伪来沽名钓誉。损人之善作为自己的长处，攻击别人的隐私以显示自己的正直。因为怨恨而要压倒别人，还要说成追求正义；阴谋陷害，还要说成疾恶如仇；妒贤忌能，还自以为坚持了大是大非；恣情纵欲，还自以为和百姓们有共同的好恶。人与人之间互相欺凌，互相残害，即使骨肉至亲的一家人，互相间也不能没有争胜负的心思，彼此间也不能没有隔阂。更何况对那广大的天下，众多的百姓，繁多的事物，又怎么能把它们看成与我是一体的呢？这样，天下动荡不安，祸乱不断出现似乎没有止尽，也就不足为怪了。

仆诚赖天之灵，偶有见于良知之学，以为必由此而后天下可得而治。是以每念斯民之陷溺，则为之戚然痛心，忘其身之不肖，而思以此救之，亦不自知其量者。天下之人见其若是，遂相与非笑而诋斥之，以为是病狂丧心之人耳。呜呼，是奚足恤哉？吾方疾痛之切体，而暇计人之非笑呼？人固有见其父子兄弟之坠溺于深渊者，呼号匍匐，裸跣颠顿，扳悬崖壁而下拯之。士之见者，方相与揖让谈笑于其旁，以为是弃其礼貌衣冠而呼号颠顿若此，是病狂丧心者也。故夫揖让谈笑于溺人之旁而不知救，此惟行路之人，无亲戚骨肉之情者能之。然已谓之无恻隐之心，非人矣[①]。若夫在父子兄弟之爱者，则固未有不痛心疾首，狂奔尽气，匍匐而拯之，彼将陷溺于祸而不顾，而况于病狂丧心之讥乎？而又况于蕲人信与不信乎！呜呼！今之人虽谓仆为病狂丧心之人，亦无不可矣。天下之人，皆吾之心也。天下之人犹有病狂者矣，吾安得而非病狂乎？犹有丧心者矣，吾安得而非丧心乎？

## 【译文】

托上天的福佑，我偶然发现了良知学，以为只有致良知而后天下才能够清明太平。所以，每当想到百姓的痛苦与灾难就感到忧伤悲痛，不顾我是不肖无才的人，希望用良知来拯救天下，这也真有点不自量力。天下的人看到我这样，于是都来嘲笑、诋毁我，以为我是一个精神不正常的人。唉！这还有什么可顾虑的呢？我正有切肤的疼痛，又哪有空闲去计较别人的嘲笑呢？如果有人看到他的父子兄弟掉进了深渊，一定会大喊大叫，不顾掉鞋丢帽，是坑是洼，飞跑上前，顺着悬崖峭壁爬下去拯救他们，士人们见到这种情形，却在旁边作揖打恭，谈笑如常，认为这个人不要衣帽，不讲礼貌，大喊大叫，颠头倒尾，一定是一个精神不正常的人。看到别人落水了，仍然在那里礼让谈笑而不去救落水的人，这只有没有亲戚骨肉感情的路人才会做到。然而，孟子已说过："无恻隐之心，非人也。"如果那些有父子兄弟感情的人看见了，就不可能不痛心疾首，狂奔猛跑，竭尽全力，乃至爬着去拯救落水的人。他已将可能溺死的危险抛到脑后了，更何况对于那些所谓的精神失常的讥笑呢？又怎么会去期望别人的信或不信呢？唉！现在虽然有人说我是精神失常的人，也无所谓了。天下人的心都是我的心。天下也有精神失常的人，我又怎么不能精神失常呢？天下也有心理反常的人，我又怎么不能心理反常呢？

## 【注释】

①见《孟子·公孙丑上》。

昔者孔子之在当时，有议其为陷者，有讥其为佞者，有毁其未贤，诋其为不知礼，而侮之以为东家丘者，有嫉且诅之者，有恶而欲杀之者。晨门、荷蒉之徒，皆当时之贤士，且曰“是知其不可而为之者欤？”[1]“鄙哉！硁硁乎！莫己知也，斯已而已矣。”[2]虽子路在升堂之列，尚不能无疑于其所见，不悦于其所欲往，而且以之为迂[3]，则当时之不信夫子者，岂特十之二三而已乎？然而夫子汲汲遑遑，若求亡子于道路，而不暇于暖席者，宁以蕲人之知我、信我而已哉？盖其天地万物一体之仁，疾痛迫切，虽欲已之而自有所不容已，故其曰言：“吾非斯人之徒与而谁与？”“欲洁其身而乱大伦。”[4]“果哉，末之难矣！”[5]呜呼！此非诚以天地万物者为一体者，孰能以知夫子之心乎？若其“遁世无闷”[6]“乐天知命”[7]者，则固“无入而自得”，“道并行而不相悖”[8]也。

## 【译文】

从前，孔子在当时，有人说他谄媚，有人讥笑他花言巧语，有人诽谤他不是贤明的人，有人诋毁他不知礼节，有人蔑称他是东家的孔丘，有人因嫉妒而去毁坏他，有人因厌恶想去杀害他。即使当时贤明如晨门、荷蒉这样的人，也说他“是知其不可而为之者欤”“鄙哉！硁硁乎！莫己知也，斯己而已矣。”虽然子路学有所成，尚且还不能对孔子无疑。孔子要去见南子，子路很不高兴。子路还认为孔子的先正名是迂腐。那么，当时不相信孔子的人何止十分之二三呢？孔子却仍然汲汲遑遑，好像寻求失踪的儿子一样四处奔波，坐不暖席，难道是为了希望别人了解并信任自己吗？因为他有天地万物一体的仁爱之心，深感病痛紧急，即使想撒手不管，也身不由己。所以他说：“吾非斯人之徒与而谁与？”“欲洁其身而乱大伦”“果哉，末之难矣！”唉！如果不是真诚与天地万物一体的人，又怎么能够理解孔子的心情呢？那些“遁世无闷”“乐天知命”的人，自然能够“无入而自得”，与“道并行而不相悖”啊！

## 【注释】

①见《论语·宪问》第四十一章。

②见《论语·宪问》第四十二章。

③见《论语》中的《先进》《阳货》《子路》等章节。

④见《论语·微子》。

⑤见《论语·宪问》。朱熹注曰：“故闻荷蒉之言，而叹其果于忘世，且言

人之出处，若但如此，如亦无所难矣。”

⑥见《易·文言》。

⑦见《易·系辞上》。

⑧见《中庸》。

仆之不肖，何敢以夫子之道为己任。顾其心亦已稍知疾痛之在身，是以彷徨四顾，将求其有助于我者，相与讲去其病耳。今诚得豪杰同志之士，扶持匡翼，共明良知之学于天下，使天下之人皆知自致其良知，以相安相养，去其自私自利之蔽，一洗谗妒胜忿之习，以济于大同。则仆之狂病固将脱然以愈，而终免于丧心之患矣。岂不快哉！嗟乎！今诚欲求豪杰同志之士于天下，非如吾文蔚者，而谁望之乎？如吾文蔚之才与志，诚足以援天下之溺者，今又既知其具之在我，而无假于外求矣，循是而充，若决河注海，孰得而御哉？文蔚所谓一人信之不为少，其又能逊以委之何人乎？

## 【译文】

本人不才，怎敢以孔子的道为己任呢？只是我心中也稍微知道身上的病痛，所以才彷徨四顾，希望找到能帮助我的人，在一起想法除去病痛。现在确实有许多志同道合的杰出人才来扶助匡正我，共同使良知之学在天下发扬光大，使天下的人都知道致其良知，在互相帮助启发中，除去自私自利的弊病，去掉谗言、妒嫉、好胜和发怒等恶习，以实现天下大同。这样，我的精神失常将会立刻痊愈，也不会有心理反常的毛病了。岂不痛快！啊！如今要真的在天下寻找志同道合的豪杰，我不寄希望于您这样的人，又能寄希望于谁呢？您的才能和志向确实能够救助天下受难的人。现在既然知道一切都在我心，没有必要向外追求，依此再加以扩充，就好像决口的江水注入大海，又有什么能够抵御的呢？您所讲的即使一人相信也不为少，为讲明良知学，又能谦让给别的什么人呢？

会稽素处山水之区。深林长谷，信步皆是，寒暑晦明，无时不宜，安居饱食，尘嚣无扰，良朋四集，道义日新，优哉游哉！天地之间宁复有乐于是者？孔子云：“不怨天，不尤人，下学而上达。”[①]仆与二三同志方将请事斯语，奚暇外慕？

独其切肤之痛，乃有未能恝然者，辄复云云尔。咳疾暑毒，书札绝懒，盛使远来，迟留经月，临歧执笔，又不觉累纸，盖于相知之深，虽已缕缕至此，殊觉有所未能尽也。

## 【译文】

会稽素有山清水秀之称。深林长谷，随处可见。春夏秋冬，气候适宜。安居饱食，幽静无声，良朋聚会，讲明道义。这是多么地悠游自适啊！天地之间，还有比这更快乐的吗？孔子说：“不怨天，不尤人，下学而上达。”我与几位同志，正想按孔子的话去做，又哪有闲暇向外追求呢？唯独因为这切肤之痛，不能无愁。唠叨再三。我咳嗽的病发作，加上暑热，懒怠不想写信。好友派人远来，逗留月余，临别写信，不知不觉中写了这么多。因为我们相知很深，虽然讲了很多，仍感到还有很多话没有说。

## 【注释】

①见《论语·宪问》。

## 二[1]

得书[2]，见近来所学之骤进，喜慰不可言。谛视数过，其间虽亦有一二未莹彻处，却是致良知之功尚未纯熟，到纯熟时自无此矣。譬之驱车，既已由于康庄大道之中，或时横斜迂曲者，乃马性未调，衔勒不齐之故，然已只在康庄大道中，决不赚入旁蹊曲径矣。近时海内同志，到此地位者曾未多见，喜慰不可言，斯道之幸也！贱躯旧有咳嗽畏热之病，近入炎方，辄复大作。主上圣明洞察，责付甚重，不敢遽辞。地方军务冗沓，皆舆疾从事。今却幸已平定，已具本乞回养病，得在林下稍就清凉，或可瘳耳。人还，伏枕草草，不尽倾企。外惟濬一简幸达致之。

### 【译文】

来信收到，看到您近来在学问上大有长进，欣喜难以言说。我细读数遍之后，发现其中虽然还有一两处不太透彻，也只是致良知功夫还不纯熟的表现，功夫纯熟后，自然就不会有这种情况了。这好比赶马车，已经行走在康庄大道之上，有时也会有迂回曲折，这是因为还未调养好马性，或者缰绳马勒还不齐整。但是，既然已在康庄大道之上，就绝不会拐到小道岔路上去。近来，在诸多学友同志中，能达到您这一地步的还不多见。我的欣慰难以言说，这是我们圣道的一件幸事。我的身体原来就有咳嗽怕热的病，现到了炎热的地方，又总是发作得很厉害。皇上圣明洞察，托付的责任重大，也不敢推辞。在地方上的众多军务，都是带病处理。好在如今已经平定了动乱，已向皇上呈请回家养病。如果能在家中避暑，也许可以痊愈。我即将归来，伏枕草草数语，说不尽我的企望。另外，给惟濬（陈九川）的信请转达。

### 【注释】

①此信为阳明先生与聂文蔚的第二封论学书信。此书于嘉靖七年（1528）十月写于广西，为王阳明的绝笔书信。

②聂豹的回信见《双江文集》卷八。

来书所询，草草奉复一二。近岁来山中讲学者，往往多说勿忘勿助工夫甚难。问之，则云才著意便是助，才不著意便是忘，所以甚难。区区因问之云“忘是忘个甚么？助是助个甚么？”其人默然无对，始请问。区区因与说，我此间讲学，却只说个“必有事焉”，不说勿忘勿助。“必有事焉”者只是时时去“集义”。若时时去用“必有事”的工夫。而或有时间断，此便是忘了，即须“勿忘”。时时去用“必有事”的工夫，而或有时欲速求效，此便是助了，即须“勿助”。其工夫全在“必有事焉”上用；“勿忘勿助”，只就其间提撕警觉而已。若是功夫原不间断，即不须更说勿忘；原不欲速求效，即不须更说勿助。此其功夫何等明白简易！何等洒脱自在！今却不去“必有事”上用工，而乃悬空守著一个“勿忘勿助”，此正如烧锅煮饭，锅内不曾渍水下米，而乃专去添柴放火，不知毕竟煮出个甚么物来！吾恐火候未及调停，而锅已先破裂矣。近日，一种专在勿忘勿助上用工者，其病正是如此。终日悬空去做个勿忘，又悬空去做个勿助，㳽㳽荡荡，全无实落下手处，究竟工夫，只做得个沉空守寂，学成一个痴呆汉。才遇些子事来，即便牵滞纷扰，不复能经纶宰制。此皆有志之士，而乃使之劳苦缠缚，担搁一生，皆由学术误人之故，甚可悯矣。

## 【译文】

来信所问的几个问题，草草奉答一二。近来到山中讲学的人，常常说到勿忘勿助的功夫很难。问他们为什么，他们认为刚用了点心意就是助，一不用心就是忘，所以很难把握。我接着问他们忘是忘的什么，助是助的什么，对方哑然无言，反而来问我。我跟他们说，我讲学时只说一个“必有事焉”，而不说勿忘勿助。“必有事焉”就是时时去“集义”。如果时时都用“必有事”的功夫，而有时出现间断，这便是忘，那就必须“勿忘”。时时都用“必有事”的功夫，而有时却想求速效，这便是助，那就应该“勿助”。这种功夫全在“必有事焉”上。“勿忘勿助”，只在其中起提醒警告的作用。如果功夫本来未曾间断，也就不用再说勿忘了，功夫上没有求速效，也就不用再说勿助了。其中的功夫是何等明白简易、何等洒脱自在啊！现在反而不去“必有事”上下功夫，空守着一个“勿忘勿助”。

这好比烧火煮饭，锅里还没有烧水下米，一个劲儿去添柴加火，真不知最后会煮出一个什么东西来。恐怕火候还未调整好，而锅已经先破了。近来，那些只在勿忘勿助上用功夫的人，他们的弊病正是如此。整天悬空去做一个勿忘的功夫，又悬空去做一个勿助的功夫，渺渺茫茫，完全没有实际下手处。到头来功夫也只是一个死守空寂，变成一个呆痴汉。遇到一点事，就又会心烦不安，不能应付处理。这些人都是有志之士，却使他们劳苦困扰，耽误一生，这是学术耽误了他们。这是特别可哀的。

夫“必有事焉”只是“集义”，集义只是致良知。说集义则一时未见头脑，说致良知即当下便有实地步可用功。故区区专说致其良知。随时就事上致其良知，便是格物。著实去致良知，便是诚意。著实致其良知，而无一毫意必固我，便是正心。著实致良知，则自无忘之病。无一毫意必固我，则自无助之病。故说格、致、诚、正，则不必更说个忘助。孟子说忘助，亦就告子得病处立方。告子强制其心，是助的病痛，故孟子专说助长之害。告子助长，亦是他以义为外，不知就自心上“集义”，在“必有事焉”上用功，是以如此。若时时刻刻就自心上“集义”，则良知之体洞然明白，自然是是非非纤毫莫遁，又焉“不得于言，勿求于心；不得于心，勿求于气”[①]之弊乎？孟子“集义”“养气”之说，固大有功于后学，然亦是因病立方，说得大段，不若《大学》格、致、诚、正之功，尤极精一简易，为彻上彻下，万世无弊者也。

## 【译文】

“必有事焉”也只是“集义”，集义也只是致良知。说集义也许一下还把握不住关键。说致良知，那么一下子就可实地用功了。所以，我只说致良知，随时在事上致良知，便是格物。着实去致良知，便是诚意。着实致良知而没有丝毫的意、必、固、我，便是正心。着实致良知，就不会有忘的毛病。没有丝毫的意、必、固、我，也就不会有助的毛病。所以说格物、致知、诚意、正心也就不必再说勿忘勿助了。孟子主张勿忘勿助，也是针对告子的弊病而说的。告子主张强制人心，这便是有助的弊病，所以孟子只说助长的危害。告子的助长也是因为他认为义是外在的，不知道在自己心上“集义”，在“必有事焉”上用功，所以才有了助长的毛病。如果每时每刻从自己心上去“集义”，那么，良知本体就会洞然明白，自然能够明辨是非，一丝一毫也不逃遁。又怎么会有“不得于言，勿求于心；不得于心，勿求于气”的毛病呢？孟子“集义”“养气”的主张，固然对后来的学问有很大贡献，但他也是对症下药，说个大概，不像《大学》所说的格物、致知、诚意、正心等功夫，特别精一简易，彻头彻尾，万世也不会有弊病。

## 【注释】

①见《孟子·告子上》。

圣贤论学，多是随时就事，虽言若人殊，而要其工夫头脑，若合符节。缘天地之间，原只有此性，只有此理，只有此良知，只有此一件事耳。故凡就古人论学处说工夫，更不必搀和兼搭而说，自然无不吻合贯通者。才须搀和兼搭而说，即是自己工夫未明彻也。近时有谓集义之功，必须兼搭个致良知而后备者，则是集义之功尚未了彻也。集义之功尚未了彻，适足以为致良知之累而已矣。谓致良知之功，必须兼搭一个勿忘勿助而后明者，则是致良知之功尚未了彻也。致良知之功尚未了彻也，适足以为勿忘、勿助之累而已矣。若此者，皆是就文义上解释牵附，以求混融凑泊，而不曾就自己实工夫上体验，是以论之愈精，而去之愈远。文蔚之论，其于大本达道既已沛然无疑，至于致知、穷理及忘助等说，时亦有搀和兼搭处，却是区区所谓康庄大道之中，或时横斜迂曲者，到得工夫熟后，自将释然矣。

## 【译文】

圣贤讲学，往往是因时因事而发。他们说的好像各不相同，但他们所讲功夫的根本却是若合符节。只因天地之间，本来只有这个性，只有这个理，只有这良知，只有这一件事。所以，凡是从古人论学上来说功夫，再也不必掺杂搭配，自然会无不吻合贯通。假如觉得需要掺杂搭配地解释，就是功夫还不纯熟。近来，有人说集义的功夫必须与致良知搭配起来才能完备。这是因为对集义功夫的理解还不透彻。集义这一功夫不透彻，正好成了致良知的负担。如果认为致良知这一功夫必须与勿忘勿助搭配起来才明白，这是因为致良知的功夫还不纯熟，致良知的功夫不纯熟，又正好成了勿忘勿助的负担。这些都是从文字上来解释，牵强附会以求圆融贯通，还不曾从自己实在的功夫上去体验，所以，说得越精细，偏离得越远。从您的主张来看，在“大本达道”上可以说是毫无问题。至于致知、穷理和勿忘勿助等观点，有时也有掺杂搭配处。这正是我开头所讲的情况，即使在康庄大道上，有时也有迂回曲折的情况。等到功夫纯熟后，这种情况自然就会消失。

文蔚谓致知之说，求之事亲、从兄之间，便觉有所持循者。此段最见近来真切笃实之功。但以此自为不妨，自有得力处。以此遂为定说教人，却未免又有因药发病之患，亦不可不一讲也。盖良知只是一个天理。自然明觉发见处，只是一个真诚恻怛，便是他本体。故致此良知之真诚恻怛以事亲便是孝，致此良知之真诚恻怛以从兄便是弟，致此良知之真诚恻怛以事君便是忠。只是一个良知，一个真诚恻怛。若是从兄的良知不能致其真诚恻怛，即是事亲的良知不能致其真诚恻怛矣；事君的良知不能致其真诚恻怛，即是从兄的良知不能致其真诚恻怛矣。故致得事君的良知，便是致却从兄的良知。致得从兄的良知，便是致却事亲的良知。不是事君的良知不能致，却须又从事亲的良知上去扩充将来。如此，又是脱却本原，著在支节上求了。良知只是一个，随他发见流行处，当下具足，更无去来，不须假借。然其发见流行处，却自有轻重厚薄，毫发不容增减者，所谓天然自有之中也[1]。虽则轻重厚薄，毫发不容增减，而原又只是一个。虽则只是一个，而其间轻重厚薄，又毫发不容增减。若可得增减，若须假借，即已非其真诚恻怛之本体矣。此良知之妙用所以无方体，无穷尽，“语大天下莫能载，语小天下莫能破”[2]者也。

## 【译文】

您认为从孝亲敬兄中去致知，便感到有所依循。从此可见您近来功夫的真切笃实。然而，您自己如此下功夫，倒也无妨，自然也有得力的地方。但如果认为这是可以用来教导人的定论，难免又有了吃药而生病的情况。这也是不可不讲究的。良知只是一个天理。自然明觉的显现处，只是一个真诚恻怛，这便是良知本体。所以，推致这良知的真诚恻怛去侍奉父母就是孝，推致这良知的真诚恻怛去顺从兄长就是悌，推致这良知的真诚恻怛去侍奉君王就是忠。这一切都只是一个良知，这一个真诚恻怛。如果这顺从兄长的良知不能推致其真诚恻怛，也就是侍奉父母的良知不能推致其真诚恻怛。如果侍奉君王的良知不能推致其真诚恻怛，也就是顺从兄长的良知不能推致其真诚恻怛。所以，能致其奉事君王的良知，便是能致其顺从兄长的良知。能致其顺从兄长的良知，也就是能致其孝敬父母的良知。并不是说，如果不能致其侍奉君王的良知，就需要从侍奉父母的良知上扩充完善出侍奉君王的良知。这样做就脱离了根本，而拘泥于细微末节了。良知只有一个，随着良知的显现与作用，当下就是完备自足的，不用再去寻求，也不必到别处去转借。但是，良知的显现与作用处，自然会有轻重厚薄的不同，丝毫不容增减。这也就是程伊川所说的"天然自有之中"。虽然其中的轻重厚薄丝毫不容增减，但良知的本体只是一个。虽然本体只是一个，但其中的轻重厚薄又丝毫不容增减。如果可以增减，如果需要假借，那就不是它真诚恻怛的本体了。良知的妙用之所以无方所、无形体，没有穷尽，"语大天下莫能载，语小天下莫能破"，其原因正在这里。

## 【注释】

①见《河南程氏遗书》卷十七："事事物物上，皆天然有个中在那上，不待人安排也。"

②见《中庸》。

孟氏"尧舜之道，孝弟而已"者，是就人之良知发见得真切笃厚、不容蔽昧处提省人，使人于事君、处友、仁民、爱物、与凡动静语默间，皆只是致他那一念事亲从兄真诚恻怛的良知，即自然无不是道。盖天下之事，虽千变万化，至于不可穷诘。而但惟致此事亲从兄一念真诚恻怛之良知以应之，则更无有遗缺渗漏者，正谓其只有此一个良知故也是。事亲从兄一念良知之外，更无有良知可致得者。故曰："尧舜之道，孝弟而已矣。"此所以为"惟精惟一"之学，放之四海而皆准，施诸后世而无朝夕者也。文蔚云："欲于事亲从兄之间，而求所谓良知之学。"就自己用功得力处如此说，亦无不可。若曰致其良知之真诚恻怛以求尽夫事亲从兄之道焉，亦无不可也。明道云："行仁自孝弟始。孝弟是仁之一事，谓之行仁之本则可，谓是仁之本则不可。"[①]其说是矣。

## 【译文】

孟子说“尧舜之道，孝悌而已”，这是从人的良知最真切笃实、不容隐藏处来提醒人。让人在侍奉君王，交结朋友，仁民爱物与动静语默中，都只是专心去推致那孝亲敬兄的真诚恻怛的良知，就自然会无不是道。天下的事虽然千变万化，直至不可穷尽。但是，只要推致这孝亲敬兄的真诚恻怛的良知去应付千变万化，那么就不会遗漏缺失什么，正是因为只有这一个良知的缘故。在孝亲敬兄的良知之外，再也没有别的良知可以推致。所以，孟子才说：“尧舜之道，孝悌而已矣。”这就是“惟精惟一”的学问，放之四海而皆准，在后世实施也不会有任何例外。您说：“要从孝亲敬兄之中寻求良知的学问。”如果从自己功夫的得力处来这样说，也未尝不可。如果说要从致其良知的真诚恻怛中去完全做到孝亲敬兄，也未尝不可以。程明道说：“行仁自孝悌始，孝悌是仁之一事，谓之行仁之本则可，谓是仁之本则不可。”明道讲得很对。

## 【注释】

①见《河南程氏遗书》卷十八，应为程颐的话。

“亿”“逆”“先觉”之说，文蔚谓“诚则旁行曲防，皆良知之用”。甚善甚善！间有搀搭处，则前已言之矣。惟濬之言，亦未为不是。在文蔚须有取于惟濬之言而后尽，在惟濬又须有取于文蔚之言而后明。不然，则亦未免各有倚著之病也。舜察迩言而询刍荛①，非是以迩言当察、刍荛当询而后如此。乃良知之发见流行，光明圆莹，更无挂碍遮隔处。此所以谓之大知。才有执著意必，其知便小矣。讲学中自有去取分辨，然就心地上着实用工夫，却须如此方是。

## 【译文】

“不亿不信”“不逆诈”和“先觉”等主张，您认为只要能诚，即使旁行小道，或委曲防御，也都是良知的作用。这话很对很对。虽然多少有些掺杂搭配之处，前面已经说过了。惟濬的话也不能说不对。您应该同时吸取惟濬的观点才完备。惟濬也要吸取您的观点才能更明白。否则，也难免有各执一偏的毛病。舜喜欢思考浅近的话，并且向砍柴人请教。并不是因为浅近的话应当去思考，砍柴的人应当去请教，然后舜才这样做。这是舜的良知的自然显现，其良知光明圆净，没有任何障碍和遮蔽。这就是所谓的“大知”。一有执着和意必，他的“知”就小了。在讲学中自然有取舍和分辨，但在心地上着实用功，却必须如此才行。

## 【注释】

①见《中庸》与《诗经·大雅》。

“尽心”三节，区区曾有生知、学知、困知之说。颇已明白，无可疑者。盖尽心、知性、知天者，不必说存心、养性、事天，不必说“夭寿不贰，修身以俟”。而存心、养性与“修身以俟”之功已在其中矣。存心、养性、事天者，虽未到得尽心、知天的地位，然已是在那里做个求到尽心、知天的工夫，更不必说“夭寿不贰，修身以俟”之功已在其中矣。譬之行路，尽心、知天者，如年力壮健之人，既能奔走往来于数千里之间者也。存心、事天者，如童稚之年，使之学习步趋于庭除之间者也。“夭寿不贰，修身以俟”者，如襁褓之孩，方使之扶墙傍壁，而渐学起立移步者也。既已能奔走往来于千里之间者，则不必更使之于庭除之间而学步趋，而步趋于庭除之间，自无弗能矣。既已能步趋于庭除之间，则不必更使之扶墙傍壁而学起立移步，而起立移步自无弗能矣。然学起立移步，便是学步趋庭除之始，学步趋庭除，便是学奔走往来于数千里之基，固非有二事，但其工夫之难易则相去悬绝矣。心也，性也，天也，一也。故及其知之成功则一。然而三者人品力量，自有阶级，不可躐等而能也。细观文蔚之论，其意以恐尽心、知天者，废却存心、修身之功，而反为尽心、知天之病。是盖为圣人忧工夫之或间断，而不知为自己忧工夫之未真切也。吾侪用工，却须专心致志，在“夭寿不贰，修身以俟”上做，只此便是做尽心、知天工夫始。正如学期起立移步，便是学奔走千里之始。吾方自虑其不能起立移步，而岂遽虑其不能奔走千里，又况为奔走千里者而虑其或遗忘于起立移步之习哉？文蔚识见本自超绝迈往，而所论云然者，亦是未能脱去旧时解说文义之习，是为此三段书分疏比合，以求融合贯通，而自添许多意见缠绕，反使用功不专一也。近时悬空去做勿忘勿助者，其意见正有此病，最能耽误人，不可不涤除耳。

## 【译文】

尽心知天、存心事天、“夭寿不贰，修身以俟”这三个方面，我曾用生而知之、学而知之和困而知之来说明，这已很明白，无可怀疑。对于尽心、知性、知天的人，不必再说存心、养性、事天，也不必说“夭寿不贰，修身以俟”。然而，存心、养性和“修身以俟”的功夫已在尽心、知性、知天之中了。能存心、养性、事天的人，虽然没有达到尽心、知天的程度，但已经是在用尽心、知天的功夫，也不用再说“夭寿不贰，修身以俟”了。因为“夭寿不贰，修身以俟”的功夫已在存心、养性、事天之中了。这好比走路，尽心、知天的人，好比年富力强的人，能够来回奔跑于几百上千里路之间。存心、事天的人，好比年幼的儿童，只能在院子里教他如何走路。“夭寿不贰，修身以俟”的人，好比是襁褓中的婴儿，只能让他扶着墙试着站起来走几步。既然已经能在数千里间来回奔走，也就没有必要让他在院子里学走路了。因为，在院子中走路已不成问题。既然已经能在院子里走路跑步，也就没有必要让他扶着墙试着站起来走几步，因为站着走几步已不成问题。然而，学着站起来走几步是在院子里学走路跑步的基础，在院子里学走路跑步又是能在数千里间来回奔走的基础。这本来就不是两回事。而功夫的难易程度则有很大的差别。心、性、天在本质上都是相同的。所以，尽心、知性、知天的效果也是相同的。但是，这三种人的人品与才力有很大的差别，不能越过等级去行动。仔细研究您的主张后，我想您是害怕尽心、知天的人，会因放弃了存心、修身的功夫，反而会妨害了尽心、知天。这是忧虑圣人的功夫会有间断，而不知道应该为自己的功夫还不够真切担忧。我们的功夫必须专心致志地在“夭寿不贰，修身以俟”上。如此便是尽心、知天功夫的开始。正如学着站起来走几步是学奔走千里的开始。我现在所担心的是不能站起来走几步，又怎么会去忧虑不能奔走千里呢？又怎么会为那已能奔走千里的人去担忧他会忘却站起来走几步的本领呢？您的见识本来是出类拔萃的。但从您所说的来看，也还是不能去掉以前解说文义的习惯。所以您才把知天、事天、夭寿不贰看成三部分，加以分疏、比较、综合，以求融会贯通，而添加了许多自己模糊不清的意见，反而使功夫不专一。近来那些悬空去做勿忘勿助功夫的人，也正是有这一弊病。它误人不浅，不能不彻底根除。

所谓尊德性而道问学一节，至当归一，更无可疑。此便是文蔚曾著实用功，然后能为此言。此本不是险僻难见的道理，人或意见不同者，还是良知尚有纤翳潜伏。若除去此纤翳，即自无不洞然矣。

【译文】

您所说的“尊德性”与“道问学”这一节，认为其间是至当归一的，再没有可怀疑之处。这便是您着实用功后才能这样说。这本来不是怪僻难懂的道理。人有不同的看法，是因为良知中还隐藏着微细的尘垢。如果除去了这些尘垢，良知自然会无不洞然光明了。

已作书后，移卧檐间，偶遇无事，遂复答此。文蔚之学既已得其大者，此等处久当释然自解，本不必屑屑如此分疏。但承相爱之厚，千里差人远及，谆谆下问，而竟虚来意，又自不能已于言也。然直戆烦缕已甚，恃在信爱，当不为罪。惟濬处及谦之、崇一处，各得转录一通寄视之，尤承一体之好也。

右南大吉录

【译文】

写完信后，卧躺在屋檐下，正好没有别的事，又写了几笔。您的学问已抓住了根本问题，这些细微处，时间长了自然也会明白。本来不必与您这样详细讲解，但承蒙您的厚爱，不远千里派人来虚心请教。为了不负您的一片心意，又不能不说。但我已说得太直率、太琐碎了。好在仗着您对我的厚爱，当不会得罪于您。请把这封信转录几份寄给惟濬、谦之和崇一等人，让他们也一同感受体贴信中的内容。

以上为南元善摘录

# 训蒙大意示教读刘伯颂等①

古之教者，教以人伦。后世记诵章之习起，而先王之教亡。今教童子，惟当以孝、弟、忠、信、礼、义、廉、耻为专务。其栽培涵养之方，则宜诱之歌诗以发其志意，导之习礼以肃其威仪，讽之读书以开其知觉。今人往往以歌诗、习礼为不切时务，此皆末俗庸鄙之见，乌足以知古人立教之意哉？大抵童子之情，乐嬉游而惮拘检，如草木之始萌芽，舒畅之则条达，摧挠之则衰痿。今教童子必使其趋向鼓舞，中心喜悦，则其进自不能已。譬之时雨春风，沾被卉木，莫不萌动发越，自然日长月化。若冰霜剥落，则生意萧索，日就枯槁矣。故凡诱之歌诗者，非但发其志意而已，亦所以泄其跳号呼啸于泳歌，宣其幽抑结滞于音节也。导之习礼者，非但肃其威仪而已，亦所以周旋揖让而动荡其血脉，拜起屈伸而固束其筋骸也。讽之读书者，非但开其知觉而已，亦所以沉潜反复而存其心，抑扬讽诵以宣其志也。凡此皆所以顺导其志意，调理其性情，潜消其鄙吝，默化其粗顽。日使之渐于礼义而不苦其难，入于中和而不知其故，是盖先王立教之微意也。若近世之训蒙稚者，日惟督以句读课仿，责其检束而不知导之以礼，求其聪明而不知养之以善，鞭挞绳缚，若待拘囚。彼视学舍如囹狱而不肯入，视师长如寇仇而不欲见，窥避掩覆以遂其嬉游，设诈饰诡以肆其顽鄙，偷薄庸劣，日趋下流。是盖驱之于恶而求其为善也，何可得乎？凡吾所以教，其意实在于此。恐时俗不察，视以为迂，且吾亦将去，故特叮咛以告。尔诸教读其务体吾意，永以为训，毋辄因时俗之言，改废其绳墨，庶成“蒙以养正”②之功矣。念之念之！

**【译文】**

古代的教育，是以人伦道德为内容，后来兴起了记诵辞章的风气，先王的教育也就不再存在了。现在教育学生，只应当把孝悌忠信、礼义廉耻作为唯一的内容。至于教育的方法，最好通过咏诗唱歌来诱导学生，以兴发他们的志向和兴趣；引导他们学习礼仪，以严肃他们的仪容；教导他们读书讽诵，以开发他们的智慧。现在人们往往认为咏诗守礼是不合时宜，这是很庸俗鄙陋的看法。他们怎么知道古人推行教育的意图呢？一般来说，儿童的习性是爱嬉闹游玩而讨厌约束。好比草木刚萌芽，让它舒畅地生长就能迅速发育，摧残压抑，草木就会衰弱枯萎。如今教育儿童，一定要使他们欢欣鼓舞，心中愉快，他们的进步就不会停止。好比春天的和风细雨，滋润了花卉草木，花草抽芽吐枝，自然会茁壮成长。如果经过冰霜的冻结，花草的生气受到伤害，就会越来越枯槁。所以，借助咏诗唱歌，不仅激发他们的志向兴趣，也使他们在咏唱中宣泄狂叫乱跳的情绪，在抑扬顿挫的音节中宣发其忧抑呆板的情绪。引导他们练习礼仪，不仅可以严肃他们的面容仪貌，也是为了在揖让叩拜中活动他们的血脉，强壮他们的筋骨。教导他们读书讽诵，不仅可以开发他们的智慧，也可以使他们在反复的钻研中存养心性，在抑扬的诵读中强化志向。这一切都是为了在志向上顺势利导，在情性中调理护养，通过潜影默化，去掉他们的鄙吝。这样，逐渐使他们的行动符合礼仪但不感到辛苦难受，在不知不觉中性情达到合宜适中。这就是先王实行教育的深意所在。而近世那些教育儿童的人，每天只督促学生的句读与考试程文，要求他们约束自己，却不知用礼仪来指导他们。希望他们聪明，却不知用善来培养他们。学生有了错，如同对待囚犯，只知绑着鞭打。这样，学生把学校看成与监狱一样而不愿上学，把老师家长看成仇人似的而不愿见到。于是就躲避逃学以便嬉笑玩闹，说谎捣乱以便能随意玩鄙。如此他们就会变得轻薄庸俗，逐渐变得低级下流。这是无意中驱使他们为恶，却又希望他们向善，这又怎么行得通呢？凡是我所提出的方法，用意也正在这里。只怕人们不能明白这一点，以为我这是迂腐。何况我即将离开这里。所以，我再三嘱咐你们这些教育官员，希望你们一定要体会我的用意，并永远遵守，不要因为世俗的言论而改变了我所定的规矩。也许能够有“蒙以养正”的成效。切记为盼！

【注释】

①正德十三年（1518），王守仁平定江西的动乱，四月班师。告南赣各县父老乡亲，兴立学社，颁布此文以晓喻他们。刘伯颂不详。

②见《易·象传》。

# 教　约

每日清晨，诸生参揖毕，教读以次遍询诸生：在家所以爱亲敬长之心，得无懈忽未能真切否？温清定省之仪，得无亏缺未能实践否？往来街衢步趋礼节，得无放荡未能谨饬否？一应言行心术，得无欺妄非僻未能忠信笃敬否？诸童子务要各以实对，有则改之，无则加勉。教读复随时就事，曲加诲谕开发，然后各退就席肄业。

【译文】

每天清晨学生拜见行拱手礼后，老师要依次询问每位学生，在家时爱亲敬长方面是否真切而没有任何松懈疏忽之处？在温清定省的礼节方面是否能实践而没有任何不足之处？在路上行走时是否能十分谨慎而没有任何放荡之处？一切言行心术是否能忠信笃实而没有任何欺妄怪僻之处？每位学生一定要如实回答。有则改之，无则加勉。老师随时随地给予婉转的教导和启发，然后再各自回到座位上去读书。

凡歌诗，须要整容定气，清朗其声音，均审其节调，毋躁而急，毋荡而嚣，毋馁而慑。久则精神宣畅，心气和平矣。每学量童生多寡分为四班。每日轮一班歌诗，其余皆就席敛容肃听。每五日则总四班递歌于本学。每朔望集各学会歌于书院。

【译文】

在唱歌咏诗时一定要仪容整洁，心气安定。声音要清朗，节奏要匀称，不急不躁，不狂不闹，不气馁、不怕难。这样，一到学校就能精神饱满，心气平和。每所学校根据学生的多少分成四个班，每天安排一个班唱歌咏诗，其余的都在座位上表情严肃地恭听。每五天让四个班在学校一个接一个地歌咏。农历的初一、十五把各学校召集起来在书院会歌。

凡习礼需要澄心肃虑，审其仪节，度其容止，毋忽而惰，毋沮而怍，毋径而野，从容而不失之迂缓，修谨而不失之拘局。久则礼貌习熟，德性坚定矣。童生班次皆如歌诗。每间一日则轮一班习礼，其余皆就席敛容肃观。习礼之日，免其课仿。每十日则总四班递习于本学，每朔望则集各学会习于书院。

【译文】

练习礼仪必须排除杂念，心情庄重。老师要仔细观察学生的礼仪细节，审查学生的容貌举止，不许疏忽，不许偷懒，不许自满，不许害羞，不许任意，不许粗野。从容不迫但不要迂腐缓慢，修行谨慎但不要拘束紧张。时间长了，礼貌就能纯熟，德行就能坚定。学生的班次都与歌咏一样。每隔一天，就轮到一个班练习礼仪，其余的都在座位上肃穆静观。练习礼仪的那一天可以免去仿写课。每十天就让四个班在学校依次练习礼仪，农历初一、十五召集各校在书院一起练习礼仪。

凡授书不在徒多，但贵精熟。量其资禀，能二百字者止可授以一百字，常使精神力量有余，则无厌苦之患，而有自得之美。讽诵之际，务令专心一志，口诵心惟，字字句句，细绎反复。抑扬其音节，宽虚其心意。久则义礼浃洽，聪明日开矣。

【译文】

老师讲授功课不在数量多，贵在精熟。根据学生的资质，能认识二百字的，就只能教给他一百字。让学生的精神力量常有富余，那么，他们也就不会因为辛苦而厌学，反而会因为有自我满意的自豪感而愿意学。在诵读的时候，一定要让学生专心致志，口里读着，心里想着，字字句句，反复体会。音节有抑扬顿挫，心思要宽广虚静。时间长了，学生就能很有礼貌，智慧日增。

每日工夫，先考德，次背书诵书，次习礼或作课仿，次复诵书讲书，次歌诗。

凡习礼歌诗之数，皆所以常存童子之心，使其乐习不倦，而无暇及于邪僻。教者如此，则知所施矣。虽然，此其大略也。“神而明之，则存乎其人。”①

## 【译文】

每天首先考查德行，然后依次是背书诵书、练习礼仪或书法课、读书讲书、唱歌咏诗。凡是练习礼仪、唱歌咏诗之类，都是为了保养儿童的心，使他们乐意去做而不感到厌倦，没有时间去干歪门邪道。老师们知道了这一点，也就知道应该怎样教育学生。即使如此，我这里也只说了一个大概。“神而明之，则存乎其人。”

## 【注释】

①见《易·系辞上》。

# 下卷

# 陈九川[1]录

正德乙亥[2]，九川初见先生于龙江。先生与甘泉先生[3]论格物之说。甘泉持旧说。先生曰："是求之于外了。"甘泉曰："若以格物理为外，是自小其心也。"九川甚喜旧说之是。先生又论"尽心"一章[4]，九川一闻却遂无疑。后家居，复以格物遗质。先生答云："但能实地用功，久当自释。"山间乃自录《大学》旧本读之，觉朱子格物之说非是。然亦疑先生以意之所在为物，物字未明。

## 【译文】

正德十年，九川在龙江第一次见到先生，先生正与甘泉先生讨论格物说。甘泉仍坚守朱子的解释。先生说："这是求之于外了。"甘泉说："如果认为探求物理是外，那就把心看小了。"九川十分赞同朱子的格物说。先生又谈到《孟子》中的"尽心"，九川听了后，对先生关于格物的解释也就不再怀疑了。后来在家闲居时，又就格物问题请教先生。先生回答说："只要能实实在在用功，时间久了，自然会明白。"后来住在山中时，我自己抄录了《大学》旧本来读，觉得朱子的格物说不对。然而，先生认为意的所在处是物，我觉得这个物字还不清楚。

## 【注释】

①陈九川（1484—1562），字惟濬，号明水。江西临川人。授太常博士。因谏明武宗南巡，廷杖五十。后又任礼部郎中，受诬下狱。后复官，周游讲学。见《明儒学案》卷十九，《明史》卷一八九。龙江就是现在的南京。

②正德十年（1515），即正德乙亥，王守仁四十四岁。

③湛若水（1466—1560），字元明，号甘泉，广西增城人。进士，授翰林院编修，嘉靖间，历任礼、吏、兵部尚书。少从陈白沙学。初与王守仁共同讲学，后各立宗旨，王守仁主致良知，甘泉主张随处体认天理，遂分为王湛两派，有《湛甘泉集》，见《明儒学案》卷三十七。

④见《孟子·尽心上》第一章。

己卯[①]归自京师，再见先生于洪都[②]。先生兵务倥偬，乘隙讲授，首问近年用功何如？九川曰："近年体验得'明明德'功夫只是'诚意'。自'明明德于天下'，步步推入根源，到'诚意'上再去不得，如何以前又有格致工夫？后又体验，觉得意之诚伪必先知觉乃可，以颜子'有不善未尝知之，知之未尝复行'为证，豁然若无疑。却又多了格物工夫。又思来吾心之灵何有不知意之善恶？只是物欲蔽了。须格去物欲，始能如颜子未尝不知耳。又自疑功夫颠倒，与诚意不成片段。后问希颜[③]。希颜曰：'先生谓格物致知是诚意功夫，极好。'九川曰：'如何是诚意功夫？'希颜令再思体看。九川终不悟，请问。"

先生曰："惜哉！此可一言而悟，惟濬所举颜子事便是了。只要知身、心、意、知、物是一件。"

九川疑曰："物在外，如何与身、心、意、知是一件？"

先生曰："耳、目、口、鼻、四肢，身也，非心安能视、听、言、动？心欲视、听、言、动，无耳、目、口、鼻、四肢亦不能。故无心则无身，无身则无心。但指其充塞处言之谓之身，指其主宰处言之谓之心，指心之发动处谓之意，指意之灵明处谓之知，指意之涉着处谓之物，只是一件。意未有悬空的，必着事物。故欲诚意，则随意所在其事而格之，去其人欲而归于天理，则良知之在此事者，无蔽而得致矣。此便是诚意的功夫。"

九川乃释然破数年之疑。

## 【译文】

己卯年，我从京城归来，在洪都再次见到先生。先生军务倥偬，抽空给我讲授。首先问我近来用功的情况。我（九川）说："近来我体会到'明明德'的功夫只是诚意。从'明明德于天下'，逐步追根溯源，到诚意上，也就到了尽头。为什么诚意之前又有格物致知的功夫呢？经过体会，我又觉得意的真诚与否，必须先有知觉才行。从颜回的'有不善未尝知之，知之未尝复行'中可以得到说明。这样，我感到豁然开朗，但怎么又多了一个格物功夫。后来我又思考到，我心的灵妙怎么会不知道意的善恶呢？只是因为受到物欲的蒙蔽。只有格除物欲，才能像颜回那样，一有不善定会知道。我又怀疑自己的功夫是不是颠倒了，以至于与诚意没有关系。后来我问希颜，希颜说：‘先生认为格物致知是诚意的功夫，非常正确。’我说：‘怎样才是诚意的功夫？’希颜让我再去思考和体会。我终究没有悟出。请先生指教。”

先生说：“可惜啊！这个问题本来一句话就能明白。你所说的颜回的情况就能说明问题。只要知道身、心、意、知、物都是一回事就行了。”

我不解地问道：“物在外，怎么与身、心、意、知是一回事呢？”

先生说：“耳、目、口、鼻与四肢，是人的身。假若没有心，人身怎能视、听、言、动？心想去视、听、言、动，但没有耳、目、口、鼻、四肢，人心也不能视、听、言、动。所以，没有心就没有身，没有身也就没有心。就它充塞空间而言叫作身，就它的主宰而言叫作心，就心的发动而言叫作意，就意的灵明而言叫作知，就意的涉及处而言叫作物，都是一回事。意不能悬空，必然涉及事物。所以，要想诚意，就随着意所在的某件事去‘格’，除去人欲，回归到天理。如此，良知在这件事上，就不会受到蒙蔽，而可以‘致’了。这便是诚意的功夫。”

于是，我解开了多年来的困惑。

## 【注释】

①己卯，正德十四年（1519），王守仁四十八岁。

②洪都，今江西南昌。

③希颜，王守仁门人。

又问：“甘泉近亦信用《大学》古本，谓格物犹言造道[①]，又谓穷理如穷其巢穴之穷，以身至之也，故格物亦只是随处体认天理[②]。似与先生之说渐同。”

先生曰：“甘泉用功，所以转得来。当时与说‘亲民’字不须改，他亦不信。今论‘格物’亦近，但不须换‘物’字作‘理’字，只还他一‘物’字便是。”

后有人问九川曰：“今何不疑物字？”曰：“《中庸》曰：‘不诚无物。’程子曰：‘物来顺应。’[③]又如‘物各付物’[④]‘胸中无物’[⑤]之类皆古人常用字也。”他日先生亦云然。

## 【译文】

又问道："甘泉近来也相信《大学》旧本，认为格物好比求道，认为穷理的穷就像穷巢穴的穷，要亲自到巢穴里去。所以，格物也只是随处体认天理。这好像与先生的主张渐渐接近了。"

先生说："甘泉肯用功，所以能转过弯来。当时，我给他说'亲民'不必改为'新民'，他也不相信。现在，他所讲的'格物'也大致不错，只是不必把'物'字换成'理'字，仍然用'物'字就行了。"

后来有人问我说："现在为什么对物不忌讳呢？"我说："《中庸》说：'不诚无物'，程伊川说：'物来顺应'，又有'物各付物''胸中无物'，等等。可见，物是古人常用的字。"后来有一天，先生又这样说。

## 【注释】

①见《甘泉先生文录》卷七《答阳明书》。

②见《甘泉先生文录》卷七《答陈宗亨》。

③《河南程氏文集》卷二。

④《河南程氏遗书》卷十八。

⑤《河南程氏外书》卷十一："有患心疾，见物皆狮子。伊川教之以见，即直前捕执之，无物也。久之，疑疾遂愈。"

九川问："近年因厌泛滥之学，每要静坐，求屏息念虑，非惟不能，愈觉扰扰，如何？"

先生曰："念如何可息，只是要正。"

曰："当自有无念时否？"

先生曰："实无无念时。"

曰："如此却如何言静？"

曰："静未尝不动，动未尝不静。戒谨恐惧即是念，何分动静？"

曰："周子何以言'定之以中正仁义而主静'①？"

曰："无欲故静，是'静亦定，动亦定'的'定'字②，主其本体也。戒惧之念，是活泼泼地，此是天机不息处，所谓‘维天之命，于穆不已’[③]，一息便是死，非本体之念即是私念。”

## 【译文】

九川问：“近几年因为讨厌泛滥之学，总想静坐，以求屏除思虑念头。然而不但不能，反而更感心神不安，怎么回事呢？”

先生说：“思虑念头，怎么能息灭呢？只能让念虑归于正。”

问：“是否还有无念的时候呢？”

先生说：“实在没有无念的时候。”

又问：“既然如此，为什么又说静呢？”

先生说：“静并不是不动，动也并不是不静。戒谨恐惧就是念头，还分什么动与静？”

九川说：“周敦颐为什么要说‘定之以中正仁义而主静’呢？”

先生说：“‘无欲故静’，周敦颐的‘定’是‘静亦定，动亦定’的‘定’，‘主’是指本体。戒谨恐惧的念头是活泼泼的，正好体现了天机流行不息。这也就是所说的‘维天之命，于穆不已’，一有停息便是死，不是本体发出的念即私念。”

## 【注释】

①见《太极图说》：“五性感动而善恶分，万事出矣。圣人定之以中正仁义而主静，立人极焉。（自注：无欲故静。）”

②见《河南程氏文集》卷二。

③见《中庸》第二十六章。

又问：“用功收心时，有声色在前，如常闻见，恐不是专一。”

曰：“如何欲不闻见？除是槁木死灰，耳聋目盲则可。只是虽闻见而不流去便是。”

曰：“昔有人静坐，其子隔壁读书，不知其勤惰。程子称其甚敬[①]。何如？”

曰：“伊川恐亦是讥他。”

## 【译文】

又问："当收敛身心时，如果有声色出现在面前，仍旧像平时那样去听去看，恐怕就不是专一了。"

先生说："怎能不想听，不想看呢？除非是如同槁木死灰，耳聋眼瞎的人。虽然听与看，只要心不随着去就行了。"

问："从前有一人静坐，他的儿子在隔壁读书，他却不知道儿子是不是在读，程伊川称赞他很能持守敬。这是为什么呢？"

先生说："伊川恐怕也是在讥笑他。"

## 【注释】

①见《河南程氏遗书》卷三："许渤与其子隔一窗而寝，及不闻其子读书与不读书。先生谓：'此人持敬如此。'"

又问："静坐用功，颇觉此心收敛。遇事又断了，旋起个念头去事上省察。事过又寻旧功，还觉有内外打不作一片。"

先生曰："此格物之说未透。心何尝有内外？即如惟濬今在此讲论，又岂有一心在内照管？这听讲说时专敬，即是那静坐时心。功夫一贯，何须更起念头？人须在事上磨炼做功夫乃有益。若只好静，遇事便乱，终无长进。那静时功夫亦差似收敛，而实放溺也。"

后在洪都，复与于中、国裳论内外之说[①]，渠皆云物自有内外，但要内外并着，功夫不可有间耳。以质先生。

曰："功夫不离本体，本体原无内外；只为后来做功夫的分了内外，失其本体了。如今正要讲明功夫不要有内外，乃是本体功夫。"

是日俱有省。

## 【译文】

九川又问："静坐用功，感到特别能收敛此心。但一遇到事就中断了。立即有一个念头去事上省察，事情过后再去找寻原先的功夫。仍然有内外打不成一片的感觉。"

先生说："这是因为对格物的理解还不透彻。心何尝有内与外呢？就像你现在在这里讨论，难道还有一个心在里面照管着？这个专心听讲和说话的心就是那静坐时的心。功夫是一贯的，何须再起一个念头？人应该在事上磨炼，在事上用功才有益处。如果只喜欢静，遇事就会慌乱，终究没有长进。那静时的功夫，似乎也是收敛，而实际上是放任沉溺。"

后来在洪都（南昌）又与于中、国裳讨论内外问题，他们都认为事物本身有内与外，但人要内外都照管到，功夫不能有内外之分。于是请先生教正。

先生说："功夫离不开本体，本体本来没有内外。只因为后来做功夫的分了内外，失去本体了。如今正是要说明功夫不要分内外，这才是本体的功夫。"

这一天，大家都有省悟。

## 【注释】

①日本注家认为于中姓王，名未考。陈荣捷先生认为于中为子中之误，夏良胜，字子中，与陈九川过从甚密，见《阳明弟子传纂》卷二。舒芬（1484—1527），字国裳，号梓溪。江西进贤人。正德丁丑进士。曾与夏子中一起谏南巡，受谪。见《明儒学案》卷五十三，《明史》卷一七九。

又问："陆子之学何如？"

先生曰："濂溪、明道之后，还是象山。只是粗些。"

九川曰："看他论学，篇篇说出骨髓，句句似针膏肓，却不见他粗。"

先生曰："然，他心上用过功夫，与揣摹依仿、求之文义自不同，但细看有粗处。用功久，当见之。"

## 【译文】

九川又问："如何评价陆象山的思想？"

先生说："濂溪、明道之后，就只有象山了。只是略显粗了些。"

九川说："我看他讲学，好像篇篇说到了骨髓上，句句刺到了膏肓，却看不出他的粗。"

先生说："对，他在心上用过功夫，与只在文义上揣摩仿效的自然不同，但仔细看就有粗的地方，用功久了就能认识到。”

庚辰往虔州再见先生[①]，问：“近来功夫虽若稍知头脑，然难寻个稳当快乐处。”

先生曰：“尔却去心上寻个天理。此正所谓理障[②]。此间有个诀窍。”

曰：“请问如何？”

曰：“只是致知。”

曰：“如何致知？”

曰：“尔那一点良知，是尔自家底准则。尔意念著处，他是便知是，非便知非，更瞒他一些不得。尔只不要欺他，实实落落依着他做去，善便存，恶便去，他这里何等稳当快乐。此便是格物的真诀，致知的实功。若不靠着这些真机，如何去格物？我亦近年体贴出来如此分明，初犹疑只依他恐有不足，精细看，无些小欠阙。”

**【译文】**

庚辰年我到虔州去见先生。我说：“近来的功夫，虽然好像稍知点头绪，但很难找到一个稳当快乐的地方。”

先生说：“你是要到心上去寻一个天理，这正是所谓的‘理障’，这中间有一个诀窍。”

问：“请问是什么？”

先生说：“就是致知。”

问：“如何致知？”

先生说：“你那一点良知，是你自家的准则。你的意念所到之处，对的便知道是对，错的便知道是错，不可能有丝毫隐瞒。你只要不欺骗它，实实在在地依着良知去做，善就能存，恶就能去。在这里是多么稳当快乐啊！这便是格物的真正秘诀，致知的实在功夫。如果不依赖这些真机，怎样去格物呢？我也是近几年才体会得如此清楚的。起初，还怀疑只依着良知恐怕会有不足，仔细斟酌，感到它没有任何一点欠缺。”

## 【注释】

①庚辰为正德十五年（1520），王守仁四十九岁。虔州，即今江西赣州。

②理障是佛教用语。语出《圆觉经》弥勒菩萨章：“云何二障？一者理障，碍正知见。二者事障，续诸生死。”即指把理看死了，理也会成为认识真理的障碍。

在虔与于中、谦之[1]同侍。先生曰：“人胸中各有个圣人，只自信不及，都自埋倒了。”因顾于中曰：“尔胸中原是圣人。”

于中起不敢当。

先生曰：“此是尔自家有的，如何要推？”

于中又曰：“不敢。”

先生曰：“众人皆有之，况在于中，却何故谦起来？谦亦不得。”

于中乃笑受。

又论：“良知在人，随你如何不能泯灭，虽盗贼亦自知不当为盗，唤他作贼，他还忸怩。”于中曰：“只是物欲遮蔽。良心在内，自不会失，如云自蔽日，日何尝失了。”

先生曰：“于中如此聪明，他人见不及此。”

## 【译文】

在虔州时我和于中、谦之一同陪着先生。先生说：“每人胸中都有一个圣人，只因自信心不够，自己将圣人埋没了。”接着对于中说：“你胸中本来是圣人。”

于中站起来，说不敢当。

先生说：“这是你自己有的，为什么要推辞？”

于中又说：“不敢。”

先生说：“众人都有，何况你呢？却为什么谦让起来了？谦让也不好。”

于中笑着接受了。

先生又说：“良知在人，不管你怎样也不能泯灭它。即使盗贼也明白不应偷盗，说他是贼，他也还忸怩。”

于中说：“只是被物欲遮蔽了，良知在人的心中，自然不会丧失。就像乌云可以挡住太阳，而太阳又何尝不存在呢？”

先生说：“于中如此聪明，别人还没有看到这一点。”

## 【注释】

①邹守益（1491—1562），字谦之，号东廓，江西安福人。宸濠叛乱时，跟从王守仁平叛。官至南京国子祭酒。落职后讲学四十多年，宣传阳明学说。见《明儒学案》卷十六。

先生曰：“这些子看得透彻，随他千言万语，是非诚伪，到前便明。合得的便是，合不得的便非，如佛家说心印相似，真是个试金石，指南针。”①

## 【译文】

先生说：“把这些道理认识透彻了，任他千言万语，是非真假，一看就明白。相合的就对，不相合的便错。这与佛教所说的心印相似，这真是个试金石、指南针。”

## 【注释】

①心印，佛教禅宗主张不用文字语言，而直接以心相印证、顿悟成佛。《六祖大师法宝坛经》：“师曰：‘吾传佛心印，安敢违于佛经。’”

先生曰：“人若知这良知诀窍，随他多少邪思枉念，这里一觉，都自消融。真个是灵丹一粒，点铁成金。”

## 【译文】

先生说：“人如果知道这良知的诀窍，不管他有多少邪思枉念，只要良知发现了，都会自然消融。这真像灵丹一粒，可点铁成金。”

崇一曰：“先生致知之旨发尽精蕴，看来这里再去不得。”

先生曰：“何言之易也？再用功半年看如何，又用功一年看如何。功夫愈久，愈觉不同。此难口说。”

【译文】

欧阳德（崇一）说："先生把致良知这一宗旨已阐发得精蕴尽致，看来这里无法再讲了。"

先生说："怎能说得这样容易？再用功半年，看看怎么样？再用功一年，看看会怎么样？功夫越久，感觉就越不同。这难以言说。"

先生问："九川于致知之说体验如何？"

九川曰："自觉不同。往时操持常不得个恰好，此乃是恰好处。"

先生曰："可知是体来与听讲不同。我初与讲时，知尔只是忽易，未有滋味。只这个要妙再体到深处，日见不同，是无穷尽的。"又曰："此'致知'二字，真是个千古圣传之秘，见到这里，'百世以俟圣人而不惑'①。"

【译文】

先生问："九川对致良知有什么体验呢？"

九川说："自己觉得与以前不同的，从前在操持时，经常找不到一个恰好处。现在感到这致知就是恰好处。"

先生说："可见自己体会到的与听讲是不同。起初我给你讲的时候，知道你总是马马虎虎，没有体会到什么滋味。只从这个绝妙处，再深入体会下去，会每天都有不同，这是没有止境的。"又说："这'致知'二字，真是千古圣贤相传的秘诀。懂得了致知，就能'百世以俟圣人而不惑'。"

【注释】

①见《中庸》第二十九章。

九川问曰："伊川说到体用一源、显微无间处，门人已说是泄天机①。先天致知之说，莫亦泄天机太甚否？"

先生曰："圣人已指以示人，只为后人掩匿，我发现耳，何故说泄？此是人人自有的，觉来甚不打紧一般，然与不用实功人说，亦甚轻忽，可惜彼此无益。与实用功而不得其要者提撕之，甚沛然得力。"

## 【译文】

九川问："当伊川说体用一源、显微无间时，门人已说他是泄露天机。先生的致知说，是否也泄露天机太多了点呢？"

先生说："圣人早已把致良知告诉了人，只是后人把它隐藏了，我重新说出来而已，怎么能说是泄露天机呢？这是人人生来就有的，只是觉察到了也不把它当成一回事。因而，我与没有实地用功的人说致知，他很轻视，很可惜彼此无益。我给实地用功但不得要领的人揭示致知，他感到大有助益。"

## 【注释】

①见《河南程氏外书》卷十二："和靖尝以《易传序》请问曰：'至微者，理也。至著者，象也。体用一源，显微无间，莫不泄露天机否？'伊川曰：'如此分明说破，犹自人不解悟。'"

又曰："知来本无知，觉来本无觉，然不知则遂沦埋。"

## 【译文】

先生又说："知道了，方知本无知；觉悟了，方知本无觉。然而，不知也就沦落埋没。"

先生曰："大凡朋友须箴规指摘处少，诱掖奖劝意多，方是。"后又戒九川云："与朋友论学，须委曲谦下，宽以居之。"①

## 【译文】

先生说："朋友之间应该是少一点针砭指责，多一点开导奖励。"后来先生又告诫九川说："与朋友在一起讨论学问时，应该委曲谦让，'宽以居之'。"

## 【注释】

①见《易传·文言》。意为宽大容忍。

九川卧病虔州。先生云：“病物亦难格，觉得如何？”

对曰：“功夫甚难。”

先生曰：“常快活便是功夫。”

## 【译文】

九川在虔州得病。先生说：“对病这一物也很难格正，你感觉如何？”

九川回答说：“功夫的确很难。”

先生说：“常快活，就是功夫。”

九川问：“自省念虑，或涉邪妄，或预料理天下事。思到极处，井井有味，便缱绻难屏。觉得早则易，觉迟则难。用力克治，愈觉扞格。惟稍迁念他事，则随两忘。如此廓清，亦似无害。”

先生曰：“何须如此，只要在良知上著功夫。”

九川曰：“正谓那一时不知。”

先生曰：“我这里自有功夫，何缘得他来。只为尔功夫断了，便蔽其知。既断了，则继续旧功便是，何必如此？”

九川曰：“真是难鏖，虽知，丢他不去。”

先生曰：“须是勇。用功久，自有勇。故曰‘是集义所生者’，胜得容易，便是大贤。”

## 【译文】

九川问：“我的思虑有时有点邪妄，有时又想去治理天下的事。思考到极至处，也津津有味，便难舍难分，不易去掉。这种情况，发觉得早还容易去掉，发觉晚了就很难排除，用力去克治，更觉格格不入。只有再去想想别的事，才能把所有的事都忘了。如此清净思虑，好像也无害。”

先生说：“何必如此？只要在良知上下功夫就行了。”

九川说：“我说的正是那良知还未知的情况。”

先生说：“我这里自有功夫，怎么会有不知的情况呢？因为你的功夫间断了，才蒙蔽了你的知。既然有了间断，就继续用原来的功夫就行了，何必像你说的那样？”

九川说：“简直是一场恶战，虽然知道了，也很难丢掉。”

先生说：“这就要有勇，用功久了，自然会有勇。所以，孟子说‘是集义所生者’。胜得容易，便是大贤之人。”

九川问：“此功夫却于心上体验明白，只解书不通。”

先生曰：“只要解心。心明白，书自然融会。若心上不通，只要书上文义通，却自生意见。”

## 【译文】

九川问：“这一功夫能够在心上体验得清楚明白，但不能解释书上的文义。”

先生说：“只需要懂得心，心明白了，自然能融会贯通书上的文义。如果在心上不明白，只去解释书上的文义，反而会产生一些牵强附会的解释。”

有一属官，因久听讲先生之学，曰：“此学甚好，只是簿书讼狱繁难，不得为学。”

先生闻之，曰：“我何尝教尔离了簿书讼狱悬空去讲学？尔既有官司之事，便从官司的事上为学，才是真格物。如问一词讼，不可因其应对无状，起个怒心；不可因他言语圆转，生个喜心；不可恶其嘱托，加意治之；不可因其请求，屈意从之；不可因自己事务烦冗，随意苟且断之；不可因旁人谮毁罗织，随人意思处之。有许多意思皆私，只尔自知，须精细省察克治，惟恐此心有一毫偏倚，杜人是非，这便是格物致知。簿书讼狱之间，无非实学。若离了事物为学，却是着空。”

## 【译文】

有一位下级官员，长期听先生的讲学，他说：“先生所讲的学，的确很好，只因为文件和案件太繁重，没有时间做学问。”

先生听后说：“我何尝教你撇开文件案件悬空去讲学？你既然需要断案，就从断案上去学，这才是真正的格物。比如你在审判时，不能因为对方的无礼而发怒，也不能因对方言辞委婉而高兴。不能因讨厌他的请托而故意整治他，也不能因他本人的哀求而屈意宽待他。不能因自己事务繁忙而随意草率结案，也不能因别人的诽谤与陷害而屈从别人的想法去处置。这里所讲的情况都是私，只有你自己知道。你应该精细地省察与克治，唯恐心中有一丝不公正而错判了是非，这便是格物致知。处理文件与诉讼，无不是实在的学问，如果撇开事物去学，只会是空中楼阁。”

虔州将归，有诗别先生云：“良知何事系多闻，妙合当时已种根。好恶从之为圣学，将迎无处是乾元。”①

先生曰：“若未来讲此学，不知说‘好恶从之’从个甚么。”

敷英在座曰：“诚然。尝读先生《大学古本序》，不知所说何事。及来听讲许时，乃稍知大意。”

## 【译文】

九川即将离开虔州时，给先生写了一首告别诗：“良知何事系多闻，妙合当时已种根。好恶从之为圣学，将迎无处是乾元。”

先生说：“如果不来这里讲论良知，肯定不知说‘好恶从之’从的是个什么。”

敷英接着说：“的确如此，我曾读过先生的《大学古本序》，但不知所说的是什么，来这里经过一段时间听讲，才稍知其中的大意。”

## 【注释】

①大意是：良知与多闻无关，它与生俱来，好恶都依从良知，这就是圣学。如果有人为的迎送之意，就失去了乾元的本来面貌。乾元指万物产生的根源，这里指良知本体。《易·象传》：“大哉乾元，万物资始。”

于中、国裳辈同侍食。先生曰：“凡饮食只是要养我身，食了要消化。若徒蓄积在肚里，便成痞了，如何长得肌肤？后世学者博闻多识，留滞胸中，皆伤食之病也。”

【译文】

于中、国裳等人陪先生吃饭。先生说："饮食只是为了营养我的身体，吃了要消化，如果把吃的东西全积蓄在肚里，就会积食成疾，又怎么能够使身体生长发育呢？后世学者主张博闻多记，把知识全部积累在胸中，就是患了吃了不消化的病。"

先生曰："圣人亦是学知，众人亦是生知。"

问曰："何如？"

曰："这良知人人皆有。圣人只是保全无些障蔽，兢兢业业，亹亹翼翼，自然不息，便也是学。只是生的分数多，所以谓之生知安行。众人自孩提之童，莫不完具此知，只是障蔽多，然本体之知难泯息，虽问学克治，也只凭他。只是学的分数多，所以谓之学知利行。"

【译文】

先生说："圣人也是学知，众人也是生知。"

九川问："为什么这样讲？"

先生说："这良知是人人都有。圣人只是能保全良知而让它没有任何蒙蔽，兢兢业业，勤勤恳恳，自然良知常存，这也是学。只是生知的分量大，所以叫作生知安行。众人在孩提时代无不完全具有这良知，只是遮蔽太多，但是那本体的知，自然难以泯灭。即使求学克治，也只是依凭那良知。只因为后天学的因素居多，所以叫作学知利行。"

# 黄直[1]录

黄以方问："先生格致之说，随时格物以致其知，则知是一节之知，非全体之知也，何以到得'溥博如天，渊泉如渊'[2]地位？"

先生曰："人心是天渊。心之本体，无所不该，原是一个天。只为私欲障碍，则天之本体失了。心之理无穷尽，原是一个渊。只为私欲窒塞，则渊之本体失了。如今念念致良知，将此障碍窒塞一齐去尽，则本体已复，便是天渊了。"乃指天以示之曰："比如面前见天，是昭昭之天，四外见天，也只是昭昭之天。只为许多房子墙壁遮蔽，便不见天之全体，若撤去房子墙壁，总是一个天矣。不可道眼前天是昭昭之天，外面又不是昭昭之天也。于此便是一节之知即全体之知，全体之知即一节之知，总是一个本体。"

**【译文】**

黄以方问："先生所说的格物致知，是随时格物以致其知。那么，这个知就是部分的知，不是全体之知。怎么能达到'溥博如天，渊泉如渊'的境地呢？"

先生说："人心就是天和渊。心的本体是无所不包，它本是一个天，只是被私欲蒙蔽，才丧失了作为天的本来面貌。心中的理无穷尽，原本就是一个渊，只是被私欲阻塞，才丧失了作为渊的本来面貌。现在时时刻刻都去致良知，把这蒙蔽与阻塞全部除去。那么，人心的本体得以恢复，心便又是天与渊了。"于是，先生手指着天说："比如现在所见的天，是明朗的天，在四周所看到的天也只是这明朗的天，只因为有许多房子墙壁遮挡，才看不到天的全体。如果没有了这些房子墙壁，就总是一个天了。不能认为眼前的天是明朗的天，外面的又不是明朗的天。从此可见，部分的知就是全体之知，全体之知也就是部分的知，知的本体总是一个。"

## 【注释】

①黄直，字以方，金溪人，嘉靖二年（1523）进士，任漳州的推官，因抗疏论救下狱。曾从阳明问学。见《明史》卷二〇七。

②见《中庸》第三十二章。

先生曰："圣贤非无功业气节。但其循著这天理，则便是道。不可以事功气节名矣。"

## 【译文】

先生说："圣贤并非没有功业与气节，只是他们能遵循这天理，这便是道。圣贤不是因功业与气节而有名。"

"'发愤忘食'，是圣人之志如此。真无有已时。'乐以忘忧'，是圣人之道如此。真无有戚时。恐不必云得不得也。"①

## 【译文】

"'发愤忘食'，是圣人的志向如此，从来就没有停止的时候。'乐以忘忧'，是圣人的道如此，从来没有忧戚的时候。恐怕不必用得与不得来解释。"

## 【注释】

①《论语·述而》："子曰：'女奚不曰，其为人也，发愤忘食，乐以忘忧，不知老之将至云尔。'"朱熹注曰："未得，则发愤忘食。已得，则乐之而忘忧。"

先生曰："我辈致知，只是各随分限所及。今日良知见在如此，只随今日所知扩充到底。明日良知又有开悟，便从明日所知扩充到底。如此才是精一功夫。与人论学，亦须随人分限所及。如树有这些萌芽，只把这些水去灌溉。萌芽再长，便又加水。自拱把以至合抱，灌溉之功皆是随其分限所及。若些小萌芽，有一桶水在，尽相倾上，便浸坏他了。"

【译文】

先生说："我们这些人要致知，也只是根据自己的能力尽力而为。今天的良知仅知道到这一程度，就根据今天所知的内容扩充到底。到明天，良知又有新的省悟，那就从明天所知的内容扩充到底。如此才是精一功夫。与别人讨论学问，也必须根据别人的能力。好比树刚发芽，只能用少量的水去浇灌，树长大了点，又再多浇一些水。树从一把粗到双臂合抱，浇水的多少，都要根据树的大小来定。刚发的小芽，如果把一桶水一次倒完，就浸坏它了。"

问知行合一。

先生曰："此须识我立言宗旨。今人学问，只因知行分作两件，故有一念发动，虽是不善，然却未曾行，便不去禁止。我今说个知行合一，正要人晓得一念发动处，便即是行了。发动处有不善，就将这不善的念克倒了，须要彻根彻底不使那一念不善潜伏在胸中。此是我立言宗旨。"

【译文】

有人问知行合一。

先生说："这需要知道我立论的宗旨。现在人的学问，只因把知行看成两回事，所以，萌发作恶的念头，却没有变成作恶的行动，便容忍它存在不去禁止。我现在说一个知行合一，正是要人知道一念发动处，也就是行了。在念头产生不善时，就将这不善的念头克去，必须彻根彻底，不让那不善的念头潜藏在胸中。这才是我立论的宗旨。"

"圣人无所不知，只是知个天理；无所不能，只是能个天理。圣人本体明白，故事事知个天理所在，便去尽个天理。不是本体明后，却于天下事物都便知得，便做得来也。天下事物，如名物度数、草木鸟兽之类，不胜其烦。圣人须是本体明了，亦何缘能尽知得。但不必知的，圣人自不消求知，其所当知的，圣人自能问人。如子入太庙，每事问之类。先儒谓'虽知亦问，敬谨之至'[①]。此说不可通。圣人于礼乐名物，不必尽知。然他知得一个天理，便自有许多节文度数出来。不知能问，亦即是天理节文所在。”

**【译文】**

“圣人无所不知，也只是知一个天理；无所不能，也只是能一个天理。圣人的本体是明亮洁净的，所以，事事他都知道天理所在，便去穷尽其中的天理。不是本体洁净明亮以后，天下的事物就能都知道，都能干。天下的事物，如名物、度数、草木、鸟兽之类，不可胜数。虽然圣人的本体洁净明亮，又怎么能够都知道呢？只是对那不必知的，圣人自然不想去知，应该知的，圣人自然会去问人。例如，孔子到太庙，遇事就问。这就是一个例子。朱子的解释是，“孔子全都知道，虽然知道还要问，是一种敬重谨慎的表现。”这种解释说不通。圣人对于礼乐、名物不必全知，但他知道一个天理，便自然会有许多规章制度出来。不知就能问，也是天理所要求的。”

**【注释】**

①事见《论语·八佾》。朱熹注曰：“孔子言是礼者，敬谨之至，乃所以为礼也。”又引用尹焞的话说：“礼者，敬而已矣。虽知亦问，谨之至也。”见《河南程氏遗书》卷一。

问：“先生尝谓善恶只是一物。善恶两端，如冰炭相反，如何谓只一物？”

先生曰：“至善者，心之本体。本体上才过当些子，便是恶了。不是有一个善，却又有一个恶来相对也。故善恶只是一物。”

直因闻先生之说，则知程子所谓有“善固性也，恶亦不可不谓之性”。又曰：“善恶皆天理。谓之恶者，本非恶，但于本性上过与不及之间耳。”[①]其说皆无可疑。

**【译文】**

问：“先生曾认为善恶只是同一个东西。善恶如同冰炭不相容，怎么能说是同一个东西呢？”

先生说：“至善是心的本体，在本体上稍有过失便是恶了。不是有了一个善，而后又有一个恶来与它相对。所以说善恶只是同一个东西。”

我（黄直）因听了先生的这一解释，就理解了程子所说的“善固性也，恶亦不可不谓之性。”又说：“善恶皆天理。谓之恶者，本非恶，但于本性上过与不及之间耳。”对这些说法我都无可怀疑。

## 【注释】

①见《河南程氏遗书》卷二上：“天下善恶皆天理，谓之恶者非本恶，但或过或不及，便如此。如杨、墨之类。”这是程颢的话。

先生尝谓：“人但得好善如好好色，恶恶如恶恶臭，便是圣人。”

直初闻之，觉甚易，后体验得来，此个功夫着实是难。如一念虽知好善恶恶，然不知不觉，又夹杂去了。才有夹杂，便不是好善如好好色、恶恶如恶恶臭的心。善能实实的好，是无念不善矣。恶能实实的恶，是无念及恶矣。如何不是圣人？故圣人之学，只是一诚而已。

## 【译文】

先生曾对人说，人只要能好善如好美色，恶恶如恶恶臭，那就是圣人了。

我（黄直）刚听到这话时，感到很容易。后来体验到这一功夫实在太难。比如，一闪念虽然知道应好善恶恶，但不知不觉中又夹杂了别的，夹杂了别的便不是好善如好美色，恶恶如恶恶臭了。对善能实实在在地喜好，就会无念不善了。对恶能实实在在地讨厌，就会没有任何恶念了。这又如何不是圣人呢？所以，圣人的学问也只是一个诚而已。

问：“《修道说》①言‘率性之谓道’属圣上分上事，‘修道之谓教’属贤人分上事。”

先生曰：“众人亦‘率性’也，但‘率性’在圣人分上较多，故‘率性之谓道’属圣人事。圣人亦‘修道’也，但‘修道’在贤人分上多，故‘修道之谓教’属贤人事。”又曰：“《中庸》一书，大抵皆是说修道的事。故后面凡说君子、说颜渊、说子路，皆是能修道的。说小人，说贤、知、愚、不肖，说庶民，皆是不能修道的。其他言舜、文、周公、仲尼，至诚至圣之类，则又圣人之自能修道者也。”

## 【译文】

问：“先生您的《修道说》认为‘率性之谓道’是圣人分上的事，‘修道之谓教’是贤人分上的事。如何理解？”

先生说：“众人也能‘率性’，但‘率性’在圣人身上的分量较多，所以‘率性之谓道’是圣人的事。圣人也‘修道’，但‘修道’在贤人身上的分量多，所以‘修道之谓教’是贤人的事。”先生又说：“《中庸》这部书差不多都是说‘修道’的事。所以，后面所讲的君子，如颜回、子路，都是能‘修道’的。所讲的小人、贤明智者、愚者、不肖者、老百姓，都是不能‘修道’的。其他所讲的舜、文王、周公、仲尼等至诚至圣的人，则又是属于自然能‘修道’的圣人。”

## 【注释】

①《修道说》见《阳明全书》卷七。

问：“儒者到三更时分，扫荡胸中思虑，空空静静，与释氏之静只一般，两下皆不用，此时何所分别？”

先生曰：“动静只是一个。那三更时分，空空静静的，只是存天理，即是如今应事接物的心。如今应事接物的心，亦是循此理，便是那三更时分空空静静的心。故动静只是一个，分别不得。知得动静合一。释氏毫厘差处亦自莫掩矣。”

## 【译文】

问：“儒者到夜半三更时，扫荡胸中的念虑，空空静静的，与佛教的静是一样的。这时，儒佛都没有去应事接物，又怎样区别其中的不同呢？”

先生说：“动静只是一个，那三更时分空空静静的心，只要是存天理，那也就是现在应事接物的心。现在这应事接物的心，只要遵循天理，便也是那三更时分空空静静的心。因而动静只是一个，不能分开。知道了动静合一，与佛教的细微的区别也自然掩饰不住。”

门人在座，有动止甚矜持者。先生曰：“人若矜持太过，终是有弊。”

曰：“矜得太过，如何有弊？”

曰：“人只有许多精神，若专在容貌上用功，则于中心照管不及者多矣。”

有太直率者。先生曰：“如今讲此学，却外面全不检束，又分心与事为二矣。”

## 【译文】

在座的门人中，有人举止过于矜持。先生说：“人如果矜持太过了，终究是弊病。”

问：“矜持太过，为什么会有弊病？”

先生说：“人只有这样多的精力，如果只在容貌上用功，那么，往往就照管不到内心了。”

遇到太直率的人，先生说：“现在讲良知学，如果在外表上完全没有约束，又是把心与事分为二了。”

门人作文送友行，问先生曰：“作文字不免费思，作了后又一二日常记在怀。”

曰：“文字思索亦无害。但作了常记在怀，则为文所累，心中有一物矣。此则未可也。”

又作诗送人。先生看诗毕，谓曰：“凡作文字要随我分限所及。若说得太过了，亦非‘修辞立诚’[①]矣。”

## 【译文】

有一门人写文章为朋友送行，他对先生说：“写文章难免费心思，写了后，一两天内总是不能忘记。”

先生说：“写文章和思考并没有害处，但写了后常记在心中，就被文字牵累了。这样，心中就有了一个东西。这就不好了。”

又有人写诗送人，先生看完诗后对他说：“写诗作文，要根据我能力所及，如果说得太过了，就不是‘修辞立诚’了。”

## 【注释】

①见《易传·文言》。

“文公格物之说，只是少头脑。如所谓‘察之于念虑之微’，此一句不该与‘求之文字之中’‘验之于事为之著’‘索之讲论之际’混作一例看[①]，是无轻重也。”

## 【译文】

“朱子格物说，缺少一个主宰处。如他所说的‘察之于念虑之微’这一句话，就不应与‘求之文字之中’‘验之于事为之著’‘索之讲论之际’等混在一起而一样对待，那样就没有了轻重之别。”

## 【注释】

①见《大学或问》。

问“有所忿懥”一条。

先生曰：“忿懥几件，人心怎能无得，只是不可有耳。凡人忿懥，着了一分意思，便怒得过当，非廓然大公之体了。故有所忿懥，便不得其正也，如今于凡忿懥等件，只是个物来顺应，不要着一分意思，便心体廓然大公，得其本体之正了。且如出外见人相斗，其不是的，我心亦怒。然虽怒，却此心廓然，不曾动些子气。如今怒人亦得如此，方才是正。”

## 【译文】

有人请教《大学》的“有所忿懥”这一条。

先生说：“忿懥、恐惧、好乐与忧患，人心怎会没有呢？只是不应该有而已。人在忿懥时，容易感情用事，便会怒得过了分，失去了廓然大公的本体。所以，有所忿懥，心就不能中正，如今，对于忿懥、恐惧、好乐与忧患，能做到物来顺应，任其自然，不去过分留意，这样心体就能廓然大公，实现本体的中正。好比在外面看见别人打架，对有错的一方，我心中也很气愤。虽然有气，而我心坦然，不会生更多的气。如今对别人有怒气时，也应如此，这才是正道。”

先生尝言：“佛氏不着相[1]，其实着了相。吾儒着相，其实不着相。”

请问。

曰：“佛怕父子累，却逃了父子；怕君臣累，却逃了君臣；怕夫妇累，却逃了夫妇。都是为了个君臣、父子、夫妇着了相，便须逃避。如吾儒有个父子，还他以仁；有个君臣，还他以义；有个夫妇，还他以别。何曾着父子、君臣、夫妇的相？”

## 【译文】

先生曾说：“佛教不执着相，其实却执着相。我儒家执着相，其实并没有执着相。”

我请问先生是否如此。

先生说：“佛教徒怕父子牵累他，就抛开了父子；怕君臣牵累他，就不要了君臣；怕夫妻牵累了他，就抛开了夫妻。这些都是因为执着于君臣、父子、夫妻的相，他才要逃避。我们儒家，有个父子，就还他个仁爱；有个君臣，就还他个忠义；有个夫妇，就还他个礼节。又何曾执着于君臣、父子、夫妇的相呢？”

## 【注释】

①相，指现象、形貌、表面特征。佛教主张不要认定表面现象，万法无常。

## 黄修易①录

黄勉叔问："心无恶念时，此心空空荡荡的，不知亦须存个善念否？"

先生曰："既去恶念，便是善念，便复心之本体矣。譬如日光被云来遮蔽，云去光已复矣。若恶念既去，又要存个善念，即是日光之中添燃一灯。"

### 【译文】

黄勉叔问："心没有恶念时，这个心是空空荡荡的，是否也需要存养一个善念？"

先生说："既然去掉了恶念，就是善念，心的本体就恢复了。比如阳光被云挡住，云过后，阳光就重现了。如果恶念已经去掉，又要存一个善念，有如在阳光下再添一盏灯。"

### 【注释】

①黄修易，字勉叔，余不详。

问："近来用功，亦颇觉妄念不生，但腔子里黑窣窣的，不知如何打得光明？"

先生曰："初下手用功，如何腔子里便得光明？譬如奔流浊水，才贮在缸里，初然虽定，也只是昏浊的。须俟澄定既久，自然渣滓尽去，复得清来，汝只要在良知上用功。良知存久，黑窣窣自能光明矣。今便要责效，却是助长，不成功夫。"

### 【译文】

问："近来用功，也颇感妄念不再产生。然而内心深处却是漆黑一片，不知怎样才能让它光明？"

先生说："你刚用功，怎么就能使心光明呢？比如，把奔流的浊水刚贮放到缸里，一开始虽然也静止不动了，但仍是浑浊的。只有经过长时间的澄定，水中的渣滓才会沉淀，才能得到清水。你只要在良知上用功，经过长时间的存良知，漆黑自然会变得光明。现在就要马上见效，反而是揠苗助长，不能看成是功夫。”

先生曰：“吾教人致良知在格物上用功，却是有根本的学问。日长进一日，愈久愈觉精明。世儒教人事事物物上去寻讨，却是无根本的学问。方其壮时，虽暂能外面饰，不见有过，老则精神衰迈，终须放倒。譬如无根之树，移栽水边，虽暂时鲜好，终久要憔悴。”

## 【译文】

先生说：“我教人致良知，要在格物上用功，这是有根基的学问。一天比一天进步，越久越会感到精明。朱子教人到事事物物上去寻讨，那是没有根基的学问。当人年青时，虽然还能表面修饰，看不到什么过错，人老了就精力衰竭，总会支撑不住。比如把无根的树移栽到水边，虽然暂时还鲜好，终究会憔悴枯死。”

问“志于道”一章[①]。

先生曰：“只是志道一句，便含下面数句功夫，自住不得。譬如做此屋，‘志于道’是念念要去择地鸠材，经营成个区宅。‘据德’却是经画已成，有可据矣。‘依仁’却是常常住在区宅内，更不离去。‘游艺’却是加些画采，美此区宅。艺者，理之所宜者也。如诵诗、读书、弹琴、习射之类，皆所以调习此心，使之熟于道也。苟不‘志道’而‘游艺’，却如无状小子，不先去置造区宅，只管要去买画挂，做门面，不知将挂在何处？”

## 【译文】

有人问“志于道”这一章。

先生说：“‘志于道’这一句就包括了下面好几句的功夫，不可停留在志道上。比如建房屋，‘志于道’，就是一定要选好地方，用好木材，把房子建起来。‘据德’，就是房子修建好了，可以在这里住下来。‘依仁’，就是经常住在这房子里，而不再离去。‘游艺’，就是把房子装饰一番，加以美化。艺就是义，是理的恰当处。如咏诗、读书、弹琴和射击等，都是为了调习我的心，使它能够精熟于道。如果不‘志于道’而去‘游艺’，就像毛头小子，不先去营建住房，只管去买画来装饰门面，不知他将把画挂在何处？”

## 【注释】

①见《论语·述而》：“子曰：‘志于道，据于德，依于仁，游于艺。’”朱熹注曰：“志者，心之所之之谓。……据者，执守之意。……依者，不违之谓。……游者，玩物适情之谓。”

问：“读书所以调摄此心，不可缺的。但读之之时，一种科目[①]意思牵引而来。不知何以免此？”

先生曰：“只要良知真切，虽做举业，不为心累。总有累，亦易觉克之而已。且如读书时，良知知得强记之心不是，即克去之；有欲速之心不是，即克去之；有夸多斗靡之心不是，即克去之。如此亦只是终日与圣贤印对，是个纯乎天理之心。任他读书，亦只是调摄此心而已，何累之有？”

曰：“虽蒙开示，奈资质庸下，实难免累。窃闻穷通有命，上智之人，恐不屑此。不肖为声利牵缠，甘心为此，徒自苦耳。欲屏弃之，又制于亲，不能舍去，奈何？”

先生曰：“此事归辞于亲者多矣。其实只是无志。志立得时，良知千事万事只是一事。读书作文，安能累人？人自累于得失耳！”因叹曰：“此学不明，不知此处耽搁了几多英雄汉！”

## 【译文】

问：“读书是为了调习我的心而不可缺少的。然而在读的时候，难免又有读哪一科目的考虑，不知道怎样才能避免？”

先生说：“只要良知真切实在，就是为了科举考试，也不会成为心的负担。即使成了负担，也容易发现并去掉。比如在读书时，良知知道有强记的心不好，就克去它；良知知道有欲速的心不好，就克去它；良知知道夸多争强的心不好，就克去它。如此，我整天也只是在与圣贤印证，是个纯为天理的心。不管怎样读书，也只不过是在调习我的心，怎么会是一种负担呢？”

又问："虽蒙开示，无奈我资质低下，确实很难除去这一负担。我听说，人的穷通与否全由命运安排。资质聪睿的人，对科举恐怕会不屑一顾。但我被声色货利吸引，心甘情愿地为科举考试而读书。我只有徒自烦恼，想去掉科举这一念头，又受父母的约束，不能割舍掉。我该怎么办？"

先生说："把这种事归罪于父母的，太多了。其实，只是他没有志向。志向坚定时，在良知的主宰下，无论做什么事也只是一件事。读书作文，又怎么会成为人的负担呢？人是被自己计较得失的心困扰了。"先生因而感慨地说："有关良知的学问不明，在这里不知耽搁了多少英雄汉啊！"

## 【注释】

①分科取士的项目为科目。

问："'生之谓性'[①]，告子亦说得是，孟子如何非之？"

先生曰："固是性，但告子认得一边去了，不晓得头脑。若晓得头脑，如此说亦是。孟子亦曰：'形色，天性也。'[②]这也是指气说。"又曰："凡人信口说，任意行，皆说此是依我心性出来，此是所谓生之谓性。然却要有过差。若晓得头脑，依吾良知上说出来，行将去，便自是停当。然良知亦只是这口说，这身行。岂能外得气，别有个去行去说？故曰：'论性不论气不备，论气不论性不明。'[③]气亦性也，性亦气也。但须认得头脑是当。"

## 【译文】

问："我认为告子的'生之谓性'并不错，孟子为什么要反对呢？"

先生说："与生俱来的固然是性，但告子就只把它看成性，不知道还有一个主宰处。如果知道有一个主宰处，告子的说法也对。孟子也说'形色，天性也'，这也是指气说。"先生又说："如果一个人信口胡说，任意恣情，都说这是依从我的心性而做的，这是所谓的'生之谓性'。但是，这会有过失。如果晓得主宰处，从我良知上说出来，行动起来，自然会正确无误。然而，良知也只是我这嘴去说，我的四肢去行，岂能离开气，另有一个东西去说去做？所以程伊川说'论性不论气不备，论气不论性不明'，气也是性，性也是气。然而，只有认准主宰处才行。"

## 【注释】

①见《孟子·告子上》。

②见《孟子·尽心上》。

③见《河南程氏遗书》卷六。

又曰："诸君功夫，最不可助长。上智绝少，学者无超入圣人之理。一起一伏，一进一退，自是功夫节次。不可以我前日用得功夫了，今却不济，便要矫强做出一个没破绽的模样。这便是助长，连前些子功夫都坏了。此非小过。譬如行路的人遭一蹶跌，起来便走，不要欺人做那不曾跌倒的样子出来。诸君只要常常怀个'遁世无闷，不见是而无闷'[①]之心，依此良知忍耐做去，不管人非笑，不管人毁谤，不管人荣辱，任他功夫有进有退，我只是这致良知的主宰不息，久久自然有得力处。一切外事亦自能不动。"又曰："人若着实用功，随人毁谤，随人欺慢，处处得益，处处是进德之资。若不用功，只是魔也，终被累倒。"

## 【译文】

先生又说："诸位做功夫时千万不要助长。上智的人很少。学者没有超入圣人的道理。一起一伏，一进一退，才是功夫的先后次序。不能因为我以前用了功夫，而现在却不管用了，就要勉强做出一个没有破绽的模样。这就是助长，把以前的功夫也废了，这不是小过错。比如行路的人，跌了一跤，起来就走。但不要装出一副不曾跌倒的样子来骗人。诸位只要常有'遁世无闷，不见是而无闷'的心，按照这良知，耐心地做下去。对于别人的非笑、毁谤、赞誉都一概不管，任它功夫有进有退，我只要这致良知一刻不停，时间久了，自然会感到有力，也自然不会为外面的任何事情所动摇。"先生又说："人若切实用功，无论别人如何毁谤与欺负，仍然会处处得益，处处都对道德的培养有利。如果不用功，别人的毁谤和欺负就会如同魔鬼，终究会被它累倒。"

## 【注释】

①见《易·文言》，大意是：甘心隐居避世，所以没有烦恼，即使不为世人赞同也没有烦恼。

先生一日出游禹穴[①]，顾田间禾曰："能几何时，又如此长了！"

范兆期[②]在旁曰："此只是有根。学问能自植根，亦不患无长。"

先生曰："人孰无根，良知即是天植灵根，自生生不息。但着了私累，把此根戕贼蔽塞，不得发生耳。"

## 【译文】

一天，先生到禹穴去游览，看着田里的禾苗说："曾几何时，苗又这么长了啊！"

范兆期在旁边说："这只因为有根。做学问若能自己种根，也不怕不长。"

先生说："人谁没有根？良知就是天生的灵根，自然生生不息。只因为有了私欲拖累，戕贼阻塞了灵根，使它不能生长发育。"

## 【注释】

①禹穴，在浙江绍兴的会稽山，传说是夏禹的葬地。

②范引年，字兆期，号半野。嘉靖九年（1530），王守仁的学生在天真山祭祀王守仁时，他曾负责此事，见《阳明弟子传纂》卷一。

一友常易动气责人，先生警之曰："学须反己。若徒责人，只见得人不是，不见自己非。若能反己，方见自己有许多未尽处，奚暇责人？舜能化得象的傲，其机括只是不见象的不是。若舜只要正他的奸恶，就见得象的不是矣。象是傲人，必不肯相下，如何感化得他？"是友感悔。

曰："你今后只不要去论人之是非，凡当责辩人时，就把做一件大己私，克去方可。"

## 【译文】

一位朋友常常因生气而责备人。先生告诫说："学应该要求自己，如果只去责备别人，就会只看到别人的不对，而看不到自己的错误。如果能够反过来要求自己，才能看到自己有许多的不足之处，哪有时间去责备别人？舜能够感化象的傲慢，关键就是舜不去看象的不是。如果舜一定要纠正象的奸恶，就会看见象的不对了。象是一个傲慢的人，必定不肯认错，又怎么能感化他？”这个朋友感到后悔。

先生说：“从此后，你只要不去议论别人的是非。凡是要责备别人的时候，就把它当作自己的一大私欲加以克制才行。”

先生曰：“凡朋友问难，纵有浅近粗疏，或露才扬己，皆是病发。当因其病而药之可也，不可便怀鄙薄之心。非君子与人为善之心矣。”

**【译文】**

先生说：“朋友在一起辩论时，即使有浅薄粗疏之处，如果你因此想显才扬己，都是毛病发作。应该针对他的病而加以治疗，不要怀有鄙薄别人的心。否则，就不是君子与人为善的心了。”

问：“《易》，朱子主卜筮[①]，《程传》主理[②]，何如？”

先生曰：“卜筮是理，理亦是卜筮。天下之理孰有大于卜筮者乎？只为后世将卜筮专主在占卦上看了，所以看得卜筮似小艺。不知今之师友问答，博学、审问、慎思、明辨、笃行之类，皆是卜筮。卜筮者，不过求决狐疑，神明吾心而已。《易》是问诸天。人有疑，自信不及，故以《易》问天。谓人心尚有所涉，惟天不容伪耳。”

**【译文】**

问：“解释《周易》，朱子重在卜筮，《伊川易传》重在明理。应该怎样看呢？”

先生说：“卜筮就是理，理也是卜筮。天下的理还有比卜筮更大的吗？只因为后人把卜筮只看成占卦，所以认为卜筮只是一种小技艺，却不知如今师友间的问答、博学、审问、慎思、明辨、笃行之类都是卜筮。卜筮只不过是为了求决狐疑，使我的心变得神明。《易》是向天请教，人有疑而信不过自己，所以才用《易》来问天。因为人心仍然有所偏向，只有天是不容得作假的！”

【注释】

①朱熹著《周易本义》《易学启蒙》，主张《周易》原为卜筮之书。

②程颐著《易传》四卷，认为《易》是为了说明理。《河南程氏文集》卷九《答张闳中》说："有理而后有象，有象而后有数，易因象以明理，由象而知数，得其义，则象数在其中矣。"

# 黄省曾[1]录

黄勉之问："'无适也，无莫也，义之与比。'[2]事事要如此否？"

先生曰："固是事事要如此，须是识得个头脑乃可。义即是良知，晓得良知是个头脑，方无执著。且如受人馈送，也有今日当受的，他日不当受的。也有今日不当受的，他日当受的。你若执著了今日当受的，便一切受去，执著了今日不当受的，便一切不受去，便是'适''莫'，便不是良知的本体。如何唤得做义？"

## 【译文】

黄勉之问："《论语》中说：'无适也，无莫也，义之与比。'难道是事事都要如此吗？"

先生说："当然是事事都要如此。只是要有一个主宰才行。义就是良知，晓得了良知是主宰，才能没有执着，好比接受别人的馈赠，有今天该接受而改天不应当接受的情况，也有今天不该接受而改天应当接受的情况。如果你只根据今天应接受的情况便去接受一切馈赠，或者只根据今天不应该接受的情况便去拒绝一切馈赠，这就是'适''莫'了，便不是良知的本体，又怎么能叫作义呢？"

## 【注释】

①黄省曾，字勉之，号五岳，苏州人。王守仁在浙江讲学时（1522—1527）曾从学，著有《会稽问道录》十卷。此处所采录可能来源于《问道录》。黄宗羲认为他的记录"往往失阳明之意"，见《明儒学案》卷二十五。

②语出《论语·里仁》，意为：君子是无可（适）无不可（莫），其根据是义，义可则可，义不可则不可。

问："'思无邪'[1]一言，如何便盖得三百篇之义？"

先生曰："岂特三百篇，六经只此一言便可该贯，以至穷古今天下圣贤的话，

‘思无邪’一言也可该贯。此外更有何说？此是一了百当的功夫。”

【译文】

问：“用‘思无邪’这句话怎么能概括《诗经》三百篇的意思呢？”

先生说：“何止三百篇，六经也只这句话就包括贯通，甚至古往今来的一切圣贤的话，一句‘思无邪’，也可包括贯通。此外还有什么可说？这是一了百当的功夫。”

【注释】

①语出《论语·为政》：“子曰：‘诗三百，一言以蔽之，曰：思无邪。’”

问：“道心人心”。

先生曰：“‘率性之谓道’，便是道心。但着些人的意思在，便是人心。道心本是无声无臭，故曰‘微’；依著人心行去，便有许多不安稳处，故曰‘惟危’。”①

【译文】

问道心人心。

先生说：“‘率性之谓道’，便是道心。然而添加了一些人的欲望，便是人心。道心本是无声无臭的，所以说‘微’；按着人心去做，便有许多不安稳处，所以叫‘惟危’。”

【注释】

①这里解释“道心惟微，人心惟危”。

问：“‘中人以下，不可以语上’①，愚的人与之语上尚且不进，况不与之语可乎？”

先生曰：“不是圣人终不与语。圣人的心忧不得人人都做圣人，只是人的资质不同，施教不可躐等。中人以下的人，便与他说性、说命，他也不省得，也须慢慢琢磨他起来。”

【译文】

问：“孔子说‘中人以下，不可以语上’，给愚笨的人讲高深的学问，他们尚且没有进步，什么都不讲，行吗？”

先生说：“不是圣人不去告诉他们。圣人希望人人都做圣人。只是人的资质不同，进行教育时不能不按次第。中等资质以下的人，即使给他说性说命，他也不能懂，应该慢慢地去开导他。”

【注释】

①见《论语·雍也》。

一友问：“读书不记得如何？”

先生曰：“只要晓得，如何要记得？要晓得已是落第二义了。只要明得自家本体。若徒要记得，便不晓得；若徒要晓得，便明不得自家的本体。”

【译文】

一位朋友问：“读书后不记得该怎么办？”

先生说：“只要懂得了，何须记住？要懂得已是第二义了，关键是要光明自心的本体。如果只求记得，便不能晓得；如果只求晓得，便不能光明自心的本体。”

问：“‘逝者如斯’[①]是说自家心性活泼泼地否？”

先生曰：“然。须要时时用致良知的功夫，方才活泼泼地，方才与他川水一般。若须臾间断，便与天地不相似。此是学问极至处。圣人也只如此。”

【译文】

问：“‘逝者如斯’，是指自己心性本体活泼泼的吗？”

先生说：“对。只是要每时每刻用致良知的功夫，才能活泼泼的，才能与江水一样。如果有须臾间断，便与天地的生机活泼不相似。这是学问的最紧要处，圣人也只能如此。”

## 【注释】

①见《论语·子罕》："子在川上曰：'逝者如斯夫，不舍昼夜。'"

问："志士仁人"[①]章。

先生曰："只为世上人都把生身命子看得太重，不问当死不当死，定要宛转委曲保全，以此把天理却丢去了，忍心害理，何者不为。若违了天理，便与禽兽无异，便偷生在世上百千年，也不过做了千百年的禽兽。学者要于此等处看得明白。比干、龙逢[②]，只为他看得分明，所以能成就得他的仁。"

## 【译文】

问"志士仁人"这一章。

先生说："只因为世上的人把生身性命看得太重，也不看是不是应当死，一定要委曲地保全性命。因而把天理丢弃了。忍心去伤害天理，又有什么事干不出来呢？如果违背了天理，便与禽兽没有差别。即使在世上苟且偷生几百几千年，也不过是做了几百几千年的禽兽。学者要在这些地方看得明白。比干、龙逢，只因为他们认识得很清楚，所以，才能成就他们的仁。"

## 【注释】

①语出《论语·卫灵公》："子曰：'志士仁人，无求生以害人，有杀身以成仁。'"

②比干，殷纣王的叔父，谏纣不听，被杀。龙逢，姓关，夏桀王的贤臣，谏桀不听，被杀。

问："叔孙武叔毁仲尼[①]，大圣人如何犹不免于毁谤？"

先生曰："毁谤自外来的。虽圣人如何免得？人只贵于自修，若自己实实落落是个圣贤，纵然人都毁他，也说他不着。却若浮云掩日，如何损得日的光明？若自己是个像恭色庄、不坚不介的，纵然没一个人说他，他的恶慝终须一日发露。所以孟子说'有求全之毁，有不虞之誉'[②]。毁誉在外的，安能避得？只要自修何如尔。"

【译文】

问："《论语》记载'叔孙、武叔毁仲尼'，像孔子这样的大圣人为什么还难免被毁谤呢？"

先生说："毁谤是从外面来的，即使圣人又怎么能避免呢？人只应该看重自我修养。如果自己实实在在是一个圣贤，纵然人们都去毁谤他，也不能说他如何。这就像浮云遮日，怎么能损害太阳的光明呢？如果自己是个外表上恭敬庄重，内心却空虚无德的人，纵然没有一个人说他坏话，而他潜藏着的恶，总有一天会暴露的。所以，孟子说'有求全之毁，有不虞之誉'。毁誉来自身外，人怎么能避免呢？只要加强自我修养，外来的毁誉又算得了什么呢？"

【注释】

①见《论语·子张》。

②见《孟子·离娄上》："有不虞之誉，有求全之毁。"朱熹引别人的注云："行不足以致誉而偶得誉，是谓不虞之誉，求免于毁而反致毁，是谓求全之毁。"

刘君亮要在山中静坐。

先生曰："汝若以厌外物之心去求之静，是反养成一种骄惰之气了。汝若不厌外物，复于静处涵养，却好。"

【译文】

刘君亮要在山中静坐。

先生说："如果你厌弃外物而去静中求，反而会养成一种骄横懒惰的习气。你如果不厌弃外物，再在静处涵养，这样就很好。"

王汝中[①]、省曾侍坐。

先生握扇命曰："你们用扇。"

省曾起对曰："不敢。"

先生曰："圣人之学不是这等捆缚苦楚的。不是装做道学的模样。"

汝中曰："观'仲尼与曾点言志'一章略见。"[②]

先生曰："然。以此章观之，圣人何等宽洪包含气象！且为师者问志于群弟子，三子皆整顿以对。至于曾点，飘飘然不看那三子在眼，自去鼓起瑟来，何等狂态！及至言志，又不对师之问目，都是狂言。设在伊川，或斥骂起来了③。圣人乃复称许他，何等气象！圣人教人，不是个束缚他通做一般。只如狂者便从狂处成就他，狷者便从狷处成就他，人之才气如何同得？"

## 【译文】

王汝中、黄省曾陪先生坐。

先生给他们扇子，说："你们用扇子吧！"

省曾站起来答道："不敢。"

先生说："圣人的学问，不是如此缩手缩脚、痛苦不堪的，不用装成一副道学模样。"

汝中说："从'仲尼与曾点言志'这一章中就可看到。"

先生说："对，从这章可以看出，圣人具有多么宽广博大的气象！老师问学生们的志向，子路、冉有、公西华都很严肃地回答了问题。而曾点却飘飘然，不把那三个人看在眼里，独自去弹瑟，这是怎样一副狂态！等他谈志向时，又不直接回答老师的问题，满口狂言。如果是程伊川，也许痛骂起来了。而圣人还称赞他，这是何等的气象！圣人不是按照一个模式去教育人，而是狂者就从狂处来成就他，狷者便从狷处来成就他。人的才能与气质，怎能完全一样？"

## 【注释】

①王畿（1498—1583），字汝中，别号龙溪。浙江山阴（绍兴）人。嘉靖癸未（1523）落第后从学于王守仁。丙戌（1526）在王守仁的劝说下，赴京应试，但到京师后与钱德洪皆不试而归。后王守仁门人太多，他与钱就代为教授。王守仁卒时正赴廷试，弃试奔丧。后讲学四十余年。见《明儒学案》卷十二，《明史》卷二八三。

②见《论语·先行》。

③《河南程氏外书》卷十二："二先生（程颢、程颐）到，暇日与持国同游西湖，命诸子侍行。行次，有言貌不庄敬者，伊川回视，厉声叱之曰：'汝辈从

长者行，敢笑语如此，韩氏孝谨之风衰矣。’”

先生语陆原静曰：“原静少年亦要解《五经》，志亦好博。但圣人教人，只怕人不简易，他说的皆是简易之规。以今人好博之心观之，却似圣人教人差了。”

## 【译文】

先生对陆原静说：“原静在年轻时也要注解《五经》，志向也是在博学。但圣人教人只怕人不能简易，他所讲的都是简易的方法。从我们现在爱好博学的心来看，似乎圣人教人的方法错了。”

先生曰：“孔子无不知而作①，颜子有不善未尝不知②。此是圣学真血脉路。”

## 【译文】

先生说：“孔子不写他不知道的事，颜子有不善未尝不知，这是圣学的真血脉所在。”

## 【注释】

①《论语·述而》：“子曰：‘盖有不知而作之者，我无是也。’”

②见《易传·系辞下》。

# 钱德洪录

何廷仁、黄正之、李侯璧、汝中、德洪侍坐。先生顾而言曰："汝辈学问不得长进，只是未立志。"

侯璧起而对曰："珙亦愿立志。"

先生曰："难说不立，未是必为圣人之志耳。"

对曰："愿立必为圣人之志。"

先生曰："你真有圣人之志，良知上更无不尽。良知上留得些子别念挂带，便非必为圣人之志矣。"洪初闻时心若未服，听说到，不觉悚汗。

**【译文】**

何廷仁、黄正之、李侯璧、王汝中和钱德洪陪先生坐。先生看着大家说："你们的学问没有长进，只是因为没有立志。"

侯璧站起来说："我也愿意立志。"

先生说："很难说你没有立志，但你的志不是一定做圣人的志向。"

侯璧回答说："我愿意立必做圣人的志向。"

先生说："你真有做圣人的志向，良知就不会不洁净明亮。良知上还留存一些别的挂念，便不是必做圣人的志向了。"

钱德洪刚听到时，心里还不服气。听到后来，不觉浑身是汗。

先生曰："良知是造化的精灵。这些精灵，生天生地，成鬼成帝，皆从此出，真是与物无对。人若复得他完完全全，无少亏欠，自不觉手舞足蹈，不知天地间更有何乐可代？"

**【译文】**

先生说："良知是造化的精灵。这些精灵产生了天地，造就了鬼神和上帝，任何物都无法与它相比。如果人能够恢复良知，完完全全，无任何亏欠，自然会不觉手舞足蹈，不知天地之间还有什么乐可以取代呢？”

一友静坐有见，驰问先生。

答曰：“吾昔居滁时①，见诸生多务知解，口耳异同，无益于得，姑教之静坐。一时窥见光景，颇收近效。久之，渐有喜静厌动，流入枯槁之病。或务为玄解妙觉，动人听闻。故迩来只说致良知。良知明白，随你去静处体悟也好，随你去事上磨炼也好，良知本体原是无动无静的。此便是学问头脑。我这个话头，自滁州到今，亦较过几番。只是致良知三字无病。医经折肱②，方能察人病理。”

## 【译文】

一位朋友在静坐中有所见，赶紧跑去问先生。

先生回答说：“从前我在滁州时，学生们多在知识见闻上争辩异同，对德行没有任何帮助，姑且教他们静坐。一时在静中也略有所见，颇有近效。时间长了，逐渐有喜静厌动，陷入枯萎的弊病。有的人只求那种玄妙的感悟，以耸人听闻。所以我近来只说致良知。良知明白了，随你去静处体悟也好，随你去事上磨炼也好。良知的本体，原本是无动无静的，这便是学问的关键。从滁州到现在，对这个问题我反复斟酌，只有致良知三个字没有弊病。这就像医生久经磨炼而富有经验，才能了解人的病理。”

## 【注释】

①年谱记载，正德八年（1513），王守仁四十二岁时到滁州（安徽滁县）督马政。

②“医经折肱”，见《左传》定公十三年：“三折肱，知为良医。”比喻经历多了，方为良医。

一友问：“功夫欲得此知时时接续，一切应感处反觉照管不及，若去事上周旋，又觉不见了。如何则可。”

先生曰：“此只认良知未真，尚有内外之间。我这里功夫不由人急心，认得良知头脑是当，去朴实用功，自会透彻。到此便是内外两忘，又何心事不合一？”

【译文】

一位朋友问："我下功夫时想让这良知没有间断。而在应付事物时却感到良知照管不到。如果去事上周旋，又觉得见不到良知了。怎么办才好？"

先生说："这只是认识良知还不真切，还有内外的差别。我这致良知的功夫，急于求成不行。若能认准良知的主宰处，去切实用功，自然会透彻。到此便是内外两忘，心与事又怎会不合呢？"

又曰："功夫不是透得这个真机，如何得他充实光辉？若能透得时，不由你聪明知解接得来。须胸中渣滓浑化，不使有毫发沾带始得。"

【译文】

先生又说："如果在功夫上不能看透这个真机（良知主宰处），怎么能使心充实而有光辉呢？要想看透这个真机，不能依靠你的聪明智慧去理解，而需要净化胸中的渣滓，使它没有丝毫沾染才行。"

先生曰："'天命之谓性'，命即是性。'率性之谓道'，性即是道。'修道之谓教'，道即是教。"

【译文】

先生说："'天命之谓性'，命就是性。'率性之谓道'，性就是道。'修道之谓教'，道就是教。"

问："如何道即是教？"

曰："道即是良知。良知原是完完全全，是的还他是，非的还他非，是非只依着他，更无有不是处，这良知还是你的明师。"

【译文】

问："为什么道就是教？"

先生说："道就是良知，良知原本是完完全全的。是的还它个是，非的还它个非，是非都以良知为根据，这样就不会再有差错。这良知还是你的明师。”

问：“‘不睹不闻’是说本体，‘戒慎恐惧’是说功夫否[①]？”

先生曰：“此处须信得本体原是‘不睹不闻’的，亦原是‘戒慎恐惧’的。‘戒慎恐惧’不曾在‘不睹不闻’上加得些子。见得真时，便谓‘戒慎恐惧’是本体，‘不睹不闻’是功夫亦得。”

## 【译文】

问：“《中庸》的‘不睹不闻’是说本体，‘戒慎恐惧’是说功夫吗？”

先生说：“这里应该明白本体原是‘不睹不闻’的，也本是‘戒慎恐惧’的。‘戒慎恐惧’不曾在‘不睹不闻’上增加任何东西。如果真切地认识到这一点，也可以说，‘戒慎恐惧’是本体，‘不睹不闻’是功夫。”

## 【注释】

①见《中庸》第一章：“是故君子戒慎乎其所不睹，恐惧乎其所不闻。”

问：“通乎昼夜之道而知。”

先生曰：“良知原是知昼知夜的。”

又问：“人睡熟时，良知亦不知了。”

曰：“不知何以一叫便应？”

曰：“良知常知，如何有睡熟时？”

曰：“向晦宴息，此亦造化常理。夜来天地混沌，形色俱泯，人亦耳目无所睹闻，众窍俱翕，此即良知收敛凝一时。天地既开，庶物露生，人亦耳目有所睹闻，众窍俱辟，此即良知妙用发生时。可见人心与天地一体。故‘上下与天地同流’[①]。今人不会宴息，夜来不是昏睡，即是妄思魇寐。”

曰：“睡时功夫如何用？”

先生曰：“知昼即知夜矣。日间良知是顺应无滞的，夜间良知即是收敛凝一的，有梦即先兆。”

## 【译文】

问《易传·系辞上》所说的“通乎昼夜之道而知”。

先生说：“良知本来就昼也知，夜也知。”

又问：“人熟睡时，良知也就不知了吗？”

先生说：“如果不知，为什么一叫就答应呢？”

问：“良知如果是常知的，为什么还有熟睡的时候呢？”

先生说：“夜晚都要安息，这也是万物的常理。在夜晚，天地间一片朦胧，形状和颜色都消失了，人是什么也看不见，什么也听不见，于是人的感官就停止其功能。这就是良知收敛凝聚的时刻。白天来临，天地分明，万物显露，人既能听到声音，也能看到颜色，感官都开始感知外物。这就是良知妙用发生的时刻。可见，人心与天地是一体的，所以，孟子说‘上下与天地同流’。而如今的人在夜晚不善于休息，不是昏睡不醒，便是噩梦不断。”

问：“睡觉时如何用功夫？”

先生说：“知昼就能知夜。在白天良知是顺应无碍的，在夜晚良知就是凝聚收敛的。有梦就是先兆。”

## 【注释】

①见《孟子·尽心上》：“夫君子所过者化，所存者神，上下与天地同流。”

又曰：“良知在夜气发的方是本体，以其无物欲之杂也。学者要使事物纷扰之时，常如夜气一般，就是‘通乎昼夜之道而知’。”

## 【译文】

先生又说：“在夜气下发的良知才是良知本体，因为没有夹杂任何物欲。学者要使自己在事物烦扰时仍与在夜气时一样，就是‘通乎昼夜之道而知’。”

先生曰：“仙家说到虚，圣人岂能虚上加得一毫实？佛氏说到无，圣人岂能无上加得一毫有？但仙家说虚从养生上来，佛氏说无从出离生死苦海上来，却于本体上加却这些子意思在，便不是他虚无的本色了，便于本体有障碍。圣人只是还他良知的本色，更不着些子意在。良知之虚，便是天之太虚。良知之无，便是太虚之无形。日、月、风、雷、山、川、民、物，凡有貌象形色，皆在太虚无形中发用流行。未尝作得天的障碍。圣人只得顺其良知之发用，天地万物俱在我良知的发用流行中，何尝又有一物超于良知之外能作得障碍？”

**【译文】**

先生说：“仙家说虚，圣人怎能在虚上再加得一毫实呢？佛教讲无，圣人难道能在无上再加得一毫有吗？但仙家说虚是从养生上说；佛教说无是从出离生死苦海上说。他们在本体上又添加了这一些意思，便不是虚无的本色了，于本体就有了障碍。圣人只是还他良知的本来面目，再不增加任何意思。良知之虚便是天的太虚，良知之无便是太虚的无形。日月风雷，山川人物，凡是有形色相貌的，都在太虚无形中发生、运动，不曾成为天的障碍。圣人只是依顺良知的作用，天地万物，都在我良知的范围内运动，哪有一物在良知之外，而成为良知的障碍呢？”

或问：“释氏亦务养心，然要之不可以治天下，何也？”

先生曰：“吾儒养心未尝离却事物，只顺其天则自然就是功夫。释氏却要尽绝事物，把心看到幻相，渐入虚寂去了，与世间若无些子交涉，所以不可治天下。”

**【译文】**

有人问：“佛教也特别注意心的修养，而关键是它不能用来治理天下，这是为什么？”

先生说：“我儒家修养心，未曾离开事物，只是依顺它的自然天性，这就是功夫了。佛教却要屏除事物，把心看作幻相，逐渐陷入了虚寂，与世间事物似乎毫不相干，所以它不能治理天下。”

或问：“异端。”

先生曰：“与愚夫、愚妇同的，是谓同德；与愚夫、愚妇异的，是谓异端。”

## 【译文】

有人问异端。

先生说："与愚夫愚妇相同的叫作同德，与愚夫愚妇不同的叫作异端。"

先生曰："孟子不动心与告子不动心，所异只在毫厘间①。告子只在不动心上着功，孟子便直从此心原不动处分晓。心之本体，原是不动的。只为所行有不合义，便动了。孟子不论心之动与不动，只是'集义'。所行无不是义，此心自然无可动处。若告子只要此心不动，便是把捉此心，将他生生不息之根反阻挠了，此非徒无益，而又害之。孟子'集义'工夫，自是养得充满，并无馁歉，自是纵横自在，活泼泼地。此便是浩然之气。"

## 【译文】

先生说："孟子的不动心与告子的不动心，只有很细微的差别。告子只在不动心上用功夫，孟子则是直接从心的本来不动处着手。心的本体原是不动的。只因为言行有不合义的，心才动。孟子不管心的动与不动，只是去'集义'。如果所行无不是义，此心自然也就没有可动处。而告子只是要此心不动，便是捉着此心不放，反将此心生生不息的根阻挠了。这不仅毫无益处，反而损害了心。孟子所说的'集义'功夫，自然能够把此心修养得完满无缺，心自然能纵横自在，活泼泼的。这便是浩然之气。"

## 【注释】

①参见《孟子·告子上》及《传习录》上卷《陆澄录》的有关部分。

又曰："告子病源，从性无善无不善上见来。性无善无不善，虽如此说，亦无大差。但告子执定看了，便有个无善无不善的性在内。有善有恶，又在物感上看，便有个物在外。却做两边看了，便会差。无善无不善，性原是如此。悟得及时，只此一句便尽了，更无有内外之间。告子见一个性在内，见一个物在外，便见他于性有未透彻处。"

【译文】

先生又说："告子的病根是在性无善无不善上。尽管性无善无不善的说法没有什么大问题，然而告子看得太死，便有一个无善无不善的性在心内。有善有恶，又从多事物上看，便有个物在心外。这样就分成两边看了，就出错了。性本来就是无善无不善的。悟得及时，这样一句话就够了，更没有内外的区别。告子认为性在内，物在外，可见他对性并未认识透。"

朱本思[①]问："人有虚灵，方有良知。若草、木、瓦、石之类，亦有良知否？"

先生曰："人的良知，就是草木瓦石的良知。若草木瓦石无人的良知，不可以为草木瓦石矣。岂惟草木瓦石为然？天地无人的良知，亦不可为天地矣。盖天地万物与人原是一体，其发窍之最精处，是人心一点灵明，风雨露雷，日月星辰，禽兽草木，山川土石，与人原是一体。故五谷禽兽之类皆可以养人，药石之类皆可以疗疾。只为同此一气，故能相通耳。"

【译文】

朱本思问："人有虚明灵觉才有良知。草木瓦石之类也有良知吗？"

先生说："人的良知就是草木瓦石的良知。如果草木瓦石没有人的良知，也就不成其为草木瓦石了。何止草木瓦石是这样呢？天地没有人的良知也不能成其为天地了。天地万物与人本是一体。天地万物最精妙的开窍处是人心的一点灵明。风雨露雷、日月星辰、禽兽草木、山川土石与人本来只是一体。所以五谷禽兽之类都可以养活人，药石之类都可以治病。只因为气是相同的，所以能够相通。"

【注释】

①朱得之，字本思，号近斋，靖江人，曾为邑丞，学与道家相近。见《明儒学案》卷二十五。

先生游南镇，一友指岩中花树问曰："天下无心外之物。如此花树，在深山中自开自落，于我心亦何相关？"

先生曰："你未看此花时，此花与汝心同归于寂。你来看此花时，则此花颜色一时明白起来。便知此花不在你的心外。”

## 【译文】

先生在南镇游览时，一位朋友指着岩中树上的花问道：“您认为天下无心外之物。而像这树上的花，在深山中自开自落，与我的心又有何干？”

先生说：“你未看这花时，这花与你的心同样寂静。你来看这花时，这花的颜色才一时显现出来，便知这花不在你的心外。”

问：“大人与物同体，如何《大学》又说个厚薄[①]？”

先生曰：“惟是道理自有厚薄。比如身是一体，把手足捍头目，岂是偏要薄手足？其道理合如此。禽兽与草木同是爱的，把草木去养禽兽，又忍得？人与禽兽同是爱的，宰禽兽以养亲，与供祭祀，燕宾客，心又忍得？至亲与路人同是爱的，如箪食豆羹，得则生，不得则死，不能两全，宁救至亲，不救路人，心又忍得？这是道理合该如此。及至吾身与至亲，更不得分别彼此厚薄。盖以仁民爱物皆从此出，此处可忍，更无所不忍矣。《大学》所谓厚薄，是良知上自然的条理，不可逾越，此便谓之义；顺这个条理，便谓之礼；知此条理，便谓之智；终始是这个条理，便谓之信。”

## 【译文】

问：“伟大的人与物同为一体。为什么《大学》又说一个厚薄呢？”

先生说：“只因为这道理自有厚薄。比如人的身是一体的，但用手足去保护脑袋和眼睛，难道是偏要薄待手足吗？这是道理就该如此。同样，对草木禽兽都有着爱，但用草木去喂养禽兽，又能忍得？对人与禽兽一样有着爱，但宰杀禽兽以奉养亲人、祭祀祖先、招待客人，人心又能忍得？对于至亲的人与路上的行人同样有着爱，但是，若只有一箪食，一豆羹，得到它就能活，得不到就会死，又不能同时救济两个人，这时宁救至亲而不救路人，人心又能忍得？这都是因为道理合该如此。至于我自身与父母儿女，却不能分别彼此厚薄，因为对人与物的仁爱都由此产生。在此处如果能忍心，那将会无所不忍了。《大学》所说的厚薄，是良知下自然而有的条理，不可逾越，这便叫作义。依循这个条理叫作礼，知晓这个条理便叫作智，始终坚守这个条理便叫作信。”

## 【注释】

①见《大学》：“其所厚者薄，而其所薄者厚，未之有也。”

又曰：“目无体，以万物之色为体；耳无体，以万物之声为体；鼻无体，以万物之臭为体；口无体，以万物之味为体；心无体，以天地万物感应之是非为体。”

## 【译文】

先生又说：“眼睛没有本体，万物的颜色是它的本体。耳朵没有本体，万物的声音是它的本体。鼻没有本体，万物的气味就是它的本体。口没有本体，万物的味道是它的本体。心没有本体，天地万物交互感应中的是与非便是它的本体。”

问：“夭寿不贰”。

先生曰：“学问功夫，于一切声利嗜好，俱能脱落殆尽，尚有一种生死念头毫发挂带，便于全体有未融释处。人于生死念头，本从生身命根上带来，故不易去，若于此处见得破，透得过，此心全体方是流行无碍，方是尽性至命之学。”

## 【译文】

问“夭寿不贰”。

先生说：“人的学问功夫能够完全摆脱一切声色名利和嗜好，但只要还有一种恋生怕死的念头存留在心中，就不能与本体融合无间。人的生死念头本来是从生身命根上带来的，所以不易去掉。如果能在这里识破看透，心的全体才是畅通无阻，这才是尽性知命的学问。”

一友问：“欲于静坐时，将好名、好色、好货等根，逐一搜寻，扫除廓清，恐是剜肉做疮否？”

先生正色曰：“这是我医人的方子，真是去得人病根。更有大本事人，过了十数年，亦还用得着。你如不用，且放起，不要作坏我的方子。”

是友愧谢。

少间曰："此量非你事，必吾门稍知意思者为此说以误汝。"

在座者皆悚然。

## 【译文】

一位朋友问："想在静坐时，把好名、好色、好货等病根逐一搜寻出来并彻底消灭掉，恐怕是在身上割肉造伤？"

先生严肃地说："这是我治病的方子，真能去掉人的病根。即使有更大本事的人，过了十几年之后，也还用得着。你如果不用，那就放起来，不要作践我的方子。"

这位朋友愧疚地道了歉。

过了一会儿，先生说："想必这也不是你的过错，一定是那些稍知一点我主张的学生给你讲的，这也耽误了你。"

在座的人都悚然有惧。

一友问功夫不切。

先生曰："学问功夫，我已曾一句道尽，如何今日转说转远，都不着根？"

对曰："致良知盖闻教矣，然亦须讲明。"

先生曰："既知致良知，又何可讲明？良知本是明白，实落用功便是。又不肯用功，只在语言上转说转糊涂。"

曰："正求讲明致之之功。"

先生曰："此亦须你自家求，我亦无别法可道。昔有禅师，人来问法，只把尘尾[①]提起。一日，其徒将其尘尾藏过，试他如何设法。禅师寻尘尾不见，又只空手提起。我这个良知就是设法的尘尾，舍了这个，有何可提得？"

少间，又有一友请问功夫切要。

先生旁顾曰："我尘尾安在？"

一时在座者皆跃然。

## 【译文】

一位朋友问功夫不真切该怎么办。

先生说："有关学问的功夫，我已经一句说尽了。为什么现在越说越远，不着根基了呢？"

回答说："我曾听说是致良知，但是也要讲个明白。"

先生说："既然知道是致良知，又还有什么可以讲明的呢？良知原本是明白的，实实在在用功就行了，不肯用功，只在言语上说，越说越糊涂。"

朋友说："我希望讲明的正是如何致良知。"

先生说："这也要你自己去探求，我也没有别的方法可以说。从前有一位禅师，别人来问佛法，他只把尘尾提起来。有一天，他的徒弟把尘尾藏起来，看他再用什么方法。禅师找不到尘尾，就空手做出提尘尾的样子。我这个良知，就是启发人的尘尾，除了这个还有什么可提呢？"

过了一会儿，又有一位学友请教功夫的关键。先生看着旁边说："我的尘尾在哪里？"

一时间，在座的人哗然大笑。

## 【注释】

①古人用尘尾（即麈尾）来拂尘。

或问至诚前知[①]。

先生曰："诚是实理，只是一个良知。实理之妙用流行就是神，其萌动处就是几，诚神几曰圣人[②]。圣人不贵前知。祸福之来，虽圣人有所不免。圣人只是知几，遇变而通耳。良知无前后，只知得见在的几，便是一了百了。若有个前知的心，就是私心，就有趋避利害的意。邵子必于前知，终是利害心未尽处。"

## 【译文】

有人问至诚可以前知的道理。

先生说："诚是实理，只是一个良知。实理所产生的神妙作用就是神，它的萌发处就是几。具有诚、神、几的人就是圣人。圣人不看重预知，对于祸福的到来，即使圣人也难以避免。圣人只是能够知晓契机，善于应付各种变化。良知没有前与后，只要能知晓此刻的契机，便能一了百了。如果有一个前知的心就是私心，就有了趋利避害的意思。邵雍一定要预知一切，原因是他没有完全排除趋利避害的私心。”

## 【注释】

①见《中庸》：“至诚之道可以前知。国家将兴，必有祯祥，国家将亡，必有妖孽。”

②见周敦颐《通书》：“寂然不动者，诚也；感而遂通者，神也；动而未形，有无之间者，几也。诚精故明，神应故妙，几微故幽，诚神几曰圣人。”

先生曰：“无知无不知，本体原是如此。譬如日未尝有心照物，而自无物不照。无照无不照，原是日的本体。良知本无知，今却要有知。本无不知，今却疑有不知。只是信不及耳。”

## 【译文】

先生说：“本体本来就是无知无不知的。比如太阳未尝有意去普照万物，而事实上又是无物不照。可见，无照无不照原本就是太阳的本体。良知本是没有知的，现在却要它有知。良知本来是没有不知的，现在却怀疑它有不知。只是因为对良知不能确信罢了。”

先生曰：“‘惟天下至圣为能聪明睿知’，旧看何等玄妙，今看来原是人人自有的。耳原是聪，目原是明，心思原是睿知。圣人只是一能之尔。能处正是良知。众人不能，只是个不致知。何等明白简易！”

## 【译文】

先生说：“《中庸》所讲的‘惟天下至圣为能聪明睿知’，以前看时感到多么玄妙，现在看来，这本是人人自有的。耳本来就聪，眼原来就明，心本来就是睿智的。圣人也只是有一处这样的才能，这正是良知。众人不能如此，只是因为不能致良知，这是多么地简易明白啊！”

问：“孔子所谓‘远虑’①，周公‘夜以继日’②，与将迎不同何如？”

先生曰：“远虑不是茫茫荡荡去思虑，只是要存这天理。天理在人心，亘古亘今，无有终始。天理即是良知，知思万虑，只是要致良知。良知愈思愈精明，若不精思，漫然随事应去，良知便粗了。若只着在事上茫茫荡荡去思，教做远虑，便不免有毁誉、得丧、人欲搀入其中，就是将迎了。周公终夜以思，只是‘戒慎不睹，恐惧不闻’的功夫。见得时，其气象与将迎自别。”

## 【译文】

问：“孔子所说的‘远虑’，周公的‘夜以继日’，与有意的送往迎来有什么不同？”

先生说：“远虑，不是茫茫荡荡地去思虑，只是要存这天理。天理存在于人心中，是亘古亘今，无始无终的。天理就是良知。千思万虑只是要致良知。良知是越想越精明。如果不深思熟虑，漫不经心地跟着事情转，良知就粗疏了。如果认为远虑就是只在事上茫茫荡荡地去想，便难免有毁誉、得失和人欲夹杂其中，就是有意的送往迎来了。周公夜以继日地思考，也只是一个‘戒慎不睹，恐惧不闻’的功夫。看到了这一点，周公的气象自然与送往迎来的将迎不同。”

## 【注释】

①见《论语·卫灵公》：“子曰：‘人无远虑，必有近忧。’”

②语见《孟子·离娄下》：“周公思兼三王（禹、汤、文王），以施四事。其有不合者，仰而思之，夜以继日，幸而得之，坐以待旦。”

问：“‘一日克己复礼，天下归仁’①，朱子作效验说②，如何？”

先生曰：“圣贤只是为己之学，重功夫不重效验。仁者以万物为体。不能一体，只是己私未忘。全得仁体，则天下皆归于吾仁，就是‘八荒皆在我闼’③意。天下皆与，其仁亦在其中。如‘在邦无怨，在家无怨’④，亦只是自家不怨。如‘不怨天，不尤人’⑤之意。然家邦无怨，于我亦在其中。但所重不在此。”

【译文】

问："朱子认为'一日克己复礼，天下归仁'，是从效验上说，对吗？"

先生说："圣贤只是一个为己的学问，注重功夫而不重效验。仁者与万物为一体。不能与万物为一体，只因为未忘自己的私欲。如果我能具有全体的仁，那么，天下都归到了我的仁中，也就是'八荒皆在我闼'的意思。天下都能仁，我的仁也在其中了。例如'在邦无怨，在家无怨'也只是自己无怨，也就是'不怨天，不尤人'的意思。但是，家里无怨，国家无怨，我自然也是无怨的。只是所重视的不在这里。"

【注释】

①见《论语·颜渊》。

②见《论语集注》。朱熹注云："极言其效之甚远而至大也。"

③语出吕大临（1040—1092）的《克己铭》，见《宋元学案》卷三十一。意为八方荒远之地都在我的斗室之中。

④见《论语·颜渊》。

⑤见《论语·宪问》。

问："孟子巧、力、圣、智之说，朱子云：'三子力有余而巧不足。'①何如？"

先生曰："三子固有力，亦有巧。巧、力实非两事，巧亦只在用力处，力而不巧，亦是徒力。三子譬如射，一能步箭，一能马箭，一能远箭。他射得到俱谓之力，中处俱可谓之巧。但步不能马，马不能远，各有所长，便是才力分限有不同处。孔子则三者皆长。然孔子之和只到得柳下惠而极，清只到得伯夷而极，任只到得伊尹而极，何曾加得些子。若谓'三子力有余而巧不足'，则其力反过孔子了。巧、力只是发明圣、知之义，若识得圣、知本体是何物，便自了然。"

【译文】

问："孟子有巧、力、圣、智的说法，朱子认为'三子力有余而巧不足'，对吗？"

先生说："伯夷、伊尹、柳下惠三人固然有力，也有巧，巧与力并非两回事。

巧也只能是在用力处，有力而无巧，也是徒有其力。他们三人可以用射箭作比喻。一个人只能步行射，一个人能骑马射，另一个人能远射。他们能射到目标，就可以叫作力，能射中，都可以叫作巧。然而步行射的人不能骑马射，骑马射的人不能远射，各有所长。这便是才能力量各有不同处。而孔子综合了三个人的长处。但是，孔子的和也只能达到柳下惠的程度，孔子的清纯也只能达到伯夷的程度，孔子以天下为己任的心情也只能达到伊尹的程度，又怎么能再添加一些呢？如果说伯夷、伊尹和柳下惠力有余而巧不足，那么，他们的力反而比孔子还多。巧与力只是为了阐明圣与智。如果知道了圣与智的本体是什么，一切都能明白了。”

## 【注释】

①见《孟子·万章下》：“孟子曰：‘伯夷，圣之清者也。伊尹，圣之任者也。柳下惠，圣之和者也。孔子，圣之时者也。孔子之谓集大成，集大成也者，金声而玉振之也。金声也者，始条理也，玉振之也者，终条理也。始条理者，智之事也，终条理者，圣之事也。智，譬则巧也。圣，譬则力也。”朱熹注云：“三子则力有余而巧不足，是以一节虽至于圣，而智不足以及乎时中也。”

先生曰：“‘先天而天弗违’，天即良知也。‘后天而奉天时’，良知即天也。”①

## 【译文】

先生说：“‘先天而天弗违’，因为天就是良知。‘后天而奉天时’，因为良知就是天。”

## 【注释】

①见《易传·文言》。

“良知只是个是非之心，是非只是个好恶。只好恶就尽了是非，只是非就尽了万事万变。”又曰：“是非两字是个大规矩，巧处则存乎其人。”

【译文】

“良知只是一个判断是非的心，是非只是一个好恶。知道好恶就穷尽了是非，穷尽了是非就穷尽了所有的事物。”先生又说：“是非这两字是个大规矩，应用得如何就要看不同的人了。”

“圣人之知如春天之日，贤人如浮云天日，愚人如阴霾天日。虽有昏明不同，其能辨黑白则一。虽昏黑夜里，亦影影见得黑白，就是日之余光未尽处。困学功夫，亦是从这点明处精察去耳。”

【译文】

“圣人的良知有如晴空无云时的太阳，贤人的良知有如略有浮云时的天气，愚人的良知有如黑云密布时的天气。虽然他们的浑浊清明的程度不同，但他们都能辨别黑白则是一致的。即使在昏暗的夜晚，也隐约能看出黑白的不同，因而太阳的余光没完全消失。在困境中勤勉学习的功夫，也只是从这点明亮处去精细省察。”

问：“知譬日，欲譬云。云虽能蔽日，亦是天之一气合有的，欲亦莫非人心合有否？”

先生曰：“喜、怒、哀、惧、爱、恶、欲，谓之七情，七者俱是人心合有的。但要认得良知明白。比如日光，亦不可指着方所。一隙通明，皆是日光所在。虽云雾四塞，太虚中色象可辨，亦是日光不灭处。不可以云能蔽日，教天不要生云。七情顺其自然之流行，皆是良知之用，不可分别善恶。但不可有所着。七情有着，俱谓之欲，俱为良知之蔽。然才有着时，良知亦自会觉。觉即蔽去，复其体矣。此处能勘得破，方是简易透彻功夫。”

【译文】

问：“良知好比太阳，人欲好比云。云虽然能遮蔽太阳，但云也是天的气中本该有的。人欲难道也是人心应该有的吗？”

先生说：“喜怒哀惧爱恶欲，叫作七情，七情都是人心应该有的，但要把良知认识清楚。比如这日光，也不能固守在某一处所，只要有一线光明，就是日光所在之处。即使云雾弥漫，只要太虚中还能辨别颜色与形象，就是日光的不灭之处。不能因为云能蔽日，就让天不要产生云。七情如果能顺其自然地产生，也都是良知的作用，不能以七情来分别善恶。但是，对七情不能执着。执着七情都叫作欲，都是遮蔽良知的。当然，一有执着，良知也自然会发觉。发觉了就会除去遮蔽，恢复本体了。在这里能够反复斟酌，认识清楚，才是简易透彻的功夫。”

问：“圣人生知安行是自然的，如何有甚功夫？”

先生曰：“知行二字，即是功夫，但有浅深难易之殊耳。良知原是精精明明的。如欲孝亲，生知安行的，只是依此良知实落尽孝而已；学知利行者，只是时时省觉，务要依此良知尽孝而已；至于困知勉行者，蔽锢已深，虽要依此良知去孝，又为私欲所阻，是以不能，必须加人一己百、人十己千之功，方能依此良知以尽其孝。圣人虽是生知安行，然其心不敢自是，肯做困知勉行的功夫。困知勉行的却要思量做生知安行的事，怎生成得？”

【译文】

问：“圣人的生知安行，是自然就能如此，这还需要什么功夫呢？”

先生说：“知行这两个字就是功夫。然而有深浅难易的不同。良知原本是精精明明的。比如想孝敬父母，生知安行的人只是依顺这良知，实实在在地去尽孝；学知利行的人，就是时时省察，务必按照这良知去尽孝道；至于困知勉行的人，受的遮蔽太重，即使想要依照这良知去孝敬，又被私欲阻隔，所以不能尽孝道，只有付出比别人多十倍、百倍的努力，才能依顺这良知以尽他的孝道。圣人虽然是生知安行的，但他的心不敢自以为是，宁肯做困知勉行的人所做的功夫。而困知勉行的人却想去做生知安行的事，又怎么能行呢？”

问：“乐是心之本体，不知遇大故，于哀哭时，此乐还在否？”

先生曰：“须是大哭一番了方乐，不哭便不乐矣。虽哭，此心安处即是乐也。本体未尝有动。”

【译文】

问："先生认为乐是心的本体，不知在遇到大的变故而悲哀痛哭时，这个乐还存在吗？"先生说："只有大哭一场才能乐，不哭就不快乐。虽然痛哭，但此心感到安慰也就是乐。本体并未因为哭而有所改变。"

问："良知一而已。文王作彖，周公系爻，孔子赞《易》，何以各自看理不同？"

先生曰："圣何能拘得死格？大要出于良知同，便各为说何害？且如一园竹，只要同此枝节，便是大同。若拘定枝枝节节，都要高下大小一样，便非造化妙手矣。汝辈只要去培养良知。良知同，更不妨有异处。汝辈若不肯用功，连笋也不曾抽得，何处去论枝节？"

【译文】

问："良知只是一个。而文王作卦辞，周公作爻辞，孔子赞《易》，为什么他们各自认识的理不同呢？"

先生说："圣人怎么能死守旧框框呢？最重要的是同出于良知，即使各自有不同看法又有什么不好呢？比如一竹园，只要枝节大致相同，就是大同了。如果一定要每根竹子在枝枝节节、高低大小上都一样，就不能体现造化的妙手了。你们只要去培养良知，良知相同了，其他也不妨有不同之处。你们如果不肯用功，就像竹笋还没有，又何处去讨论枝节的异同呢？"

乡人有父子讼狱，请诉于先生。侍者欲阻之，先生听之，言不终辞，其父子相抱恸哭而去。

柴鸣治入问曰："先生何言，致伊感悔之速？"

先生说："我言舜是世间大不孝的子，瞽叟是世间大慈的父。"

鸣治愕然请问。

先生曰："舜常自以为大不孝，所以能孝；瞽叟常自以为大慈，所以不能慈。瞽叟只记得舜是我提孩长的，今何不曾豫悦我？不知自心已为后妻所移了，尚谓自家能慈，所以愈不能慈。舜只思父提孩我时如何爱我，今日不爱，只是我不能尽孝。日思所以不能尽孝处，所以愈能孝。及至瞽叟底豫时，又不过复得此心原慈的本体。所以后世称舜是个古今大孝的子，瞽叟亦做成个慈父。”

【译文】

在乡下有父子两人打官司，请先生断案。先生手下的人想阻止父子俩。先生听他们说了情况。但先生的话还没有说完，父子相抱恸哭，和好如初地离开了。

柴鸣治进来问道：“先生说了什么，使他们很快就悔悟了呢？”

先生说：“我说舜是世上最不孝的儿子，他的父亲瞽叟是世上最慈爱的父亲。”

鸣治惊讶不已，请问为什么。

先生说：“舜常常以为自己最不孝，所以他才能孝。瞽叟常以为自己最慈爱，所以他才不能慈爱。瞽叟只记得舜是他一手拉扯大的，而现在舜为什么不去让他高兴呢？而不知道他的心已被后妻迷惑了，还自以为能慈爱，所以，他就越不能慈爱。舜只去一心想着在小时候父亲是多么爱他，而现在不爱他，只是因为他不能尽孝。舜整天想着不能尽孝的地方，所以，他就更加孝敬。等到瞽叟高兴时，也不过是恢复了心中本有的慈爱的本体。所以，后世称赞舜是一个古今公认的大孝子，瞽叟也变成了一个慈爱的父亲。”

先生曰：“孔子有鄙夫来问，未尝先有知识以应之。其心只空空而已。但叩他自知的是非两端，与之一剖决[①]，鄙夫之心便已了然，鄙夫自知的是非，便是他本来天则。虽圣人聪明，如何可与增减得一毫？他只不能自信。夫子与之一剖决，便已竭尽无余了。若夫子与鄙夫言时，留得些子知识在，便是不能竭他的良知，道体即有二了。”

【译文】

先生说：“即使普通人来问孔子，孔子也不是心中先有多少知识来回答他。孔子的心只是空无所有，从普通人自知的是非两个方面给予解剖。这样，普通人的心就能明白。普通人自己知道的是与非，便是他本来就有的天然准则。即使聪明如圣人，又怎么能增减得一毫呢？只是他不能自信，孔子给他一解剖，本来就有的是非标准就暴露无遗了。如果孔子在与普通人说时，心中还保留着一些知识，使不能穷尽他的良知，道体就分裂为二了。”

## 【注释】

①见《论语·子罕》：“子曰：‘有鄙夫（鄙薄浅陋的人）问于我，空空如也。我叩其两端而竭焉。’”

先生曰：“‘烝烝乂，不格奸’[①]，本注说象已进于义，不至大为奸恶。舜征庸后，象犹日以杀舜为事，何大奸恶如之？舜只是自进于义，以义薰蒸，不去正他奸恶。凡文过掩慝，此是恶人常态。若要指摘他是非，反去激他恶性。舜初时致得象要杀己，亦是要象好的心太急，此就是舜之过处。经过来，乃知功夫只在自己，不去责人，所以致得克谐。此是舜动心忍性、增益不能处[②]。古人言语，俱是自家经历过来，所以说的亲切，遗之后世，曲当人情。若非自家经过，如何得他许多苦心处。”

## 【译文】

先生说：“《尚书》的‘烝烝乂，不格奸’，本注认为是说象已逐渐接近义，所以，不至于去做特别邪恶的事。舜被征用后，象仍然整天想去谋杀舜，还有比这更邪恶的事吗？而舜只是让自己学会自制，用自制来感化象，不直接去纠正他的邪恶。文过饰非，这是恶人的常态。如果要去指责他的错误，反而会激将他的恶性。刚开始，舜使得象要杀他，也是因为他希望象变好的心太急了。这就是舜的过错。从这一经历中，舜才知道功夫全在自己而不去责备别人。所以，最后能达到和谐。这就是舜的动心忍性，弥补自己不足的地方。古人所说的话都是自己经历过的，所以才说得亲切。留传到后世，委曲变通，都能符合人情。如果不是自己经历过，又怎么会有他的许多苦心呢？”

## 【注释】

①出自《尚书·尧典》：“瞽子，父顽、母嚚、象傲，克谐以孝，烝烝乂，不格奸。”瞽子指舜，象为舜的弟。汉孔安国传注曰：“谐，和；烝，进也。言能以至孝和谐嚚象昏傲，使进进以善自治，不至于奸恶。”

②见《孟子·告子下》："故天将降大任于是人也，必先苦其心志，劳其筋骨，饿其体肤，空乏其身，行拂乱其所为，所以动心忍性，增益其所不能。"

先生曰："古乐不作久矣，今之戏子，尚与古乐意思相近。"

未达，请问。

先生曰："'韶'之九成，便是舜的一本戏子[①]。'武'之九变，便是武王的一本戏子[②]。圣人一生实事，俱播在乐中，所以有德者闻之，便知他尽善尽美与尽美未尽善处[③]。若后世作乐，只是做些词调，于民俗风化绝无关涉，何以化民善俗？今要民俗反朴还淳，取今之戏子，将妖淫词调俱去了，只取忠臣、孝子故事，使愚俗百姓人人易晓，无意中感激他良知起来，却与风化有益。然后古乐渐次可复矣。"

曰："洪要求元声[④]不可得，恐于古乐亦难复。"

先生曰："你说元声在何处求？"

对曰："古人制管候气，恐是求元声之法。"

先生曰："若要去葭灰黍粒中求元声，却如水底捞月，如何可得？元声只在你心上求。"

曰："心如何求？"

先生曰："古人为治，先养得人心和平，然后作乐。比如在此歌诗，你的心气和平，听者自然悦怿兴起，只此便是元声之始。《书》云：'诗言志'，志便是乐的本；'歌永言'，歌便是作乐的本；'声依永，律和声'，律只要和声，和声便是制律的本。何尝求之于外？"

曰："古人制候气法，是意何取？"

先生曰："古人具中和之体以作乐。我的中和原与天地之气相应，候天地之气，协凤凰之音[⑤]，不过去验我的气果和否。此是成律已后事，非必待此以成律也。今要候灰管，必须定至日。然至日子时，恐又不准，又何处取得准来？"

## 【译文】

先生说："古乐已很久没有演奏了。如今的唱戏与古乐的意味比较接近。"

德洪不解，请教先生。

先生说：“韶乐的九章就是舜的戏曲，武乐的九章就是武王的戏曲。圣人一生的实事都蕴藏在乐中。所以，有德行的人听见后，就能知道其中的尽善尽美与尽美未尽善的地方。而后世作乐也只是谱一些词调，与风俗教化毫无关系。怎么能用来教化民俗向善呢？现在要让民风返朴还淳，把如今的戏拿来，全部删去其中妖冶淫乱的词调，只收取忠臣孝子的故事，使愚昧的老百姓人人都容易知晓。在不知不觉中激发出他们的良知，对于变易风俗有益。这样，古乐就可逐渐恢复了。”

德洪说：“我找元声就找不到，古乐恐怕更难恢复了。”

先生说：“你说元声应该在哪里找？”

回答说：“古人造了律管来候气，恐怕这才是找元声的方法。”

先生说：“如果你要到草灰黍粒中去找元声，就像水底捞月，怎能得到呢？元声只能在你心上找。”

问：“在心上如何找？”

先生说：“古人治理天下总是先培养得人心平和，然后才作乐。比如在这里咏诗，如果你心平气和，听众自然会感到愉快兴奋。这便是元声的起始处。《尚书·舜典》说‘诗言志’，志便是乐的根本；‘歌永言’，歌便是作乐的根本；‘声依永，律和声’，律只需要声音和谐，声音和谐便是制定音律的根本。何曾要到心外去找呢？”

德洪问：“古人用律管候气的方法，又是根据什么呢？”

先生说：“古人是有中和的心体后才去作乐，我的中和本来与天地的气是相应的。候天地之气，与凤凰的鸣叫相谐合，只不过是为了验证我的气是否真的中和。这是制成律以后的事，并非要以此为根据才能制律。现在通过律管候气，首先就要确定冬至，但是，到了冬至子时，恐怕又不准，从哪里才能找到标准呢？”

## 【注释】

①韶乐相传为舜所作的乐曲名，《尚书·益稷》：“箫韶九成，凤凰来仪。”乐一终为一成，相当于现在的乐章。

②武乐相传为武王所作乐曲名，九变即九成。

③见《论语·八佾》："子谓韶，尽美矣，又尽善也。谓武，尽美矣，未尽善也。"

④元声，古代律制，以黄钟管发出的音为十二律所依据的基准音。故称元。

⑤《吕氏春秋·古乐》："听凤皇之鸣，以别十二律，其雄鸣为六，雌鸣为六，以此黄钟之宫适合。黄钟之音皆可以生之，故曰黄钟之宫，律吕之本。"

先生曰："学问也要点化，但不如自家解化者，自一了百当。不然，亦点化许多不得。"

**【译文】**

先生说："学问也需要师友的开导指点，但不如自己晓悟的那样能一了百当。不然，师友的开导指点也没有多大作用。"

"孔子气魄极大，凡帝王事业，无不一一理会，也只从那心上来。譬如大树，有多少枝叶，也只是根本上用得培养功夫，故自然能如此，非是从枝叶上用功做得根本也。学者学孔子，不在心上用功，汲汲然去学那气魄，却倒做了。"

**【译文】**

"孔子的气魄恢宏，凡是帝王的事业，他都一一加以领会，也只是从他心上来。比如一棵大树，不管它有多少枝叶，也只是在根本上用得培养功夫，所以自然能枝繁叶茂。不是从枝叶上用功去培养根本。学者学孔子，不去心上用功，急急忙忙去学那气魄，这是错用了功夫。"

"人有过，多于过上用功，就是补甑①，其流必归于文过。"

**【译文】**

"人有了过错，多在过错上用功夫。这就像修补已经破了的甑，其流弊必然是掩饰过错。"

## 【注释】

①甑为瓦制的蒸饭炊具。

“今人于吃饭时，虽然一事在前，其心常役役不宁，只缘此心忙惯了，所以收摄不住。”

## 【译文】

“如今人在吃饭时，即使没有什么事，他的心仍然忙乱而不得安宁，只因为这个心忙惯了，所以收敛管辖不住。”

“琴瑟简编，学者不可无，盖有业以居之，心就不放。”

## 【译文】

“学者也不能没有琴瑟和书籍，因为，他有事可干了，心就不会放失。”

先生叹曰：“世间知学的人，只有这些病痛打不破，就不是善与人同[①]。”

崇一曰：“这病痛只是个好高不能忘己尔。”

## 【译文】

先生感慨地说：“世上谈学问的人就有这一弊病改不了，即不能‘善与人同’。”

崇一说：“这弊病只是因为好高而不能舍己从人。”

## 【注释】

①见《孟子·公孙丑上》，朱熹注云：“善与人同，公天下之善而不为私也。己未善，则无所系吝而舍以从人；人有善，则不待勉强而取之于己，此善与人同之目也。”

问：“良知原是中和的，如何却有过、不及？”

先生曰："知得过、不及处，就是中和。"

## 【译文】

问："良知本是中和的，为什么有了过与不及？"

先生说："知道了过与不及就是中和。"

"'所恶于上'是良知，'毋以使下'即是致知①。"

先生曰："苏秦、张仪之智②，也是圣人之资。后世事业文章，许多豪杰名家，只是学得仪、秦故智。仪、秦学术善揣摸人情，无一些不中人肯綮，故其说不能穷。仪、秦亦是窥见得良知妙用处，但用之于不善尔。"

## 【译文】

"'所恶于上'是良知，'毋以使下'即是致知。"

先生说："苏秦、张仪的智谋，也是圣人的资质。后世的许多事业文章，许多豪杰名家，只学到了苏、张曾用过的一些老办法。而苏秦、张仪的学问是很会揣摸人情，没有一点不是击中被劝说者的要害处，所以他们的说法没有穷尽。他们也窥见了良知的妙用处，只是不把它用在正道上。"

## 【注释】

①见《大学》："所恶于上，毋以使下，所恶于下，毋以事上。"

②苏秦，战国洛阳人，见秦惠王不用，后说赵燕合六国之众，同盟拒秦，后被张仪攻破。见《史记》卷六十九。张仪，战国卫人，相秦惠王，以连横之策说六国，使背纵约而事秦，惠王卒，六国复合纵，仪出为魏相。见《史记》卷七十。

或问未发已发。

先生曰："只缘后儒将未发已发分说了，只得劈头说个无未发已发，使人自思得之。若说有个已发未发，听者依旧落在后儒见解。若真见得无未发已发，说个有未发已发原不妨，原有个未发已发在。"

问曰："未发未尝不和，已发未尝不中。譬如钟声，未扣不可谓无，既扣不可谓有。毕竟有个扣与不扣，何如？”

先生曰：“未扣时原是惊天动地，既扣时也只寂天寞地。”

## 【译文】

有人问未发已发。

先生说：“只因为后来的儒家把未发已发分开说了，所以，我只得劈头说一个没有未发已发，让人自己思考后而有所收获。如果再说有一个已发未发，听众仍然会回到后儒的见解。如果能够真正认识到没有未发已发，即使说有未发已发也无妨。本来就有未发与已发。”

问：“未发并不是不和，已发也并不是不中。比如钟声，未敲时不可说无，敲时也不可说有，但毕竟还有敲与不敲的区别，对吗？”

先生说：“未敲时本来就是惊天动地的，敲时也只是一个寂静无声。”

问：“古人论性，各有异同，何者乃为定论？”

先生曰：“性无定体，论亦无定体。有自本体上说者，有自发用上说者，有自源头上说者，有自流弊处说者。总而言之，只是一个性。但所见有浅深尔。若执定一边，便不是了。性之本体，原是无善无恶的，发用上也原是可以为善、可以为不善的，其流弊也原是一定善、一定恶的。譬如眼，有喜时的眼，有怒时的眼，直视就是看的眼，微视就是觑的眼。总而言之，只是这个眼。若见得怒时眼，就说未尝有喜的眼；见得看时眼，就说未尝有觑的眼。皆是执定，就知是错。孟子说性，直从源头上说来，亦是说个大概如此。荀子性恶之说，是从流弊上说来，也未可尽说他不是。只是见得未精耳。众人则失了心之本体。”

问：“孟子从源头上说性，要人用功在源头上明彻。荀子从流弊说性，功夫只在末流上救正，便费力了。”

先生曰：“然。”

## 【译文】

问：“古人对人性的认识各有异同，谁家可以作为定论呢？”

先生说：“性没有固定的体，论也没有固定的体。有从本体上说的，有从作用上说的，有从源头上说的，有从流弊上说的。总而言之，说的都只是这个性。只是看法有深有浅而已。如果一定要执守一边就不对了。人性的本体原本是无善无恶的。而从人性的作用上看，也是可以为善，可以为不善的。性的流弊本来就是有的一定为善，有的一定为恶的。比如这眼，有高兴时的眼，有发怒时的眼。直视时就是正面看的眼，偷看时就是窥视的眼。总而言之，眼只是这个眼。如果看到怒时的眼，就说没有喜的眼；看到正面看的眼，就说没有窥视的眼，这样都是固执一边的错误。孟子说性是直接从源头上来说，也是说一个大概如此。荀子主张性恶，是从流弊上来说，也不能说他完全不对，只是他的看法还不够精致细密。而众人却丧失了心的本体。”

问：“孟子从源头上说性，要人在源头上用功而使性清净明彻。荀子从流弊上说性，只在末流上用功夫加以补救，就很费力气了。”

先生说：“对。”

先生曰：“用功到精处，愈着不得言语，说理愈难。若着意在精微上，全体功夫反蔽泥了。”

## 【译文】

先生说：“功夫到了精微处，愈加不能执着语言文字，说理也越难。如果在精微上过分留意，全体上的功夫反而会受到妨碍了。”

“杨慈湖[①]不为无见，又著在无声无息上见了。”

## 【译文】

“杨慈湖不是没有见地，然而，他又执着在无声无息上去理解问题。”

## 【注释】

①杨简（1141—1225），字敬仲，号慈湖，慈溪（浙江宁波）人，陆象山的高徒。

“人一日间，古今世界，都经过一番，只是人不见耳。夜气清明时，无视无听，无思无作，淡然平怀，就是羲皇世界。平旦时，神清气朗，雍雍穆穆，就是尧舜世界。日中以前，礼仪交会，气象秩然，就是三代世界。日中以后，神气渐昏，往来杂扰，就是春秋、战国世界。渐渐昏夜，万物寝息，景象寂寥，就是人消物尽世界。学者信得良知过，不为气所乱，便常做个羲皇已上人。”

【译文】

“人在一天内，把古今的世界都重新经历了一遍，只是人们没有意识到而已。在夜气清明时，人无视无听、无思无虑、不言不动、淡泊恬静，这就是羲皇的世界。在清晨，人神清气朗，肃静和睦，这就是尧舜的世界。在正午以前，人之间礼仪来往，气象井然，这就是三代的世界。在中午以后，人的神气渐昏，往来杂扰，这就是春秋战国的世界。在夜幕降临时，万物安息、空静寂寥，这就是人物灭尽的世界。学者如果能充分信任良知，不被气所左右，就能做一个羲皇时代的人。”

薛尚谦、邹谦之、马子莘、王汝止侍坐[①]，因叹先生自征宁藩已来，天下谤议益众，请各言其故。有言先生功业势位日隆，天下忌之者日重；有言先生之学日明，故为宋儒争是非者亦日博；有言先生自南都以后[②]，同志信从者日众，而四方排阻者日益力。

先生曰：“诸君之言，信皆有之。但吾一段自知处，诸君俱未道及耳。”

诸友请问。

先生曰：“我在南都以前，尚有些子乡愿的意思在。我今信得这良知真是真非，信手行去，更不着些覆藏。我今才做得个狂者的胸次，使天下之人都说我行不掩言也罢。”

尚谦出曰：“信得此过，方是圣人的真血脉。”

【译文】

薛尚谦、邹谦之、马子莘、王汝止陪先生坐。感叹先生自征讨宁王宸濠以来，天下诽谤先生的更多了。先生让大家谈谈其中的原因。有人认为，先生的功业和地位越来越高，招致天下忌妒的人越来越多。有人认为，先生的学说影响越来越大，因而为程朱理学争地位的人也就越来越多。有人认为，从南京以后，信奉他的人越来越多，因而四方排挤阻挠的人也越来越卖力。

先生说：“诸位所说的原因，也许都有那么一点点。然而，我自己的一点感受，大家都没有说到。”

在座的人请问是什么。

先生说：“我在南京以前，还有一些乡愿的气息，我现在能确信什么是良知的真是真非，因而就信手去做，不用任何掩饰。现在，我才有了一个狂者的胸怀。假使天下的人都认为我做的不如说的，也没关系。”

尚谦出来后说：“有这份信心，才是圣人的真血脉。”

## 【注释】

①薛尚谦即薛侃，邹谦之即邹守益，马子莘即马明衡。王汝止即王艮（1483—1541），号心斋，泰州安丰场（今江苏东台）人。泰州学派的创始人。他是王守仁的高足，与王畿一起以“二王”见称。

②即指正德九年（1514）以后。

先生锻炼人处，一言之下，感人最深。

一日，王汝止出游归。先生问曰：“游何见？”对曰：“见满街都是圣人。”先生曰：“你看满街人是圣人，满街人到看你是圣人在。”

又一日，董萝石[①]出游而归。见先生曰：“今日见一异事。”先生曰：“何异？”对曰：“见满街人都是圣人。”先生曰：“此亦常事耳，何足为异。”

盖汝止圭角未融，萝石恍见有悟，故问同答异，皆反其言而进之。

洪与黄正之、张叔谦[②]、汝中丙戌会试归，为先生道途中讲学，有信有不信。先生曰：“你们拿一个圣人去与人讲学，人见圣人来，都怕走了，如何讲得行？须做得个愚夫愚妇，方可与人讲学。”

洪又言今日要见人品高下最易。先生曰：“何以见之？”对曰：“先生譬如泰山在前，有不知仰者，须是无目人。”先生曰：“泰山不如平地大，平地有何可见？”先生一言，翦裁剖破终年为外好高之病，在座者莫不悚惧。

## 【译文】

先生在指点开悟人时，一句话就感人至深。

一天，王汝止外出归来。先生问："你看见了什么？"王汝止回答说："看到满街的人都是圣人。"先生说："你看到满街的人都是圣人，而满街的人反过来看你，也是一个圣人。"

又一天，董萝石外出归来，他对先生说："今天看到了一件怪事。"先生说："什么怪事？"董回答说："看见满街的人都是圣人。"先生说："这不是很正常吗？有什么值得奇怪的呢？"

因为王汝止锋芒毕露，萝石只是略有所悟。所以，问题相同而先生的回答不同，但都是针对他们的话去启发他们。

丙戌年（1526），钱德洪、黄正之、张叔谦与王汝中参加了会试，在归途中讲授先生的学说，有的人信，有的人不信。先生说："你们举着一个圣人去给别人讲学，人们看见圣人来了都被吓跑了，怎么能讲好呢？只有做一个愚夫愚妇才能给别人讲学。"

德洪又说："如今要看人品的高低很容易。"先生说："何以见得？"德洪回答说："先生有如泰山，泰山在面前而不知道敬仰，一定是没有眼睛的人。"先生说："泰山没有平地大，在平地上又可看见什么？"先生这一句话，破除了终年为外好高的毛病，在座者无不悚然有惧。

## 【注释】

①董沄（1457—1533），字复宗，号萝石。浙江海盐人。六十八岁闻阳明学而师事王守仁，见《明儒学案》卷四十四。

②张叔谦，名元冲，号浮峰，山阴（浙江绍兴）人，嘉靖十六年（1537）进士，官至右副都御史，以直谏闻名。见《明儒学案》卷十四。

癸未春[①]，邹谦之来越问学，居数日，先生送别于浮峰。是夕与希渊诸友移舟宿延寿寺，秉烛夜坐，先生慨怅不已。曰："江涛烟柳，故人倏在百里外矣！"

一友问曰："先生何念谦之之深也？"

先生曰："曾子所谓'以能问于不能，以多问于寡，有若无，实若虚，犯而不校'[②]，若谦之者良近之矣。"

## 【译文】

在癸未年的春季，邹谦之来浙江绍兴问学。数日后辞归，先生到浮峰送别，这天晚上，与希渊等人坐船后在延寿寺住下来，秉烛夜坐，先生感慨不已。他说："江涛滚滚，烟柳飘飞，谦之很快就在百里之外了。"

有人问道："先生为什么如此想念谦之呢？"

先生说："曾子所说的'以能问于不能，以多问于寡，有若无，实若虚，犯而不校'这种人，谦之就特别像。"

## 【注释】

①癸未即嘉靖二年（1523），王守仁五十二岁。

②见《论语·泰伯》。

丁亥[①]年九月，先生起，复征思田[②]，将命行时，德洪与汝中论学。汝中举先生教言："无善无恶是心之体，有善有恶是意之动，知善知恶是良知，为善去恶是格物。"德洪曰："此意如何？"

汝中曰："此恐未是究竟话头。若说心体是无善无恶，意亦是无善无恶的意，知亦是无善无恶的知，物是无善无恶的物矣。若说意有善恶，毕竟心体还有善恶在。"

德洪曰："心体是天命之性，原是无善无恶的。但人有习心，意念上见有善恶在。格、致、诚、正、修，此正是复那性体功夫。若原无善恶，功夫亦不消说矣。"

是夕侍坐天泉桥，各举请正。

先生曰："我今将行，正要你们来讲破此意。二君之见，正好相资为用，不可各执一边。我这里接人，原有此二种。利根之人，直从本原上悟入，人心本体原是明莹无滞的，原是个未发之中。利根之人，一悟本体，即是功夫。人己内外，一齐俱透了。其次不免有习心在，本体受蔽，故且教在意念上实落为善去恶，功夫熟后，渣滓去得尽时，本体亦明尽了。汝中之见，是我这里接利根人的；德洪之见，是我这里为其次立法的。二君相取为用，则中人上下皆可引入于道。若各执一边，眼前便有失人，便于道体各有未尽。”

既而曰：“已后与朋友讲学，切不可失了我的宗旨。无善无恶是心之体，有善有恶是意之动，知善知恶是良知，为善去恶是格物。只依我这话头随人指点，自没病痛，此原是彻上彻下功夫。利根之人，世亦难过。本体功夫一悟尽透，此颜子、明道所不敢承当，岂可轻易望人？人有习心，不教他在良知上实用为善去恶功夫，只去悬空想个本体，一切事为俱不着实，不过养成一个虚寂。此个病痛不是小小，不可不早说破。”

是日德洪、汝中俱有省。

## 【译文】

在丁亥年九月，先生被起用，第二次征讨思、田。即将出发时，钱德洪与王汝中讨论先生的学问。汝中引用先生的话说：“无善无恶是心之体，有善有恶是意之动，知善知恶是良知，为善去恶是格物。”

德洪说：“你认为如何？”

汝中说：“这话恐怕还不透彻。如果说心体是无善无恶的，那么，意也是无善无恶的意，知也是无善无恶的知，物也是无善无恶的物。如果认为意有善有恶，毕竟在心体上仍有善恶存在。”

德洪说：“心体是天命之性，本来是无善无恶的。但人有受到习染的心，在意上就有了善与恶。格物、致知、诚心、正意和修身，正是要恢复那性体的功夫。如果意没有善恶，也就不用说功夫了。”

这天晚上，德洪与汝中在天泉桥陪坐，各自讲了自己的看法，请先生指正。

先生说：“我即将远行，正要你们来说破这一点。二位的看法正好可以互相补充，不可各执一边。我这里接引人的方法，本来就有这两种。天性聪敏的人，可直接从本原上去省悟。人心本体，原是明彻无碍的，原本是一个未发之中。天性聪敏的人，一悟本体，也即功夫了，他人与自己、内与外都一体通透了。资质稍差的人，心难免受到外界的习染，本体受到蒙遮。所以就教他在意念上切实地为善去恶，功夫纯熟后，完全去掉了沉渣污垢，本体也就能明亮洁净了。汝中的主张，是我用来接引天性聪敏的人；德洪的看法，是我为资质稍差的人所提供的方法。二位互相借鉴和补充，那么，中等上下的人都可以被引上正道。如果你们各执一边，在你们面前便会有许多人不能走上正道，就不可能完全穷尽道体。”先生接着说：“以后与朋友讲学，切不可丢掉了我的宗旨。无善无恶是心之体，有善有恶是意之动。知善知恶是良知，为善去恶是格物。只要依据我的这一话头，随人不同而加以指点，自然不会出偏差。这本来是贯通上下的功夫。资质极高的人，在世上很难遇到。对本体和功夫，一悟尽透的情况，连颜回和程明道也不敢承当，岂敢轻易地指望别人呢？人人都有受到习染的心，如果不教他在良知上实用为善去恶的功夫，只去悬空想一个本体，对一切事情都不切实地加以处理，只不过养成了一个虚寂的毛病。这个问题可不能小看。我也不能不早点儿给你们说明白。”

这一天，德洪和汝中都有省悟。

## 【注释】

①丁亥即嘉靖六年（1527），王守仁五十六岁。

②王守仁在浙江，被任命为兼都察院左都御史，征思田。思为思恩，今广西武鸣县北。田为田州，今广西田阳县北。在此之前，姚镆行征思田失败，后王守仁继续。

# 钱德洪序

（钱德洪曰：）先生初归越时，朋友踪迹尚寥落。既后四方来游者日进。癸未年已后，环先生而居者比屋。如天妃、光相诸刹，每当一室，常合食者数十人，夜无卧处，更相就席，歌声彻昏旦。南镇、禹穴、阳明洞诸山远近寺刹，徙足所到，无非同志游寓所在。先生每临讲座，前后左右环坐而听者，常不下数百人。送往迎来，月无虚日。至有在侍更岁，不能遍记其姓名者。每临别，先生常叹曰："君等虽别，不出天地间，苟同此志，吾亦可以忘形似矣。"诸生每听讲出门，未尝不跳跃称快。尝闻之同门先辈曰："南都以前，朋友从游者虽众，未有如在越之盛者。此虽讲学日久，信孚渐博。要亦先生之学日进。感召之机，申变无方，亦自有不同也。"

**【译文】**

先生刚回到浙江绍兴时，朋友弟子来问学的人还不多。后来，四方来问学的人逐渐增多了。癸未年（1523）以后，住在先生周围的学生很多，如在天妃、光相等寺庙中，每间房子里经常是数十人在一起吃饭，晚上没有睡的地方，就轮换着睡觉。歌声通宵达旦。在南镇、禹穴、阳明洞等山中的寺庙中，无论远近，凡是人能到的寺庙，无不是同志们寄宿的地方。先生每次讲课，前后左右环坐而听的，常常不下数百人。一个月中没有一天不送往迎来。以至于有的人在先生那里听讲一年多，也不能完全记清他们的姓名。每到告别时，先生常感叹地说："诸位虽然告别了，也不会超出天地之间。只要我们有着共同的志向，我也可以忘记你们的形貌了。"许多学生在每次听讲出门时，无不兴高采烈地给予称赞。曾听到同门的先辈说："在南京以前，问学的朋友虽然多，但没有在浙江绍兴时那样众多。这固然因为先生讲学的时间长了，所获得的信任也就多。但最重要的原因是先生的学问也逐渐成熟了，在感召学生的时机和接引学生的方法上，也自然有所不同。"

## 黄以方录

黄以方问："'博学于文'为随事学存此天理，然则谓'行有余力，则以学文'[①]，其说似不相合。"

先生曰："《诗》《书》六艺皆是天理之发见，文字都包在其中。考之《诗》《书》六艺，皆所以学存此天理也，不特发见于事为者方为文耳。'余力学文'亦只'博学于文'中事。"

或问"学而不思"[②]二句。

曰："此亦有为而言，其实思即学也。学有所疑，便须思之。'思而不学'者，盖有此等人，只悬空去思，要想出一个道理，却不在身心上实用其力，以学存此天理。思学作两事做，故有'罔'与'殆'之病。其实思只是思其所学，原非两事也。"

### 【译文】

黄以方问："先生认为'博学于文'是随事去学存这天理，然而，孔子说'行有余力，则以学文'。这与您的理解似乎不同。"

先生说："《诗》《书》等六经，都是天理的显现，文字都包括在其中了。到《诗》《书》等六经中去考究，都是为了去学存这天理。不能认为只有表现在具体事物上的才是文。有余力去学文，也就是'博学于文'的内容。"

有人问"学而不思"这一句。

先生说："孔子说这句话有其针对性。其实，思就是学，学有疑问，就需思考。也有思而不学的人，他们只悬空去思去想，要想出一个道理来，而不在身心上切实用功以存此天理。这样，把思与学变成了两件事来做，所以才有了'罔'与'殆'的毛病。其实，思只是思他所学的，本来就不是两回事。"

## 【注释】

①见《论语·雍也》："君子博学于文，约之以礼。"《论语·学而》："弟子入则孝，出则悌，谨而信，泛爱众而亲仁，行有余力，则以学文。"

②见《论语·为政》："子曰：'学而不思则罔，思而不学则殆。'"

先生曰："先儒解格物为格天下之物，天下之物如何格得？且谓'一草一木亦皆有理'[①]，今如何去格？纵格得草木来，如何反来诚得自家意？我解'格'作'正'字义，'物'作'事'字义。《大学》之所谓身，即耳、目、口、鼻、四肢是也。欲修身便是要目非礼勿视，耳非礼勿听，口非礼勿言，四肢非礼勿动。要修这个身，身上如何用得工夫？心者身之主宰，目虽视，而所以视者心也；耳虽听，而所以听者心也；口与四肢虽言、动，而所以言、动者心也。故欲修身在于体当自家心体，常令廓然大公，无有些子不正处。主宰一正，则发窍于目，自无非礼之视；发窍于耳，自无非礼之听；发窍于口与四肢，自无非礼之言、动。此便是修身在正其心。然至善者，心之本体也。心之本体那有不善？如今要正心，本体上何处用得功？必就心之发动处才可着力也。心之发动不能无不善，故须就此处着力，便是在诚意。如一念发在好善上，便实实落落去好善；一念发在恶恶上，便实实落落去恶恶。意之所发，既无不诚，则其本体如何有不正的？故欲正其心在诚意。功夫到诚意，始有着落处。然诚意之本，又在于致知也。所谓人虽不知而己所独知者[②]，此正是吾心良知处。然知得善，却不依这个良知便做去；知得不善，却不依这个良知便不去做。则这个良知便遮蔽了，是不能致知也。吾心良知既不得扩充到底，则善虽知好，不能着实好了，恶虽知恶，不能着实恶了，如何得意诚？故致知者，意诚之本也。然亦不是悬空的致知，致知在实事上格。如意在于为善，便就这件事上去为，意在于去恶，便就这件事上去不为。去恶，固是格不正以归于正。为善，则不善正了，亦是格不正以归于正也。如善此，则吾心良知无私欲蔽了，得以致其极，而意之所发，好善去恶，无有不诚矣。诚意工夫实下手处在格物也。若如此格物，人人便做得。'人皆可以为尧舜'[③]，正在此也。"

## 【译文】

先生说："程朱认为格物是格尽天下的事物。天下的事物怎么能格得呢？比如所说的'一草一木亦皆有理'，如今怎样去格？即使格得草木来，又怎么让它来诚我自己的意呢？我把'格'字解释为'正'，把'物'解释为'事'。《大学》所说的身，就是耳、目、口、鼻和四肢。要想修身，便要做到眼睛非礼勿视，耳朵非礼勿听，口非礼勿言，四肢非礼勿动。要修养这个身，在身上怎么能用功夫呢？心是身的主宰。眼虽然能看，但让眼能看的是心；耳虽然能听，但让耳能听的是心；口与四肢虽然能说能动，但让口与四肢说与动的是心。所以，要修身就要在自己的心体上去体会，经常保持心体的廓然大公，没有任何不中正的地方。身的主宰中正了，眼看时自然会非礼勿视，耳听时自然会非礼勿听，口与四肢言动时自然会非礼勿言，非礼勿动。这就是《大学》的修身在于正心。然而，至善是心的本体，心的本体怎会有不善？如今要正心，怎能在本体上用功呢？只有就心的发动处，才可用功。心的发动，不可能没有不善，所以，应该从此处用力，这就是在诚意。如今一念发动在好善上，就实实在在去好善；一念发动在恶恶上，就实实在在去恶恶。意所产生处既然无不诚，那么，本体怎么会有不正呢？所以，要想正心就在于诚意，功夫到诚意这里才有了着落处。但诚意的根本又在致知上。所谓的'人虽不知而己所独知'，这正是我心的良知处。但是，如果我知道善，却不依这个良知便去做；知道不善，却不依这个良知便不去做。那么，这个良知便会受到蒙蔽，这就不能致知。我心的良知既然不能扩充到底，那么，即使知道要好善，也不能切实去好，即使知道要恶恶，也不能切实去恶。这样，又怎么能诚意呢？所以说，致知是意能诚的根本所在。当然，也不是凭空去致知，致知要在实事上格。如意在行善上，就从这件事上去做。意在去恶上，就从这件事上不去做。去恶固然是格不正以让它归于正。为善，那么，不善得到纠正，也是格不正以让它归到正。如此，我心良知没有私欲的遮蔽，得以达到极点。而意的发动，好善恶恶，没有不诚的了。诚意功夫的切实下手处是在格物。如果这样格物，人人都能做，'人皆可以为尧舜'，原因就在这里。"

## 【注释】

①见《河南程氏遗书》卷十八，是伊川的话。

②见朱熹《大学章句》中对“慎独”的注。

③见《孟子·告子下》。

先生曰：“众人只说格物要依晦翁，何曾把他的说去用？我着实曾用来。初年与钱友同论做圣贤要格天下之物，如今安得这等大的力量？因指亭前竹子，令去格看。钱子早夜去穷格竹子的道理，竭其心思至于三日，便致劳神成疾。当初说他这是精力不足，某因自去穷格，早夜不得其理。到七日，亦以劳思致疾。遂相与叹圣贤是做不得的，无他大力量去格物了。及在夷中三年，颇见得此意思，乃知天下之物本无可格者。其格物之功，只在身心上做。决然以圣人为人人可到，便自有担当了。这里意思，却要说与诸公知道。”

## 【译文】

先生说：“人们只是说格物的解释要依据晦翁（朱熹），其实，他们何曾把他的主张切实应用？我却曾实实在在地用过。早年我与姓钱的朋友在一起讨论，做圣贤要格天下的物，如今怎么会有这么大的力量？我指着亭前的竹子，让他去格。他从早到晚去穷格竹子的道理，竭尽他的心力，到第三天，他便因劳神过度而得了病。当时我还说他是精力不足。我就自己去穷格，每天从早到晚，也弄不明白竹子的理，到第七天，也因劳神过度而病倒了。于是我们相对感慨地说，圣贤是做不成的，因为没有圣人那么大的力量去格物。后来在贵州龙场的三年中，对其中的道理颇有心得，才知道天下的物，本来没有可格的，格物的功夫只是在身心上去做。坚信人人都可以做到圣人，自己就有了一种责任感。这里的意思，应该让你们知道。”

门人有言邵端峰论童子不能格物，只教以洒扫应对之说。

先生曰：“洒扫应对，就是一件物。童子良知只到此。便教去洒扫应对，就是致他这一点良知了。又如童子知畏先生长者，此亦是他良知处。故虽嬉戏中见了先生长者，便去作揖恭敬，是他能格物以致敬师长之良知了。童子自有童子的格物致知。”又曰：“我这里言格物，自童子以至圣人，皆是此等工夫。但圣人格物，便更熟得些子，不消费力。如此格物，虽卖柴人亦是做得，虽公卿大夫以至天子，皆是如此做。”

## 【译文】

学生中有人说：“邵端峰认为儿童不能格物，只需要教给他们洒扫应对就行了。”

先生说：“洒扫应对就是一件物，儿童的良知只到这里，就教他去洒扫应对，也就是致他的这一点良知了。又如儿童敬畏师长，这也是他的良知所在。即使他在嬉戏玩闹时看到师长，也会去作揖以示恭敬。这就是他能格物以致他尊敬师长的良知了。儿童自然有儿童的格物致知。”又说：“我这里所说的格物，下自儿童，上至圣人，都是这样的功夫，但圣人格物更为纯熟一些，不用费力。如此格物，即使卖柴的人也能做到。从公卿大夫到天子，也都是如此格物。”

或疑知行不合一，以“知之匪艰”[①]二句为问。

先生曰：“良知自知，原是容易的。只是不能致那良知，便是‘知之匪艰，行之惟艰’。”

## 【译文】

有一个学生认为知行不能合一，并以“知之匪艰”作为根据。

先生说：“良知自然能知，本来是很容易的，只因为不能致这个良知，便有了‘知之匪艰，行之惟艰’。”

## 【注释】

①语出《尚书·说命中》。

门人问曰：“知行如何得合一？且如《中庸》言‘博学之’，又说个‘笃行之’，分明知行是两件。”

先生曰：“博学只是事事学存此天理，笃行只是学之不已之意。”

又问：“《易》‘学以聚之’，又言‘仁以行之’[①]，此是如何？”

先生曰：“也是如此。事事去学存此天理，则此心更无放失时，故曰：‘学以聚之。’然常常学存此天理，更无私欲间断，此即是此心不息处，故曰‘仁以行之’。”

又问：“孔子言‘知及之，仁不能守之’[②]，知行却是两个了。”

先生曰：“说‘及之’，已是行了。但不能常常行，已为私欲间断，便是‘仁不能守’。”

又问：“心即理之说，程子云‘在物为理’[③]，如何谓心即理？”

先生曰：“‘在物为理’，‘在’字上当添一‘心’字。此心在物则为理。如此心在事父则为孝，在事君则为忠之类。”先生因谓之曰：“诸君要识得我立言宗旨。我如今说个心即理是如何，只为世人分心与理为二，故便有许多病痛。如五伯攘夷狄，尊周室，都是一个私心，便不当理。人却说他做得当理。只心有未纯，往往悦慕其所为，要来外面做得好看，却与心全不相干。分心与理为二，其流至于伯道之伪而不自知。故我说个心即理，要使知心理是一个，便来心上做工夫，不去袭义于外，便是王道之真。此我立言宗旨。”

又问：“圣贤言语许多，如何却要打做一个？”

曰：“我不是要打做一个，如曰‘夫道，一而已矣’[④]。又曰‘其为物不二，则其生物不测’。天地圣人皆是一个，如何二得？”

## 【译文】

学生问：“知行怎么能合一？比如《中庸》说‘博学之’，又说一个‘笃行之’，分明把知与行看成两件事。”

先生说：“博学，只是事事学会存这个天理；笃行，只是学而不停的意思。”

又问：“《易》说‘学以聚之’，又说‘仁以行之’，这是为什么？”

先生说：“也是如此。事事都去学会存这个天理，这个心就没有放失的时候。所以说‘学以聚之’。然而，常常去学会存这一个天理，更没有任何私欲可以把它隔断，这就是这心的生生不息，所以说‘仁以行之’。”

又问：“孔子说‘知及之，仁不能守之’，知与行仍然是两件事。”

先生说：“说‘及之’就已是行了，但不能常行不停，被私欲隔断了，便是‘仁不能守’。”

又问：“您认为‘心即理’，而程子说‘在物为理’，怎么能说心即理呢？”

先生说：“‘在物为理’，‘在’字上应该添一个‘心’字，这心在物就为理，例如这个心在事父上就为孝，在事君上就是忠之类。”先生因而对他说：“诸位要晓得我立论的宗旨，我如今说一个‘心即理’是为了什么？只因为世人都把心与理分而为二，所以有很多弊病。例如五霸击退夷狄，尊敬周朝王室，都是为了一个私心，所以不符合理，而人们却说他们的行为符合理。这只因为人们的心不纯净，往往羡慕他们的行为，只求外表上的荣耀。这样就与心完全不相干了，把心与理分而为二。其结果是，自己陷入了虚伪的霸道还不知道。所以，我说一个‘心即理’，让人们知道心与理是一个，便来心上做功夫，不去羡慕身外的一点点善，这才是真正的王道。这就是我立论的宗旨。”

又问：“圣贤的话有很多，为什么要把它捏成一个？”

先生说：“不是我要把它捏成一个，如《孟子》说‘夫道，一而已矣’，《中庸》说‘其为物不二，则其生物不测’。天地圣人都是一个，又怎么能一分为二呢？”

## 【注释】

①见《易·文言》：“君子学以聚之，问以辨之，宽以居之，仁以行之。”

②见《论语·卫灵公》：“子曰：‘知及之，仁不能守之。虽得之，必失之。’”

③见《伊川易传》卷四：“在物为理，处物为义。”

④见《孟子·滕文公上》。

“心不是一块血肉，凡知觉处便是心。如耳目之知视听，手足之知痛痒。此知便是心也。”

## 【译文】

“心不是指的一块血肉器官。只要有知觉处便是心。比如眼耳知道去看去听，手脚知道痛痒。这个知觉就是心。”

以方问曰：“先生之说格物，凡《中庸》之‘慎独’及‘集义’‘博约’等说，皆为格物之事。”

先生曰：“非也。格物即慎独，即戒惧。至于‘集义’‘博约’，功夫只一般。不是以那数件都做格物底事。”

## 【译文】

以方问：“先生的格物说，是不是把《中庸》的‘慎独’、《孟子》的‘集义’和《论语》的‘博文约礼’都看成格物了？”

先生说：“并非如此。格物就是慎独和戒惧。至于集义与博文约礼只是一般功夫，不能认为这些就是格物的事。”

以方问“尊德性”[①]一条。

先生曰：“‘道问学’即所以‘尊德性’也。晦翁言‘子静以尊德性诲人，某教人岂不是道问学处多了些子’[②]，是分‘尊德性’‘道问学’作两件。且如今讲习讨论，下许多工夫，无非只是存此心，不失其德性而已。岂有尊德性只空空去尊，更不去问学？问学只是空空去问学，更与德性无关涉？如此，则不知今之所以讲习讨论者，更学何事？”

问“致广大”二句。

曰：“‘尽精微’即所以‘致广大’也，‘道中庸’即所以‘极高明’也。盖心之本体自是广大底，人不能‘尽精微’，则便为私欲所蔽，有不胜其小者矣。故能细微曲折，无所不尽，则私意不足以蔽之，自无许多障碍遮隔处，如何广大不致？”

又问：“精微还是念虑之精微，事理之精微？”

曰：“念虑之精微，即事理之精微也。”

## 【译文】

以方问“尊德性”这一条。

先生说：“‘道问学’也就是为了‘尊德性’。晦翁认为‘子静（陆九渊）以尊德性诲人，某教人岂不是道问学处多了些子’，这是把‘尊德性’与‘道问学’分成了两回事。比如，如今我们讲习讨论，下了很多功夫，无非是为了存养这个心，使它不失掉德行而已。‘尊德性’，怎能只是空空地去尊，而再不去问学？问学，怎能只是空空地去问学，而再与德行毫无关系吗？果真如此，不知如今我们的讲习讨论，到底是为了学什么？”

接着问“致广大而尽精微，极高明而道中庸”这一句。

先生说：“‘尽精微’就是为了‘致广大’，‘道中庸’就是为了‘极高明’。因为心的本体本来是广大的，人不能穷尽精微，就会被私欲蒙蔽，在细小的地方就不能战胜私欲了。所以，能够在细微曲折处无所不尽，私意就不能蒙蔽心体，自然没有什么障碍和阻隔。这又怎么不能致达广大呢？”

又问：“精微是指念虑之精微，还是指事理之精微？”

先生说：“念虑之精微就是事理之精微。”

## 【注释】

①见《中庸》第二十七章：“故君子尊德性而道问学，致广大而尽精微，极高明而道中庸。温故而知新，敦厚以崇礼。”

②见《朱子文集》卷五十四。

先生曰：“今之论性者，纷纷异同。皆是说性，非见性也。见性者无异同之可言矣。”

## 【译文】

先生说：“如今讨论人性的人在那里激烈地争论着异同，他们都是在说性，而不是去见性，见性的人是没有什么异同可说的。”

问：“声色货利，恐良知亦不能无。”

先生曰：“固然。但初学用功，却须扫除荡涤，勿使留积，则适然来遇，始不为累，自然顺而应之。良知只在声色货利上用功。能致得良知精精明明，毫发无蔽，则声色货利之交，无非天则流行矣。”

## 【译文】

问：“恐怕良知也不能没有声色货利。”

先生说：“当然。但是，初学者用功时，一定要扫除荡涤，不要留存任何声色货利。后来即使偶尔遇到了声色货利，也不会成为负担，自然会去顺从良知而对它做出反应。良知也只是在声色货利上用功。能够致良知，使之精明纯净，没有丝毫的遮蔽，即使与声色货利打交道，也无不是天理的作用。”

先生曰：“吾与诸公讲致知格物，日日是此。讲一二十年，俱是如此。诸君听吾言，实去用功。见吾讲一番，自觉长进一番。否则只作一场话说，虽听之亦何用？”

## 【译文】

先生说：“我与诸位讲致知格物，天天如此。再讲十年二十年，也都是如此。诸位听我讲了后，切实去用功，听我讲一遍，就会有新的进步。否则，把我讲的话只当成闲谈，即使听了，又有什么用处呢？”

先生曰：“人之本体，常常是寂然不动的，常常是感而遂通的。未应不是先，已应不是后。①”

## 【译文】

先生说：“人的本体，常常是寂然不动的，又常常是感而遂通的。正如伊川所说的，‘未应不是先，已应不是后’。”

## 【注释】

①见《河南程氏遗书》卷十五。

一友举佛家以手指显出问曰：“众曾见否？”众曰：“见之。”复以手指入袖，问曰：“众还见否？”众曰：“不见。”佛说还不见性。此义未明。

先生曰：“手指有见有不见，尔之见性常在。人之心神只在有睹有闻上驰骋，不在不睹不闻上着实用功。盖不睹不闻是良知本体，戒慎恐惧是致良知的工夫。学者时时刻刻常睹其所不睹，常闻其所不闻，工夫方有个实落处。久久成熟后，则不须着力，不待防检，而真性自不息矣。岂以在外者之闻见为累哉？”

## 【译文】

一位学友举了一个例子说，一位禅师亮出手指后问道："你们看见了吗？"众人说："看见了。"禅师又把手指藏入袖中问道："你们还能看见吗？"众人说："看不见。"禅师认为众人还未见性。那位学友不明其意。

先生说："手指自然有看得见与看不见的时候，而你能见的性是永远存在的。人的心神只在可见可闻上驰骋，而不在不见不闻上切实用功。但不见不闻，是良知本体；戒慎恐惧，是致良知的功夫。学者只有时时刻刻去看他看不见，去听他听不到的本体，功夫才有一个着落处。时间长了，功夫成熟后，就不用费力，无须特别提防检点，人的真性自然能生生不息。又怎么会被外在的见闻所左右呢？"

问："先儒谓'鸢飞鱼跃'，与'必有事焉'，同一活泼泼地。①"

先生曰："亦是。天地间活泼泼地，无非此理，便是吾良知的流行不息。致良知便是'必有事'的工夫。此理非惟不可离，实亦不得而离也。无往而非道，无往而非工夫。"

## 【译文】

黄以方问："为什么程明道认为'鸢飞鱼跃'与'必有事焉'都是活泼泼的？"

先生说："是因为在天地之间，活泼泼的无不是这个理，也就是我良知的流行不息。致良知，便是'必有事'的功夫。这个理不仅不能离，事实上也不可能离开。无往而非道，也就是无往而非功夫。"

## 【注释】

①语见《河南程氏遗书》卷三："'鸢飞戾天，鱼跃于渊，言其上下察也'。此一段子思吃紧为人处，与'必有事焉而勿正心'之意同，活泼泼地。会得时，活泼泼地；不会得时，只是弄精神。"

先生曰："诸公在此，务要立个必为圣人之心。时时刻刻须是一棒一条痕，一掴一掌血，方能听吾说话，句句得力。若茫茫荡荡度日，譬如一块死肉，打也不知得痛痒，恐终不济事，回家只寻得旧时伎俩而已。岂不惜哉？"

## 【译文】

先生说："诸位在这里，一定要树立一个必做圣人的心。时时刻刻，要如同一棒留下一条痕迹，一掌打出一个血印一样，才能在听我说话时感到句句有用。如果茫茫荡荡地度日，好比一块死肉，打也不知道痛痒，我说什么也没有用。回家后还是原来的那一套。怎能不令人惋惜呢？"

问："近来妄念也觉少，亦觉不曾着想定要如何用功，不知此是功夫否？"

先生曰："汝且去着实用功，便多这些着想也不妨。久久自会妥帖。若才下得些功，便说效验，何足为恃？"

## 【译文】

问："近来感到妄念减少，也不曾想着一定要怎样刻苦用功，不知道这能不能算作功夫？"

先生说："只要你切实用功，即便你想着怎样用功也无妨，时间长了，自然会妥帖的。如果刚用了一点功夫就要说效果，怎能靠得住？"

一友自叹："私意萌时，分明自心知得，只是不能使他即去。"

先生曰："你萌时，这一知便是你的命根，当下即去消磨，便是立命功夫①。"

## 【译文】

一位朋友感叹道："私意萌发时，自己的心分明知道，只是不能立即消除掉。"

先生说："你私意萌发时，这一知就是你的命根子，当时就立即消除，这就是立命的功夫。"

## 【注释】

①见《孟子·尽心上》："夭寿不贰，修身以俟之，所以立命也。"

"夫子说'性相近'①，即孟子说'性善'，不可专在气质上说。若说气质，如刚与柔对，如何相近得，惟性善则同耳。人生初时，善原是同的。但刚的习于善则为刚善，习于恶则为刚恶。柔的习于善则为柔善，习于恶则为柔恶，便日相远了。”

## 【译文】

“孔子说‘性相近’，也就是孟子的‘性善’。不能只在气质上说性，如果从气质上说，刚与柔正相对立，又怎么会相近呢？只有性善是相同的。人刚生下来时，善本来是相同的。然而，气质刚强的人受善的习染就是刚善，受恶的习染就是刚恶。气柔弱的人受善的影响就是柔善，受恶的影响就是柔恶。如此，性就分离得越来越远了。”

## 【注释】

①见《论语·阳货》：“子曰：‘性相近也，习相远也。’”

先生尝语学者曰：“心体上着不得一念留滞，就如眼着不得些子尘沙。些子能得几多？满眼便昏天黑地了。”又曰：“这一念不但是私念，便好的念头亦着不得些子。如眼中放些金玉屑，眼亦开不得了。”

## 【译文】

先生曾对学者说：“心体上不能有一个念头留存，就像眼中不能有一点尘沙，一点又会有多少？却使人满眼昏天黑地了。”又说：“这一念不但指私念，即使好的念头也不能沾上，比如，眼中有一些金玉屑，眼睛也睁不开。”

问：“人心与物同体。如吾身原是血气流通的，所以谓之同体。若于人便异体了，禽兽草木益远矣。而何谓之同体？”

先生曰：“你只在感应之几上看，岂但禽兽草木，虽天地也与我同体的，鬼神也与我同体的。”

请问。

先生曰：“你看这个天地中间，甚么是天地的心？”

对曰：“尝闻人是天地的心。”

曰："人又甚么叫作心？"

对曰："只是一个灵明。"

"可知充天塞地中间，只有这个灵明。人只为形体自间隔了。我的灵明，便是天地鬼神的主宰。天没有我的灵明，谁去仰他高？地没有我的灵明，谁去俯他深？鬼神没有我的灵明，谁去辨他吉凶灾祥？天地鬼神万物，离却我的灵明，便没有天地鬼神万物了。我的灵明，离却天地鬼神万物，亦没有我的灵明。如此，便是一气流通的，如何与他间隔得？"

又问："天地鬼神万物，千古见在，何没了我的灵明，便俱无了？"

曰："今看死的人，他这些精灵游散了，他的天地鬼神万物尚在何处？"

## 【译文】

问："人心与物同体。比如我的身体本来是血气流通的，所以叫作同体。至于我与他人，就是异体了。与禽兽草木，就离得更远了，又为什么叫作同体？"

先生说："你只要在感应的征兆上看，何止禽兽草木，即使天地也与我同体，鬼神也与我同体。"

请问如何理解。

先生说："你看这个天地中间，什么是天地的心？"

回答说："曾听说人是天地的心。"

先生说："人又把什么叫作心？"

回答说："只是一个灵明。"

先生说："可见弥漫在天地中的只有我这个灵明，人只是为了形体，把自己与其他间隔开了。我的灵明便是天地鬼神的主宰。天没有我的灵明，谁去发现它的高大？地没有了我的灵明，谁去体察它的深厚？鬼神没有我的灵明，谁去辨别它的吉凶祸福？天地鬼神万物，离开了我的灵明，就没有天地鬼神万物了。我的灵明离开了天地鬼神万物，也没有了我的灵明。如此，就是一气贯通的。又怎么能分开呢？"

又问："天地鬼神万物是亘古永存的，怎么会没有了我的灵明它们就不存在了呢？"

先生说："如今看那些死了的人，他们的这些精灵都游散了，他们的天地万物又在何处呢？”

先生起行征思田，德洪与汝中追送严滩[1]。汝中举佛家实相幻相[2]之说。

先生曰：“有心俱是实，无心俱是幻。无心俱是实，有心俱是幻。”

汝中曰：“有心俱是实，无心俱是幻，是本体上说功夫；无心俱是实，有心俱是幻，是功夫上说本体。”

先生然其言。洪于是时尚未了达。数年用功，始信本体功夫合一。但先生是时因问偶谈。若吾儒指点人处，不必借此立言耳。

## 【译文】

先生出发去征讨思田，钱德洪与王汝中一直送到严滩，汝中用佛教的实相幻相为例来请教。

先生说：“有心都是实，无心都是幻。无心都是实，有心都是幻。”

汝中说：“有心都是实，无心都是幻，是从本体上说功夫。无心都是实，有心都是幻，是从功夫上说本体。”

先生肯定了这话。德洪当时还不明白，经过数年用功，才相信本体功夫为一。然而，当时先生是根据汝中的问题而偶尔谈到。至于我们儒家去指点人，不一定要借用这种说法。

## 【注释】

①严滩，一名七里滩，又名七里濑，在浙江桐庐县西。

②实相、幻相是佛教用语。实相指宇宙间万物的真相。《法华经·方便品》：“惟佛与佛，乃能穷尽语法实相。”幻相指宇宙万物的现象，佛教认为现象是虚幻不实的。

尝见先生送二三耆宿出门，退坐于中轩，若有忧色。德洪趋进请问。

先生曰：“顷与诸老论及此学，真圆凿方枘。此道坦如道路，世儒往往自加荒塞，终身陷荆棘之场而不悔，吾不知其何说也！”

德洪退谓朋友曰：“先生诲人，不择衰朽，仁人悯物之心也。”

【译文】

有一次，先生送几位老人出门后，回来坐在堂前走廊上，好像面带忧色。德洪前去问有什么事。

先生说："刚才我与这几位老人谈到我的良知学，彼此间真如圆凿方枘一样，格格不入。这个道平坦得如大路，世俗的儒者往往自己荒芜阻塞了，终身陷在荆棘之中也不悔悟，我不知道该说什么。"

德洪回来后对朋友说："先生教诲人也不管对方是否老迈，真是仁人悯物的心啊！"

先生曰："人生大病，只是一傲字。为子而傲必不孝，为臣而傲必不忠，为父而傲必不慈，为友而傲必不信。故象与丹朱俱不肖，亦只一傲字，便结果了此生。诸君常要体此。人心本是天然之理，精精明明，无纤介染着，只是一无我而已。胸中切不可有，有即傲也。古先圣人许多好处，也只是无我而已。无我自能谦，谦者众善之基，傲者众恶之魁。"

【译文】

先生说："人生最大的弊病就是一个傲字。当子女的傲慢，肯定会不孝；当臣子的傲慢，肯定会不忠；当父母的傲慢，肯定不会慈爱；当朋友的傲慢，肯定没有诚信。所以，象与丹朱都不肖，也只因为这一傲字，便了结了他们的一生。诸位要经常体会到这一点。人心本来就是天然的理，它精明纯净，没有丝毫的污染。只是一个'无我'而已。在胸中切实不可有，有就是傲慢。先古圣人的许多优点，也只是'无我'而已。'无我'自然能够谦虚，谦虚是一切善的基础，傲慢是一切恶的根源。"

又曰："此道至简至易的，亦至精至微的。孔子曰：'其如示诸掌乎。'① 且人于掌何日不见，及至问他掌中多少文理，却便不知。即如我良知二字，一讲便明，谁不知得？若欲的见良知，却谁能见得？"

问曰："此知恐是无方体的，最难捉摸。"

先生曰："良知即是《易》，'其为道也屡迁，变动不居，周流六虚，上下无常，刚柔相易，不可为典要，惟变所适'[②]。此知如何捉摸得？见得透时便是圣人。"

## 【译文】

先生又说："这个道是极其简易的，也是极其精微的。孔子说'其如示诸掌乎'。人的手掌，哪天不见？然而要问他掌中有多少纹理，他就不知道了。好比我讲的良知这两个字，一讲就能明白，谁人不知？如果要让他真见到良知，又有谁能够真正见到呢？"

问："这良知恐怕是无方位、无形象的，因而最难捉摸。"

先生说："良知就是《易》，'其为道也屡迁，变动不居，周流六虚，上下无常，刚柔相易，不可为典要，惟变所适'。可见，这个良知又怎么能捉摸得到？把良知认识透了，就是圣人。"

## 【注释】

①《中庸》："子曰：'明乎郊社之礼，禘尝之义，治国其如示诸掌乎。"

②见《易传·系辞下》。

问："孔子曰：'回也，非助我者也。'[①]是圣人果以相助望门弟子否？"

先生曰："亦是实话。此道本无穷尽，问难愈多，则精微愈显。圣人之言本自周遍，但有问难的人胸中窒碍，圣人被他一难，发挥得愈加精神。若颜子闻一知十[②]，胸中了然，如何得问难？故圣人亦寂然不动，无所发挥，故曰'非助'。"

## 【译文】

问："孔子说：'回也，非助我者也。'圣人果真希望门人弟子帮助他吗？"

先生说："这也是实话。这个道本来没有穷尽，问难越多，精微处就越是显露出来。圣人的话，本来已周全普遍，问难的人，胸中窒碍难通，圣人被他一难，也就发挥得更加精微神妙。而像颜回那样闻一知十，胸中什么都明白，又怎么能去问难呢？所以，圣人也只是寂然不动，而没有任何发挥。因而说'非助'。"

【注释】

①见《论语·先进》："子曰：'回也，非助我者也。于吾言无所不说。'"朱熹注曰："颜子于圣人之言，默识心通，无所疑问。故夫子云然。其词若有憾焉，其实乃深喜之。"

②语出《论语·公冶长》："回也，闻一以知十。赐也，闻一以知二。"

邹谦之尝语德洪曰："舒国裳曾持一张纸，请先生写'拱把之桐梓'[①]一章。先生悬笔为书到'至于身而不知所以养之者'，顾而笑曰：'国裳读书，中过状元来，岂诚不知身之所以当养？还须诵此以求警。'一时在侍诸友皆惕然。"

【译文】

邹谦之曾对钱德洪说："舒国裳曾拿来一张纸请先生书写'拱把之桐梓'一章。先生悬笔写到'至于身而不知所以养之者'时，回头笑着说：'国裳读书还曾中过状元，何尝是真不知道应该养身吗？但他还是要背诵这一章来警醒自己。'一时间，在座的人都感到敬畏。"

【注释】

①见《孟子·告子上》："孟子曰：'拱把之桐梓，人苟欲生之，皆知所以养之者。至于身而不知所以养之者，岂爱身不若桐梓哉？弗思甚也。"

# 钱德洪跋

嘉靖戊子冬[①]，德洪与王汝中奔师丧至广信[②]，讣告同门，约三年收录遗言。继后同门各以所记见遗。洪择其切于问正者，合所私录，得若干条。居吴时，将与《文寻》并刻矣[③]。适以忧去，未遂。当是时也，四方讲学日众，师门宗旨既明，若无事于赘刻者。故不复萦念。去年，同门曾子才汉得洪手抄，复傍为采辑，名曰《遗言》，以刻行于荆。洪读之，觉当时采录未精，乃为删其重复，削去芜蔓，存其三分之一，名曰《传习续录》，复刻于宁国之水西精舍。今年夏，洪来游蕲，沈君思畏[④]曰："师门之教久行于四方，而独未及于蕲。蕲之士得读《遗言》，若亲炙夫子之教。指见良知，若重睹日月之光。惟恐传习之不博，而未以重复之为繁也。请裒其所逸者增刻之。若何？"洪曰："然。"师门致知格物之旨，开示来学，学者躬修默悟，不敢以知解承，而惟以实体得。故吾师终日言是而不惮其烦，学者终日听是而不厌其数。盖指示专一，则体悟日精，几迎于言前，神发于言外，感遇之诚也。今吾师之没未及三纪[⑤]，而格言微旨渐觉沦晦，岂非吾党身践之不力，多言有以病之耶？学者之趋不一，师门之教不宣也。乃复取逸稿，采其语之不背者，得一卷。其余影响不真，与《文录》既载者，皆削之。并易中卷为问答语，以付黄梅尹张君增刻之。庶几读者不以知解承而惟以实体得，则无疑于是录矣。嘉靖丙辰夏四月，门人钱德洪拜书于蕲之崇正书院[⑥]。

**【译文】**

嘉靖戊子年的冬天，我（德洪）与王汝中到广信料理先生的丧事，在给同学同门的讣告中曾约定，在三年内收录先生的遗言。后来，同学陆续寄来了各自所记的语录。我精选了其中比较好的，加上我自己的记录，一共若干条。在吴时，我打算把这些语录与《文录》一起刊刻。正好我又因守丧离职，未能遂愿。这个时候，天下讲学的人越来越多，老师的学问宗旨既然天下共晓，似无必要再刊刻，所以，我也就不再挂念这件事了。去年，曾才汉同学得到了我的手抄本，又收辑了一些，取名《遗言》，在荆州刊刻出版了。我读了《遗言》后，感到采录得不够精确，于是，删除重复，去掉繁杂，保存了约三分之一，名为《传习续录》，在安徽宁国的水西精舍刊刻出版。今年夏天，我到湖北蕲春，沈思畏对我说：“先生的学说久已在四方流传，但在这里还很少有传播。蕲春的学人读到《遗言》，就像亲自聆听先生的教诲，指见良知，就好像重见了日月的光辉。只怕所收录的不广博，并不因为其中的重复而感到繁杂。请您把散失的部分搜集起来再出增订版，怎么样？”我说：“行。”阳明先生用致知格物这一宗旨来开导和启发学人，从学的人也都躬亲修持、默然体悟，不敢只从知识学问上加以理解，只求通过切身的体会而有心得。所以，老师整天不厌其烦地宣讲致知格物，学者也整天不厌其烦地听这些。因为指示专一，体悟就会更加精细。这样，老师还未说时，学生已知道了该说什么。老师的言语之外的精神，也影响到学生，其中体现了双方的诚心。然而，如今老师逝世还不到三纪，他所讲的格言和宗旨已经在天下日渐黯淡了。这难道不是我们身体力行不够，凭口空说所造成的吗？学生的趋向不一致，所以老师的学说就不能光大。于是，我又收集了一些未刊刻的稿子，采用其中不违背先生主张的，编为一卷。其余真假难分的，还有《文录》已刊刻的，都删去了。我还把中间的一部分改为问答形式，交付给黄梅县令张先生增订出版。以使读者不是从文句字义的解释上来读这本书，而是通过自己的身体力行来读这本书，这样就不会对这本书有疑问了。嘉靖丙辰年夏四月，谨跋于蕲春的崇正书院，门人钱德洪。

## 【注释】

①嘉靖七年（1529），王守仁五十七岁，这年病逝。

②广信即今江西上饶。王守仁于嘉靖七年十一月二十九日病死于江西南安，钱德洪与王畿将入京殿试，闻王守仁将归，遂迎至严滩，闻讣，八年正月三日，在广信办丧事，讣告同门，《讣告》见《阳明全书》卷三十七。

③嘉靖十四年（1535）钱德洪任职于吴（苏州）。《文录》指《阳明全书》卷四至卷八的内容。

④沈思畏，名宠，号古林，安徽宣城人，曾跟王畿学，任湖广兵备佥事，在蕲州的麒麟山建崇正书院。

⑤从嘉靖七年戊子（1529）王守仁死到嘉靖三十五年丙辰（1556），二十八年。一纪通常是十二年。

⑥钱德洪的跋是为下卷所作，不包括上卷、中卷。

# 参考书目


## 一

《阳明全书》，中华书局印行四部备要本。

《王阳明全书》，台湾正中书局。

《传习录注释》，于清远注，台湾凤山黄埔出版社。

《传习录》，叶钧点注，台湾商务印书馆。

《传习录》，台北金枫出版公司。

《传习录详注集评》，陈荣捷著，台湾学生书局。

## 二

《尚书》，十三经注疏本。

《诗经》，十三经注疏本。

《周易》，十三经注疏本。

《周礼》，十三经注疏本。

《左传》，十三经注疏本。

《礼记》，十三经注疏本。

《论语》，十三经注疏本。

《孟子》，十三经注疏本。

《荀子集解》，王先谦撰，中华书局。

《老子校释》，朱谦之撰，中华书局。

《庄子集释》，郭庆藩著，中华书局。

《韩非子集释》，陈琦猷校注，人民出版社。

《韩昌黎全集》，四部备要本。
《二程全书》，四部备要本。
《朱子语类》，中华书局。
《四书章句集注》，朱熹著，中华书局。
《大学或问》，朱熹著，四库全书本。
《陆九渊集》，中华书局。
《儒林宗派》，万斯同撰，四明丛书本。
《明儒学案》，黄宗羲撰，中华书局。
《宋元学案》，黄宗羲撰，中华书局。

三

《战国策》，四部备要本。
《史记》，中华书局。
《三国志》，中华书局。
《旧唐书》，中华书局。
《明史》，中华书局。

四

《涅槃经》，大正藏本。
《楞严经》，大正藏本。
《圆觉经》，大正藏本。
《成唯识论》，玄奘著，大正藏本。
《坛经对勘》，郭朋著，齐鲁书社。
《五灯会元》，中华书局。

五

《王阳明思想之进展》，钟彩钧著，台湾文史哲出版社。
《朱熹王守仁哲学研究》，邓艾民著，华东师范大学出版社。

《朱子学与阳明学》，岛田虔次著，陕西师范大学出版社。
《王阳明》，秦家懿著，台湾东大图书公司。
《王阳明心学研究》，方尔加著，湖南教育出版社。
《有无之境》，陈来著，人民出版社。